Spiritualität aus Glaubenserfahrung
Gestaltungen christlicher Existenz

Konrad

Schriften der Katholischen
Akademie in Berlin, Band 4
Verantwortlich: Johannes Brune
Andreas Hölscher

Spiritualität aus Glaubenserfahrung

Gestaltungen christlicher Existenz

Hrsg.: Mechthild Dreyer
Werner Simon

Morus-Verlag · Berlin
Bernward-Verlag · Hildesheim

ISBN 3-87554-230-4 Morus
ISBN 3-87065-540-2 Bernward

Umschlaggestaltung: Paul König
Druck: Enka-Druck GmbH, Berlin
Buchbindearbeiten: Buchbinderei Stein, Berlin

Inhalt

Einführung

Es gehört zur Signatur unserer Zeit, daß sich in einer Vielzahl von Gestaltungen ein neues religiöses Bewußtsein entwickelt, zugleich aber die Attraktivität überkommener Formen geistlicher Existenz, wie sie im Raum der großen Kirchen gelebt werden, in auffallendem Maß verblaßt. Durch die Säkularisierung hat das Christentum zwar seine einstige Monopolstellung verloren, entgegen landläufiger Erwartungen hat dieser Prozeß in unseren Breiten jedoch nicht zur Religionslosigkeit geführt. Im Gegenteil: unter bestimmten Rücksichten läßt sich sogar eine gegenläufige Tendenz beobachten. Der Markt religiöser Möglichkeiten ist größer denn je, ebenso die Nachfrage nach überzeugenden Ausdrucksformen gelebter Spiritualität - nur scheint sie vor den Kirchentüren haltzumachen. Aber auch innerhalb der Kirchen stellen unterschiedlichste Gruppen die Frage nach einer zeitgemäßen Gestaltung religiösen Lebens, werden überkommene Formen als nicht mehr überzeugend empfunden, werden neue Wege gesucht.

Im Horizont dieser Problemlage hat das Seminar für Katholische Theologie der Freien Universität Berlin in Zusammenarbeit mit der Katholischen Akademie Berlin im Wintersemester 1988/89 und im Sommersemester 1989 eine Vortragsreihe veranstaltet, in der acht Referentinnen und Referenten der Frage nach den Möglichkeiten zeitgenössischer und zeitgemäßer religiöser Existenz nachgehen. Unter dem Titel *„Spiritualität aus Glaubenserfahrung. Gestaltungen christlicher Existenz“* wird dieses Problem vor dem Hintergrund eines spezifischen Welt-, Selbst- und Gottesverständnisses erörtert: des christlichen, und zwar auf zwei unterschiedlichen Wegen.

Zum einen, indem in systematischer Weise die Begriffe *„Spiritualität“* und *„Glaubenserfahrung“* reflektiert werden, im Blick auf beide eine aktuelle Problemanzeige versucht wird und - daraus resultierend - Möglichkeiten aufgewiesen werden, christliche Existenz heute zu leben.

Spiritualität als die „Kultur, die aus dem Geist Christi lebt“ hat in der Vergangenheit im Raum der Kirchen immer wieder eindrucksvolle Gestaltungen erfahren. Daß diese Kultur heute von einer fundamentalen Krise betroffen ist, hat - wie *K. Kienzler* aufzeigt - seinen Grund in einem kulturellen, sozialen, wissenschaftlichen und feministischen Bruch. Um christliche Spiritualität wieder zu beleben und um neue Formen, neue christliche Spiritualitäten zu entwickeln, seien es ordensmäßige oder laikale, muß jedoch nichts völlig Neues gefunden werden. Vielmehr können alte Formen wiederentdeckt und auf neue Weise gelebt werden. Eine solche zeitgenössische geistliche Existenz müßte eine „Spiritualität des unterscheidend ‚Christlichen'" sein, die in der „Nachfolge Christi" und mit Hilfe der „Unterscheidung der Geister" ein „Miteinander von Aktion und Kontemplation" ist.

Die von Kienzler bezeichneten Elemente aber gründen in dem, was mit dem Begriff „Glaubenserfahrung" bezeichnet wird. Dem Wunsch, Heil zu erfahren, ergriffen zu werden von dem, worauf es dem Menschen erstlich und letztlich ankommt, mit anderen Worten also, Glaubenserfahrung zu machen, steht aber – so *C. Bamberg* – trotz der Bemühungen des Zweiten Vatikanischen Konzils ein nicht unbeträchtliches Defizit herkömmlicher Theologie und Glaubensvermittlung gegenüber. Gerade der Glaubenserfahrung des einzelnen kommt aber in einer Zeit, in der Frömmigkeit nicht mehr von selbstverständlicher öffentlicher Überzeugung und religiöser Sitte vorab zu jeder persönlichen Entscheidung getragen wird, ein fundamentaler Wert zu. Angesichts dieser Situation gilt es, wie Bamberg herausstellt, mehr denn je den vom Konzil verkündeten und der biblischen Tradition entsprechenden ganzheitlichen Glaubensbegriff in den Vordergrund zu rücken und den unlösbaren Zusammenhang von Glaube und Erfahrung herauszuarbeiten. Es müssen Möglichkeiten gefunden werden, sich und einander empfänglich zu machen für das „gegenseitige Innewerden von Gott und Mensch", für die „Vertrautheitserkenntnis des Glaubenden".

Diese beiden Vorträge *„Glaubenserfahrung – Mode oder Ernstfall?"* von C. Bamberg und *„Spiritualität zwischen gestern und morgen – Glaube auf dem Prüfstand"* von K. Kienzler bilden den Rahmen für sechs weitere Vorträge, die auf einem zweiten Weg versuchen, sich mit dem Problem einer christlichen Existenz auseinanderzusetzen. Sie stellen Lebensentwürfe aus der fast zweitausendjährigen Tradition christlichen Glaubens vor, um am konkreten Beispiel aufzuzeigen, was Spiritualität und was Glaubenserfahrung bedeuten können.

Alle sechs Personen, nach deren spezifischer Form christlicher Spiritualität gefragt wird, gehören einer Ordensgemeinschaft an: *Hildegard von Bingen* sowie *Benedikt von Nursia* als sein Gründer dem Benediktinerorden, *Teresa von Avila* und *Edith Stein* dem Orden der Karmelitinnen, *Meister Eckhart* ist Dominikaner und *Ignatius von Loyola* schließlich der Gründer des Ordens der Jesuiten. Diese Konstellation ist keine zufällige, sind es doch die Orden, die in der Vergangenheit entscheidend die Gestaltung christlichen Lebens mitbestimmt haben. Wenngleich die Spiritualität der hier vorgestellten Männer und Frauen sicherlich in einem hohen Maße von der Gemeinschaft geprägt ist, in der sie gelebt haben, so ist es dennoch die je eigene personale Gestaltung, aus der sich das Besondere der jeweiligen Form christlicher Spiritualität bestimmt. Insofern lassen sich aus diesen Entwürfen nicht nur Elemente einer heutigen Spiritualität für das Leben in einer Ordensgemeinschaft entnehmen, sondern darüber hinaus auch wichtige Anregungen zur Entwicklung laikaler Formen christlicher Existenz.

Bewußt geschieht in dieser Vortragsreihe auch die Kontrastierung, den Versuchen der Gestaltung christlicher Existenz durch Männer solche von Frauen gegenüberzustellen. Bei allen Gemeinsamkeiten, die das Glaubensleben von Männern wie Frauen gleichermaßen prägen, und trotz der einen christlichen Botschaft, in der jede dieser Formen gegründet ist, tritt heute immer stärker auch ein Bewußtsein für Unterschiede in den Lebensgestaltungen in den Vordergrund, durch die sich Männer und Frauen unterscheiden. Daß es ein solches Wissen aber in der christlichen Tradition immer auch gegeben hat, zeigen gerade die drei hier vorzustellenden Frauengestalten. Sie haben ein sicheres Gespür dafür entwickelt, daß eine ihnen als Frau angemessene Spiritualität eine andere sein muß als die eines Mannes.

Wahrhaft Gott suchen – in diesem Motiv sieht *K. S. Frank* den Kern jener Spiritualität, die in der Benediktusregel Gestalt gewonnen hat und die in dieser Vermittlung für die abendländische Frömmigkeitsgeschichte grundlegend bedeutsam wurde. Er beschreibt darin zugleich eine bleibende Grundstruktur christlicher Glaubenserfahrung. Sie führt auf einen Weg, der einlädt, jenen Gott zu suchen, der immer schon gegenwärtig ist und doch zugleich stets zukünftig bleibt, der sich offenbarend als bleibendes Geheimnis erweist, den wir suchen, um ihn zu finden, der uns als Suchenden aber immer voraus ist. Sie weiß jedoch auch um die bleibende Dialektik von Gottsuche und Gottverlassenheit und gewinnt dadurch neue Aktualität in einer Zeit, die vielfach gekennzeichnet ist durch die Erfahrung der Abwesenheit, des Schweigens Gottes. Wahrhaft Gott suchen: das ist eine Aufgabe des ganzen Lebens. Die Benediktusregel beschreibt *eine* Lebensordnung, die solchem Suchen einen Rahmen geben kann. Sie ist selbst Frucht einer Erfahrung im Glauben, zu der sie ermutigt und für die sie Hilfen bereitstellt.

Seit Dionysius Areopagita begegnet der Begriff der „mystischen Theologie“, der auf jene reflektierte Erfahrungserkenntnis Gottes verweist, die immer auch ein Moment der Glaubenserfahrung selbst war. Im alltäglichen Sprachgebrauch wird das Adjektiv „mystisch“ oft als Synonym für „dunkel“ oder „undurchdringlich“ verwendet. In einem präzisierten Sinn wird Mystik verstanden, wenn im Beitrag von *D. Mieth* am Beispiel des Theologen und Mystikers Meister Eckhart das für eine Gestaltung christlicher Existenz grundlegende und spannungsreiche Ineinander von *Spiritualität des Denkens und Erfahrung des Glaubens,* von Denken, Sein und Leben bedacht wird. Christliche Mystik ist eine ursprüngliche Weise der Erfahrung des Glaubens. Aber diese Erfahrung ist nicht irrational. Vielmehr besitzt sie eine ihr eigentümliche Rationalität, die sich nachdenkend erhellen und beschreiben läßt. Christlicher Glaube beansprucht, nicht widervernünftig zu sein. Glaubensreflexion ist ein wesentliches Moment des Glaubens selbst. „Fruchtbar“ wird solche Glaubenserkenntnis freilich erst dort, wo sie die praktische Wahrheit des Evangeliums hervortreten läßt, dort, wo sie sich in ihren lebenspraktischen Folgerungen bewährt und in eben dieser Bewährung als wahr erweist.

Ein Kennzeichen der geistigen Situation der Gegenwart ist es, daß sich der einzelne einer Vielfalt möglicher Sinn- und Wertorientierungen gegenübergestellt sieht. Identität im Glauben wird dort erlangt, wo der einzelne als Person die vielfältigen Herausforderungen - auswählend und gewichtend - in einer sinnvollen lebensgeschichtlichen Perspektive annimmt, integriert und verantwortlich gestaltet. Vor diesem Hintergrund erschließt sich die aktuelle Bedeutsamkeit der Spiritualität des Ignatius von Loyola, wie sie *B. Schlegelberger* unter dem Leitmotiv der *„Unterscheidung und Entscheidung“* entfaltet. In den „Geistlichen Übungen“ begegnet uns ein klassisches Beispiel einer Beratung und Begleitung, die dazu anleiten will, die Beweggründe des eigenen Handelns zu unterscheiden und so zu einer begründeten Entscheidung zu gelangen. Christliche Spiritualität lebt aus solcher Entscheidungsfähigkeit und -bereitschaft, die wahrnimmt, welche Kräfte unser Leben bestimmen, die erkennt, wo Alternativen zur Entscheidung anstehen und die zur Freiheit des Tuns dessen ermutigt, was ich als gut und recht erkannt habe.

In visionären Bildern schaut Hildegard von Bingen das universale Wirken Gottes im Kosmos der Schöpfung und in der Geschichte des Heils. Sie versteht auch ihr eigenes Leben von diesem Wirken Gottes her, von dem sie sich ergriffen und durch das sie sich zugleich zur engagierten Stellungnahme wie zum prophetischen Einspruch befreit weiß. In dieser biographisch vermittelten Gestalt gelangt sie zu einer Identität im Horizont der Berufung und der Verheißung Gottes. Sie liest und schreibt die *Geschichte ihres Selbst als Geschichte der Taten Gottes.* Der Beitrag von *M. Dreyer* analysiert und interpretiert das lebendige Ineinander und die wechselseitigen Bezüge von Gottes-, Selbst- und Weltverständnis, die in dieser Sicht der Situation des Menschen zum Tragen kommen. Hildegards Frage bleibt aktuell: Unter welchem Zuspruch und mit welcher Verheißung gestalten wir unser Leben, so daß wir hoffen dürfen, daß es gelingen kann? In welchem Horizont erzählen und schreiben wir unsere eigenen Lebensgeschichten?

„Über das, was ich aus Erfahrung weiß, kann ich sprechen." Unter diesem Leitwort erschließt *G. Hinricher* das Charisma Teresas von Avila: ihre Gabe und Begabung, aufgrund der Gewißheit eigener geistlicher Erfahrung anderen zu raten und zu helfen, so daß sie voranschreiten und selbst Erfahrungen sammeln auf dem je besonderen Weg ihres geistlichen Lebens. Die Aufgabe geistlicher Führung besteht darin, solche erfahrungsbezogenen Lernprozesse unterstützend, nämlich anregend, ermutigend, helfend und auch tröstend zu begleiten. Teresa weiß aus Erfahrung, daß der Gott, der sich in seinem Sohn Jesus Christus – in seiner „heiligsten Menschheit" – als Erlöser geoffenbart hat, auch heute gegenwärtig ist und die Menschen einlädt zum freundschaftlichen Umgang. Solche Erfahrung ist vorgängig zur theologischen Reflexion, aber sie sucht, um nicht einer möglichen Selbsttäuschung zu erliegen, die rationale Vergewisserung im Gespräch mit einer Theologie, die selbst am ursprünglichen Zeugnis der Schrift Maß nimmt. Es bleibt die Frage: „Wo hat geistliche Führung in unseren Breiten ihren Ort? Wie steht sie zur Theologie, wie zur Glaubenserfahrung?"

Edith Steins Spiritualität schließlich zeigt sich in der Konsequenz ihres Lebensweges und in der Spur, welche die einzelnen Etappen dieses Weges verbindet. *W. Herbstrith* beschreibt sie als *„Wege zur Wahrheit".* Wahrheit als das, was die Wirklichkeit als sinnvoll erweist und so dem Leben des Menschen Orientierung geben kann, öffnet sich dem, der sich selbst öffnet in intellektueller Redlichkeit, in einer Sachlichkeit, die Maß nimmt an dem in Freiheit begegnenden Anderen. Edith Stein bleibt offen für den oft überraschenden Anspruch, in dem sie Gottes Anspruch für ihr Leben erfährt. In ihrem Werk „Kreuzeswissenschaft" beschreibt sie die Nachfolge des gekreuzigten Christus in die „dunkle Nacht des Glaubens", in der sich das Geheimnis der Liebe, die bleibt und die stärker ist als der Tod, als Mitte und Ziel christlicher Existenz erweist. Edith Stein lebt aus dieser Mitte. So erträgt sie die Leiden der Verfolgung und Deportation, bis hin zu ihrer Ermordung. Ihr Leben bleibt Fragment. In einer Notiz aus ihren letzten Lebensjahren heißt es:

„Eine scientia crucis - eine Wissenschaft vom Kreuz - kann man nur gewinnen, wenn man das Kreuz gründlich zu spüren bekommt. Davon war ich vom ersten Augenblick an überzeugt und habe von Herzen gesagt: Ave crux, spes unica - Sei gegrüßt, Kreuz, unsere einzige Hoffnung!"

Vergegenwärtigt man sich in einer Zusammenschau diese sehr unterschiedlichen Gestaltungen christlicher Existenz, so wird deutlich: Es gibt nicht die eine einheitliche Kultur, die aus dem Geist Christi lebt. Angesichts der verschiedensten Zeit- und Lebensumstände verbietet es sich damals wie heute, eine bis ins Einzelne fest umrissene Gestalt von Spiritualität nachleben zu wollen. Christliche Existenz kann nur in der Vielfalt ihrer Gestaltungen authentisch sein. Sie wird von einem Mann anders gelebt werden müssen als von einer Frau, von einem Menschen des Mittelalters anders als von einem Menschen der Moderne, von einem Menschen, der von einer Ständeordnung geprägt ist, anders als von einem Menschen, der in einer Gesellschaft lebt, die durch Offenheit und soziale Mobilität gekennzeichnet ist. So sehr sich die einzelnen Lebensentwürfe in ihrer je spezifischen Weise der Gestaltung christlicher Existenz auch unterscheiden mögen, so gilt jedoch für sie alle: Christliche Spiritualität lebt aus Glaubenserfahrung.

Mechthild Dreyer Werner Simon

Corona Bamberg O.S.B.

Glaubenserfahrung - Mode oder Ernstfall?

1. Das Wort Erfahrung liegt heute sozusagen auf allen Straßen. Es ist vielen - als Stichwort, als Sehnsuchtswort, als Modewort - wichtiger geworden als fast alles. Auch Menschen, die religiös nicht uninteressiert sind, ja gerade sie wollen über ihre platte Alltagswelt hinaus, um Höheres oder Tieferes wahrzunehmen, und das nennen sie eher unkritisch und naiv „Erfahrung". Sie suchen dieses Höhere oder Tiefere aber oft nicht mehr in den Gottesdiensten, in den Sakramenten, in der Verkündigung der christlichen Kirchen, sondern wenden sich häufig enttäuscht davon ab oder suchen von vornherein keinen Zugang dazu. Statt dessen drängen sie sich zu Jugendreligionen und Sekten aller Art, zur New-Age-Bewegung, zu Okkultismus und Spiritismus - nach Meinung eines Theologen wie Hans Waldenfels ist das Stichwort „Spiritualität" drauf und dran, sein Heimatrecht im Christentum zu verlieren! -; man wendet sich fernöstlichen Religionen zu, theosophischem und anthroposophischem Gedankengut, all dem, was unter dem Sammelnamen „Neue Religiosität" Erlebnis verheißt, Ergriffenheit, Versenkung, Gemütsbewegung, neues Bewußtsein. Nicht verkopften, andozierten Glauben will man sich abfordern lassen von einer kirchlichen oder sonstigen Autorität, sondern man will selbst unmittelbar „erkennen" im Sinn der ganzheitlichen Wahrnehmung, der *Eigen*erfahrung, die sich gegenüber jeder *Fremd*erfahrung selbständiger Authentizität rühmt.

Dieser neuzeitlich-emanzipatorische Erfahrungsboom, der natürlich einer kritischen Überprüfung bedarf, ist in gewissem Sinn eine Überraschung. Man hat in der sog. „Postmoderne" eine sich verschärfende Säkularisierung erwartet, eine Religions- und Gottlosigkeit, die auf Übersättigung, Gleichgültigkeit und Enttäuschung oder auch rationalistischer Weltdeutung basiert. Die gibt es, zweifellos, auch wenn man sagen kann, daß im Osten der theoretische Atheismus verstummt ist. Aber es gibt auch positiv die lauten oder leisen Hoffnungsrufe, daß von jenseits der „Grenzen des Denkbaren" her „sich kundtut, was uns trägt und selbst in zerbrechenden Hoffnungen noch sinnvoll leben läßt"(1). Und das ist etwas Religiöses. Es gibt diese Hoffnungsrufe auch dort, wo nicht so sehr nach dem (theologischen) Inhalt von Erfahrung, sondern nach ihrem (psychologischen) Faktum gefragt wird, wo also „Erfahrung" verstanden und bisweilen wie eine Droge gesucht wird als fühlbare Kraft, vielleicht nur als High-Sein gegen eine stumm bleibende

Vernunft und Rationalität und namentlich gegen deren praktische Folgen im Umgang mit der Natur und ihren Schätzen, in der Bedrohung der Menschheit durch mörderische Kriege und Katastrophen, in der Unterkühlung der sozialen Beziehungen und der persönlichen Gefühle. Man sucht ein erfahrbares Heil in dieser Welt, „das lebens- und universalgeschichtlich als Wende in subjektivem Ergriffensein erfahren werden kann"[(2)], wobei unter Heil der Inbegriff dessen zu verstehen ist, worauf es dem Menschen erstlich und letztlich ankommt, wovon er das Mißlingen oder Glücken seines Lebens abhängig weiß.

2. Woher kommt dieser Hunger nicht nur nach einem wie immer verstandenen Heilserlebnis, sondern nach Erfahrung als solcher? Dafür gibt es mancherlei Anlässe und Gründe. Das, was „man" tut und möchte, lassen wir einmal beiseite, also die Mode im gängigen Sinn, wie sie natürlicher Schaulust und Wundersucht entspringt. Sehr viel wichtiger ist der Alltag mit seinem Einerlei, das ängstigt oder bis zum Überdruß, bis zur Verdrossenheit und also auch Erfahrungsunfähigkeit lähmt, auslaugt und langweilt; wir nannten ihn schon. Ein weiterer Grund ist die Tatsache, daß seit Ende des Mittelalters zumindest die abendländische Wissenschaft auf „Erfahrung" aufbaut: Sie verdankt ihre Ergebnisse der Ablösung einer sogenannten vorwissenschaftlichen Weltsicht durch eine empirische. Der Siegeszug der Naturwissenschaften, beargwöhnt durch eine fundamentalistische Schriftauslegung und eine bildarm gewordene, vielfach abstrakte Theologie, beruht auf der Empirie. Und auf dem gleichen Fundament stehen, ob wir das wahrhaben wollen oder nicht, unsere heutigen Lebensvollzüge, auf der Vergewisserung durch das Experiment. Was nicht in diesem Sinn erfahren werden kann, gilt als inexistent.

Hand in Hand, zeigen sich damit freilich die Grenzen des Wirklichkeitsbezugs durch experimentelle Erfahrung. Ernst zu nehmende Wissenschaftler haben längst erkannt, daß sie selbst immer nur ein vorläufiges, ständig zu korrigierendes Bild der Wirklichkeit, nie diese selbst haben und geben können. Der große Physiker Max Planck gab todkrank auf die Frage, was er denn von seiner geistigen Höhe aus sehe, zur Antwort: „Nichts. Darum bin ich ja katholisch geworden." Er glaubte nicht mehr an die totale Erkenntnis der Welt. Er suchte tiefere Zugänge zur Wirklichkeit. Wir erleben Analoges in immer weiteren Kreisen, je mehr man mit der Vorläufigkeit und Unzulänglichkeit dessen konfrontiert wird, worauf Fortschritt und Technik so stolz sind. „Immer mehr Menschen leiden an einer gleichsam ‚tiefenlosen Empirie'"[(3)]. Im Nachlassen eines sog. wissenschaftlichen Bewußtseins dringt das Irrationale auf uns ein.

3. Nun kann die Alternative zur Rationalität nicht einfach Irrationalität heißen, am allerwenigsten für Christen. Andererseits hilft es auch nicht, den Glauben als puren Gehorsam gegen Gottes Offenbarung zu proklamieren, wie es ein Karl Barth und auf seine Weise auch der spätere Guardini getan haben. Es gilt vielmehr zunächst schlicht einzugestehen, daß hier in der herkömmlichen Theologie und Glaubensvermittlung Defizite bestehen und daß diese defizitäre Situation mehr als zwanzig Jahre nach dem Zweiten Vatikanischen Konzil noch beträchtlich nachwirkt. In der gegenreformatorischen Tradition war der Glaube weithin verkürzt auf ein „Für-wahr-Halten" gegenüber der Autorität des sich in der Heiligen Schrift und in der Kirche offenbarenden Gottes. Heiligkeit und also die heiligmachende Gnade als wesentliches Angeld des Heils wurde vor allem in ihrer Bedeutung für die jenseitige Welt gesehen; daneben spielte sie ihre Rolle für die Verinnerlichung des einzelnen Christen. In der sittlich-religiösen Bewältigung des Alltags stand ihm die helfende Gnade zur Verfügung. Dagegen wurde jahrhundertelang kaum betont das Wirken der ungeschaffenen Gnade, des Heiligen Geistes, die Selbstmitteilung des Dreieinigen Gottes, die den Glauben in entscheidenden Stunden des Lebens, wo es um das Ganze des Heils und der Heilserwartung geht, erfahren läßt. Das Erste Vatikanische Konzil hatte seinerzeit aus dem Glaubensbegriff das Erfahrungsmoment leider ganz ausgeschlossen(4). Inzwischen hat ein Umschichtungsprozeß stattgefunden, die Wiedereinholung verlorener Dimensionen. Das Zweite Vatikanische Konzil – in der Dogmatischen Konstitution „Dei Verbum" 5 – legt den Hauptakzent auf die *interpersonale Begegnung von Gott und Mensch:* im Glauben, der in der Offenbarung gründet, begegnen sich der *sich* mitteilende Gott und der *sich* übereignende Mensch. Das ist unendlich mehr als ein einseitig intellektueller Vorgang, den man mit theologischen Sachkategorien beschreiben könnte. Damit zusammenhängend: der Glaube ist ein *ganzheitlicher* Akt des Menschen; der von Gott Angerührte und sich Gott Übereignende wirft sein Herz in die Waagschale, was gerade keine Einladung bedeutet zu offenem oder verstecktem Irrationalismus (Verstand und Wille sind mit gefordert), wohl aber zu jenem existentiellen Heranlassen des absoluten und mich er-greifenden Geheimnisses Gott, wie es wesentlich zur Glaubenserfahrung gehört. Daß Glaube im Sinn des Zweiten Vatikanum immer auch Werk des Heiligen Geistes ist, das „mit, durch und in Christus" geschieht, sei hier nur am Rand erwähnt. In ihm, Christus, ist die Trennung von Wort und Wirklichkeit aufgehoben und folglich auch die Antithese von intellektuellem Dogmenglauben und vertrauender Hingabe der eigenen Existenz übergriffen durch das totale Ja der Person, die in Jesus Christus die

Wahrheit und den Weg in einem, unteilbar erkennt(5). Das gehört zum Kerngeschehen des christlichen Glaubens.

Wir müssen den Finger darauf legen, daß dieser vom Zweiten Vatikanischen Konzil verkündete Glaubensbegriff zur Erfahrungsdimension der Schrift und der ursprünglichen Tradition zurückkehrt. Ihr entsprechend verkündet Jesus eine Gottesherrschaft, die sich, gerade auch durch die Vermittlung von Menschen, im Heiligen Geist schon in dieser Welt auswirkt, ohne freilich in ihr aufzugehen; als solche ist sie dem Glaubenswilligen aber erfahrbar. Sie leuchtet ihm auf in Jesu Zeichen und Wundern, in seiner ganzen Person (rein historisch betrachtet, bleibt das Heilswirken Jesu wie jedes menschliche und mitmenschliche Wirken und Geschehen mehrdeutig; nur im Glauben gewinnt es Eindeutigkeit). Und was die Jünger von Jesus als endgültiges Heil von Gott her erfahren, was sie in der Kraft des österlichen Geistes als neue Menschen verwandelt „erkennen", geben sie weiter; so bezeugt es die johanneische Gemeinde (1 Joh 1,11): „Was von Anfang war, was wir gehört haben, was wir mit unseren Augen gesehen, was wir geschaut und was unsere Hände angefaßt haben, das verkünden wir: das Wort des Lebens". Darin sind sie „Zeugen der Auferstehung", darin geben sie Anteil an ihrer Erfahrung des Auferstandenen, die vom Heiligen Geist im einzelnen Christen und in den Gemeinden, eben in der Kirche Jesu Christi mit ihren Sakramenten, lebendig gehalten und immer neu ermöglicht wird. „So bezeugt der Geist selber unserem Geist, daß wir Kinder Gottes sind", umschreibt der Römerbrief (8,16) dieses Geschenk des Glaubens. Und im 1. Johannesbrief heißt es lapidar: „Wer an den Sohn Gottes glaubt, trägt das Zeugnis (des Geistes) in sich" (1 Joh 5,10). Das *ist* christliche Glaubenserfahrung: eine unverwechselbare Weise des Kennenlernens aufgrund des Geistzeugnisses *im* Menschen und also der geschenkten Teilhabe am göttlichen Sein. „Pour connaître il faut être", bringt Jean Mouroux die Sache auf den Punkt. Glaubenserfahrung ist ein gegenseitiges Innewerden von Gott und Mensch, wie es zuletzt nur in der einsmachenden, kommunizierenden Liebe sein kann und geschieht. Glaubenserfahrung ist wissende Liebe im Heiligen Geist. Nur von fern, analog deutet Teilhard de Chardin an, was hier geschieht, wenn er schreibt: „Erreichen zwei Liebende je einen vollkommeneren Besitz von sich selbst als in dem Augenblick, in dem – wie sie sagen – einer sich im anderen verliert? . . . Die Einigung personalisiert"(6). Von da an geht der Strom der sich mitteilenden Erfahrung, der in Augustins Rede vom „inneren Lehrmeister" und in der gesamten christlichen Mystik greifbar wird, durch alle Jahrhunderte der Kirche bis auf diesen Tag.

4. Damit fällt das Wort, dem diese Vortragsreihe eigentlich gewidmet ist: Mystik. *Wie verhält sich Mystik zu Glaubenserfahrung?* Nach der Schrift und der Ursprungstradition gehört alles, was der christlichen Mystik zugerechnet wird, „in die umfassende Klammer des Glaubens" hinein[7]. Mystik ist nicht das Außergewöhnliche in allem Glauben. Mystik ist nichts anderes als „der von Gott verliehene lebendige Glaube, der jedem Getauften und im Glaubensleben eifrig strebenden Christen verliehen" wird[8]. Oder umgekehrt Karl Rahner: „Jeder Akt des lebendigen Glaubens enthält ein Moment der Mystik"[9]. Der Glaube mit seinem Offenbarungsinhalt - Gott in Jesus Christus - ist der theologische Ort mystischer Erfahrungen. Nicht Charismen, nicht außerordentliche Erlebnisse sind entscheidend. Entscheidend ist die jede Begrifflichkeit und kategoriale Aussagemöglichkeit übersteigende *Vertrautheitserkenntnis des Glaubenden,* die „im tiefsten ein Sich-Ergreifenlassen von einer unbegreiflichen Liebe" ist (Fr. Wulf). Paulus nennt sie „Gnosis" oder voller „Epignosis" und sagt von ihr, daß sie, als vom Geist geschenkte Erfahrungserkenntnis der Liebe Christi, alle Erkenntnis übersteigt (vgl. Eph 3,9). Sie ist also mehr als bloßes Wissen; sie ist weit mehr als ein intensives religiöses Gefühl, eine unreflexe religiöse Erregung, die in sich und aus sich das Letzte und Maßgebende wäre. Sie ist nicht nur die Erfahrung des eigenen rein geistigen Tiefengrundes; als solche wäre sie ebenso vorläufig, offen und zweideutig wie alle andere Selbsterfahrung des Menschen. Sie ist ein eigentümliches Innewerden, eine Herzenserkenntnis als Erfahrung von Transzendenz. Das oder der Erscheinende, das/der in der Tiefe greift, ist *Subjekt.* Der Mensch erfährt sich als gegriffen, ohne Vorstellung und Begreifen; und so kommt er von sich los.

Aber er erfährt sich so nur im Glauben - mystische, Geist-, Gottes-, Glaubenserfahrung sind im Grund austauschbare Bezeichnungen -, nicht in offenkundiger Schau. Glaubenserfahrung ist Wahrnehmung des Göttlichen und seiner selbst im Hell-Dunkel des Glaubens, in das sich die Hoffnung und die Liebe wagen wie Mose in die Dunkelheit am Horeb, für das sie sich entscheiden in der Begegnung mit dem lebendigen Gott. Liebe und ebenso Hoffnung lassen sich aber nicht dingfest machen. Sie können erfahren werden im Vertrauen und in der Hingabe, sie können ihre eigene Evidenz gewinnen, die dennoch nie zum sicheren Besitz wird, die sich auch entziehen kann. Von dieser Art ist Glaubens- und Gotteserfahrung in der Bibel, bei den Patriarchen und Propheten, in den Psalmen und vielleicht am deutlichsten bei den Ostererscheinungen im Neuen Testament. Die Initiative liegt nicht beim Menschen, sie liegt bei Gott. Er zeigt sich, erscheint, teilt sich mit, ist da im Schweigen, abwesend-anwesend; der Mensch kann sich nur öffnen oder verschließen, standhalten oder fliehen. Aber noch im Fliehen weiß er jenseits aller Beweise, daß er es mit Gott zu tun hat. Und: Das Schwergewicht wird endgültig vom „Schauen" (der „theoria" der Griechen) auf das Wirken, sogar vom Wort auf die Tat verlegt[10]: Ohne Änderung des Lebens, ohne Bekehrung und tätige Liebe kann keine Rede sein von Glaubenserfahrung im christlichen Sinn und also auch nicht von christlicher Mystik. Glaubenserfahrung muß im Wirken der Liebe dialogisch immer neu vom Heiligen Geist empfangen und in ihm gelebt werden, *sie ist das gelebte Mysterium.*

5. Ich muß mich hier damit begnügen, lediglich hinzuweisen darauf, daß man durch die ganze Geschichte der christlichen Spiritualität gerungen hat um die Grundlegung und Deutung dieser Vertrautheitserkenntnis des Glaubenden, die man Glaubenserfahrung oder Mystik nennt[11]. In der gesamten Väterzeit, der ersten großen Periode christlicher Mystik, deren Ursprünge, geschichtlich gesehen, im Orient liegen (bei den großen Alexandrinern, bei den Kappadoziern und, im 6./7. Jahrhundert, bei Evagrius Ponticus, Maximus Confessor und Pseudo-Dionysius, um nur diese zu nennen), bleibt der seinshaft theologische Untergrund bestimmend, wird Mystik umschrieben als gelebtes Mysterium im Glauben. Auch Hildegard von Bingen steht noch auf diesem Fundament – mit Recht trägt der Vortrag dieser Reihe über die große rheinische Seherin den Titel „Geschichte des Selbst *als* Geschichte der Taten Gottes". Dann aber, im Hoch- und Spätmittelalter, der zweiten großen Periode christlicher Mystik, tritt, wenigstens in der abendländischen Kirche, eine mehr psychologische Betrachtungsweise, das mystische Erfahren, wie es der Einzelne erlebt und stammelnd kundtut, in den Vordergrund. Ich kann diesen differenzierten, auch regional unterschiedlich verlaufenden Prozeß nur eben andeuten. Am greifbarsten wird der *Umschwung von der Mystik als Mysterium zur Mystik als Erfahrung* dort, wo man sich in der Reaktion gegen den im 12./13. Jahrhundert aufkommenden Aristotelismus und den damit verbundenen Vormarsch der ratio entschiedener und verschärft auf den vor allem durch Gregor den Großen vermittelten Augustinismus beruft (in manchem unserer Zeit nicht unähnlich). Von da her die Hinneigung zur personalen (unmittelbaren) Begegnung des Einzelnen mit seinem Gott; von da her auch das Streben nach Erleuchtung und Erfahrung. Pseudo-Dionysius wird nun als Kronzeuge so verstandener Mystik gedeutet und geht ins Mittelalter ein (ich nenne nur Bernhard von Clairvaux und die Viktoriner). Durch die zunehmende Menschheit-Jesu-Frömmigkeit (wiederum bei Bernhard und vor allem bei Franz von

Assisi) wird der Akzent noch stärker verlagert auf die subjektive Seite mystischer Begnadung. Dem ist gewiß der Reichtum und die Innigkeit mittelalterlicher Spiritualität zu verdanken; aber unübersehbar ist auch das Auseinanderbrechen von Theologie und Mystik, das François Vandenbroucke „divorce" nennt, Ehebruch. Die Folge ist ein Verblassen (nicht Verschwinden!) des kirchlich-sakramentalen Charakters der Mystik. Es wird oft schwer, Mystik von nur persönlicher Affektion zu unterscheiden. Glaubenserfahrung als Name für Mystik beginnt zu schlicht, zu „normal" zu werden. – Zu einer letzten Ausfaltung kommt die psychologische Perspektive und Beschreibung mystischer Phänomene bei Teresa von Avila; sie ist darin bis heute unübertroffen, daß sie über das, was sie aus Erfahrung weiß, sprechen kann zum geistlichen Nutzen vieler[12].

In der Moderne hat sich die bewußtseinsmäßige, psychologisch erfahrbare Seite der Mystik, verbunden mit außerordentlichen Begleiterscheinungen wie Auditionen, Visionen, Ekstasen, Levitationen usw., immer stärker durchgesetzt. Auguste François Poulain SJ im 19. Jahrhundert ist ihr namhaftester Vertreter. Erst nach dem Ersten Weltkrieg zeichnet sich wieder die Wende zu einer theologischen Grundlegung und Deutung der Mystik ab. Wegweisend waren hier der französische Dominikaner R. Garrigou-Lagrange und der deutsche Benediktiner Anselm Stolz. Sie bringen die Sicht der Väterzeit wieder zur Geltung, wonach Mystik nicht außerhalb oder oberhalb des Christentums anzusiedeln ist, sondern als Höchstentwicklung der Taufgnade gilt, „insofern der Mystiker erfahrungsmäßig erfaßt, was auch der einfache Gläubige in der Gnadengabe besitzt"[13]. Edith Stein wird denen zuzurechnen sein, für die ein Ausgleich zwischen beiden Perspektiven wieder selbstverständlich geworden ist: Mysterium *und* Erfahrung in der Frage der Mystik ineinander verschränkt, Glaube als in der Taufe grundgelegte, im sakramentalen Leben und im Wort zum Ausdruck kommende reale Gemeinschaft des Christen mit Christus und durch ihn mit Gott, eine Gemeinschaft, die in der „Kreuzeswissenschaft" ihr Schlüsselwort findet und darin jenes Moment eindeutig macht, das ein Aischylos in die Formel „páthei máthos" = „Lernen durch Leiden" gebracht hat.

Hier ist auch der verstorbene Basler Theologe Hans Urs von Balthasar noch einmal zu erwähnen: Im Unterschied zu den meisten Theologen, die jede echte Glaubenserfahrung auch Gotteserfahrung nennen, weist von Balthasar mit Nachdruck darauf hin, daß in der Bibel nirgends von einer Gotteserfahrung des Menschen die Rede sei. Hingegen „geht das Thema der Menschenerfahrung Gottes durch Erprobung durch die ganze Heilsgeschichte hindurch"[14]. Es ist gut, auch diesen biblischen Befund nicht aus dem Blick zu verlieren. Nicht zuletzt darum sprechen wir hier von Glaubenserfahrung und nicht von Gotteserfahrung. Gott prüft und erprobt seinen Menschen, wie er Abraham und den Gottesknecht geprüft und erprobt und so durch Leiden „gelernt" hat, was es mit seinem Menschen auf sich hat. Freilich erfährt gerade so auch der geprüfte Mensch, was es mit seinem Gott auf sich hat. Er beginnt sich leidend auf Gott zu „verstehen". Beide Erfahrungen sind nicht voneinander zu trennen.

6. Erst auf diesem frömmigkeitsgeschichtlichen Hintergrund können wir die Alternative unseres Themas richtig einordnen: „Glaubenserfahrung: Mode oder Ernstfall?" Der Hang zur „Erleberei", um einen zornigen Ausdruck von Balthasars aufzugreifen, das Fühlenwollen und Sich-Vergewissern bis ins Leibhaft-Sinnenhafte hinein, das Ausklammern-Wollen des Risikos, die Suche, ja Süchtigkeit nach unmittelbarer Verschmelzung durch die rechte Anwendung einer „Methode" – der Meditation, der Versenkung; vgl. Fritjof Capra! –, das alles ist heute in Mode. Aber es hat wenig zu tun mit christlichem Glauben, mit christlicher Glaubenserfahrung. Wohl ist die Suche und sogar Süchtigkeit des heute zutiefst verunsicherten, oft beziehungsunfähigen und auf sich zurückgeworfenen Menschen eine dringende Anfrage an unsere christliche Theologie und Glaubensvermittlung, überhaupt an das christliche Leben aus dem Glauben (also die Spiritualität) des einzelnen, der Gemeinden, der Kirchen, Mysterium nicht von Erfahrung zu trennen, sondern das wesenhafte Geheimnis mit dem existentiell Erfahrungshaften zu verbinden. Die Erfahrungserwartung außerhalb der Kirche ist eine Herausforderung an die Christen, die Erfahrungsmöglichkeiten im Glauben selbst ernst zu nehmen und sie anderen aufzuweisen. Es gilt, sensibel zu werden für die Eigenart gläubiger Erfahrung, und es gilt, sich in den Dienst dieser Glaubensmystagogie zu stellen. So hat es ein Karl Rahner sein Leben lang mit unbeirrbarer Konsequenz versucht. So sieht es auf seine Weise ein Eugen Biser, wenn er in seinem Buch „Die glaubensgeschichtliche Wende" feststellt: „die unbefangene Art, wie heute das Erfahrungsmoment in Rechnung gestellt, ja geradezu zur Glaubensbedingung erhoben wird, (muß) als einer der bemerkenswertesten und für den (erfragten) Strukturwandel des Glaubens bedeutsamsten Vorgänge gewertet werden"[15]. Dies um so mehr, als nach Biser mit „Erfahrung" erst ein Vorgriff auf das gefunden ist, „was tatsächlich im Zentrum des sich abzeichnenden Strukturwandels steht: die Wirklichkeit"[16].

Wenn aber die Wende heute tatsächlich vom Wissens- zum Erfahrungsglauben (und, eng damit verbunden, vom Satz- zum Verstehensglauben) führt, dann haben wir es beim Stichwort „Glaubenserfahrung" nicht mit Mode, sondern mit dem Ernstfall zu tun. Wir können, heißt das, in unserer pluralistischen Welt und Gesellschaft, in der die selbstverständlichen Erfahrungsräume des christlichen Glaubens – Familie, Gottesdienst, Zeichen, Bilder, Symbole, Gebräuche, Sprachspiele usw. – mehr und mehr verschwinden, in der überdies die Organe, mit denen schon im Natürlich-Menschlichen Erfahrungen gemacht werden können und jahrhundertelang gemacht wurden: Augen, Ohren, Geschmack, Tast- und Geruchssinn, die geistigen Sinne und nicht zuletzt das Herz, überlastet oder unterfordert, überreizt oder abgestumpft sind, nicht Glaubende bleiben, nicht andere zum Glauben verlocken, wenn wir nicht etwas Lebenprägendes erfahren haben mit Gott, mit Jesus Christus, mit der Schrift, mit Schöpfung und Geschichte, mit der Kirche als Gottes Anwesenheit in dieser Welt, mit Gottes Zukunft, mit seinem Geist. Karl Rahner wußte, was er mit seinem vielzitierten Satz meinte: „Der Fromme von morgen wird ein ‚Mystiker' sein, einer, der etwas ‚erfahren' hat, oder er wird nicht mehr sein, weil die Frömmigkeit von morgen nicht mehr durch die im voraus zu einer personalen Erfahrung und Entscheidung einstimmige, selbstverständliche öffentliche Überzeugung und religiöse Sitte aller mitgetragen wird, die bisher übliche religiöse Erziehung nur noch eine sehr sekundäre Dressur für das religiöse Institutionelle sein kann"[(17)]. Auf unsere Lebensfrage tritt uns der heutige geschichtliche Erfahrungshorizont immer weniger deutlich entgegen mit der Antwort „Gott". „Es gilt also, mit größerer Mühe den Weg freizulegen (falls es überhaupt gelingt), der im mittelalterlichen Denken mit fast souveräner Selbstverständlichkeit menschliches Denkresultat und göttliches Glaubensangebot ineinander übergehen ließ"[(18)]. Es gilt vielleicht noch mehr – ohne daß die Dringlichkeit eines inhaltlichen Glaubenswissens irgendwie geleugnet oder auch nur abgeschwächt werden soll –, die vernehmende Vernunft wieder in das Herz herunterzuholen, wie es in jedem ehrlichen Gebet geschieht. Es gilt, in der Tiefe und Stille des Herzens das Schauen und Hören zu lernen, um die natürliche Grundlage zu schaffen, daß Gottes Geist in uns wirken kann. Es gilt, Gott und seine Wirklichkeit, Jesus als den Weg, die Wahrheit und das Leben in der eigenen Existenz widerhallen zu lassen und so das Spezifische des christlichen Glaubens an sich heranzulassen und einzuüben. Bernhard Grom nennt dieses Spezifische „das sich dem Göttlichen öffnende erfahrungs-, offenbarungs- und jesusbezogene Sichverdankt-, Getragen- und Gerufensein des Menschen"[(19)]. Damit würde einer die Grundunterscheidung im

Gewoge modischer Tendenzen treffen, auf die alles ankommt: die „Unterscheidung zwischen einer psychologischen oder kosmischen Einheitserfahrung und der Begegnungserfahrung mit dem lebendigen Gott“[20].

7. Zu dieser Grundunterscheidung werden auf ihre je verschiedene Weise die drei großen Frauengestalten und die drei heiligen Männer helfen, denen die folgenden Vorträge gewidmet sind. Wie es überhaupt von entscheidender Bedeutung sein wird, daß wir die Strahlkraft der großen Vorbilder, daß wir die Weisheit der spirituellen christlichen Überlieferung nicht ungenutzt lassen, daß wir nicht mitlaufen zu irgendwelchen Zapfstellen mehr oder weniger menschengemachter „Weisheit“. Unser Glaube, das läßt sich lernen aus der Tradition und von den großen Spirituellen, ist Gottes Anspruch auf den ganzen Menschen und dessen Antwort für seine jeweilige Zeit. Für diesen Anspruch Gottes, für diese Antwort des Menschen und also für die ganze Wirklichkeit, in der Gott sich oft rätselhaft verschweigt *und* schenkt, gilt es sich und einander empfänglich zu machen. „Gott begegnen in der Welt“, so der Titel einer wichtigen Neuerscheinung von Friedrich Wulf mit dem Untertitel: Erfahrungen des Glaubens[21]. Nicht im Außergewöhnlichen, sondern im Gang des Lebens, wie es einem jeden aufgegeben ist, in den vielen Facetten menschlicher Existenz, in der Dialektik von Sterben und Geborenwerden, in der „dem Menschen zumutbaren Wahrheit“ bietet sich dem wachen Herzen die Chance der Glaubenserfahrung. „Alles im Leben aus Gottes Hand anzunehmen und ihn wirklich Gott sein zu lassen in allem, ist das überwältigende Geschenk des Glaubens“, schrieb mir kürzlich eine Ärztin in schwierigster Situation. Und ein ehemaliger Journalist, seit Jahren im Rollstuhl, bekennt: „Ich liebe mein Leben, ich habe es immer als einen Vorgriff auf das ewige Leben aufgefaßt. Ich vertraue darauf, daß Gott, wo er mich auch hinführt, es gut mit mir vorhat. Darauf vertraue ich, ob Gott mir den Sinn seiner Wege jetzt oder später oder überhaupt nicht aufschließt.“

Wer so etwas weiß, der kennt auch die Eigenart gläubiger Erfahrung. Sie kann niemals verfügbarer Besitz, kalkulierbares Wissen werden. Sie lebt aus der unablässigen Mühe des Gebetes. Sie wächst in einem lebendig gestalteten Gottesdienst, in der warmen und belebenden Atmosphäre einer auch menschlich überzeugenden Gemeinde, in ihren hauptamtlichen und in ihren ganz verborgenen Diensten, in offenen und unaufdringlichen Zeugen des Glaubens. Sie behält immer die Kennmarke hoffender Liebe, die auch nach noch so leuchtender Bekehrung und Begegnung Dunkelheiten kennt und Abgründe, Angefochtensein,

Nichtwissen und Wüste, ja Tod. Aber auch dies gehört zur Eigenart gläubiger Erfahrung, daß sie immer neu aufbricht, weil sie sich immer neu gerufen, „gegriffen“ weiß. Sie bleibt unterwegs und ist doch schon geheimnisvoll geborgen. Sie ist „gewiß“, wie es in dem überwältigenden Bekenntnis Röm 8,31-39 zum Ausdruck kommt, daß „nichts uns trennen kann von der Liebe Gottes, die da ist in Christus Jesus, unserem Herrn“. Gerade so kennt Glaubenserfahrung keinen elitären Dünkel, keine esoterische Wichtig- und Geheimnistuerei, nur Dankbarkeit und jene Geduld, die nach dem Wort der großen Teresa „alles erreicht“. Sie bleibt, wie Konrad Weiß es ausdrückt, „ein Blinder bis zum jüngsten Tag“, der aber untergeht „in seinem (Gottes) Reich“(22).

Anmerkungen

(1) H. Waldenfels, Das Christentum im Pluralismus heutiger Zeit, in: Stimmen der Zeit 113 (1988) 579-590, 589.
(2) H. Koch, Neue Religiosität außerhalb der Kirche: Bedrohung oder Chance für den Glauben?, in: Theologie der Gegenwart 31 (1988) 66-75, 68.
(3) J. Sudbrack, Sich in Gottes Ordnung bergen, Würzburg 1986, 12.
(4) Vgl. Dogmatische Konstitution „Dei Filius“ vom 24. April 1870 (DS 3000-3020); H. Waldenfels, Kontextuelle Fundamentaltheologie, Paderborn 1986, 300 f.
(5) Vgl. J. Ratzinger im Kommentar zur Dogmatischen Konstitution über die göttliche Offenbarung „Dei Verbum“, in: Lexikon für Theologie und Kirche. Das Zweite Vatikanische Konzil. Dokumente und Kommentare, Teil II, Freiburg 1967, 512.
(6) Hier zitiert nach: A. Haas, Teilhard de Chardin-Lexikon, Band 2, Freiburg 1971, 140.
(7) H. U. von Balthasar, Zur Ortsbestimmung christlicher Mystik, in: Werner Beierwaltes u. a., Grundfragen der Mystik, Einsiedeln 1974, 37-71, 41.
(8) Ebd.
(9) K. Rahner, Art. Mystik: VI. Theologisch, in: Lexikon für Theologie und Kirche VII (1962) 743-745, 744.
(10) Vgl. von Balthasar (Anm. 7), 57.
(11) Zum ganzen Zusammenhang vgl. u. a. C. Bamberg, Mystik in der benediktinischen Tradition, in: Studien und Mitteilungen zur Geschichte des Benediktinerordens und seiner Zweige 98 (1987) 273-287, 273-275.
(12) Vgl. den Beitrag von G. Hinricher OCD über Teresa von Avila in diesem Band.
(13) A. Stolz, Theologie der Mystik, Regensburg 1934, 95.
(14) H. U. von Balthasar, Gott erfahren?, in: ders., Neue Klarstellungen, Einsiedeln 1979, 13-28, 15.
(15) E. Biser, Die glaubensgeschichtliche Wende, Graz 1987, 178.
(16) Ebd., 181 f.
(17) K. Rahner, Frömmigkeit früher und heute, in: ders., Schriften zur Theologie VII, Einsiedeln, 1971, 11-31, 22 f.
(18) Waldenfels, Fundamentaltheologie (Anm. 4), 149.

(19) B. Grom, Die Archetypen - eine Sackgasse. Zur Sakralisierung des Unbewußten, in: Stimmen der Zeit 113 (1988) 604–612, 612.
(20) J. Sudbrack, Christliche Mystik - Vorüberlegungen, in: G. Ruhbach/J. Sudbrack (Hg.), Große Mystiker. Leben und Wirken, München 1984, 7–16, 11.
(21) F. Wulf, Gott begegnen in der Welt. Erfahrungen des Glaubens, Würzburg 1988.
(22) K. Weiß, Gedichte 1914–1939. Sonderausgabe zum 100. Geburtstag, München 1980, 550.

Karl Suso Frank O.F.M.

Benedikt von Nursia - Wahrhaft Gott suchen

Wenn hier von Benedikt von Nursia und seinem Weg des Wahrhaft-Gott-Suchens gesprochen werden soll, dann liegt eine Zweiteilung des Themas nahe. Die beiden Teilthemen stehen jedoch nicht beziehungslos nebeneinander. Das Leben Benedikts ist selbst nichts anderes als wahrhaftes Gottsuchen, und das in der Benediktusregel entfaltete Programm der Gottsuche ist wiederum nichts anderes als das vom Mönch Benedictus zuvor gelebte Gottsuchen - „denn der Heilige konnte nicht anders lehren, als er lebte“ (Gregor der Große, Dial. II 36).

Doch wer war Benedikt von Nursia?

Es gibt keinen unmittelbaren Weg zu ihm. Alles Fragen und Suchen nach dieser Persönlichkeit ist auf vermittelte Antwort verwiesen.
Eine solche Vermittlung ist sicher in der bis heute andauernden Wirkungsgeschichte gegeben, d. h. im Leben nach der Regel, die seinen Namen trägt und das in den zahlreichen Benediktinerklöstern in aller Welt gelebt wird. Das ist nicht wenig:

Es gibt etwa 9600 Benediktinermönche auf der weiten Welt. Auf der benediktinischen Landkarte fehlt zwar Berlin. Immerhin gab es in den dreißiger Jahren hier den Versuch einer benediktinischen Gründung. Der resignierte Abt von Weingarten, Michael von Witowski, plante nach 1933 in Berlin ein benediktinisches Stadtkloster zu gründen, freilich ohne Erfolg.(1)

Dazu kommen etwa 8400 Benediktinernonnen. Davon lebt eine Gemeinschaft von etwa 30 Schwestern in der Abtei St. Gertrud, Alexanderdorf (DDR).

Neben ihnen stehen ca. 11.000 Schwestern, die ebenfalls der Regel Benedikts folgen und als Benediktinerinnen von der hl. Lioba, von der hl. Gertrud, vom hl. Alban, von der hl. Bathildis, von der hl. Scholastika, von Christus, dem König, usw. bekannt sind.(2)

Zur großen Familie des hl. Benedikt zählen auch Zisterzienser/innen mit ihrem kräftigen Reformzweig der Trappisten/innen.(3)

Die Frauen und Männer, die in diesen Orden und Gemeinschaften leben, geben durchaus Antwort auf unsere Frage: Wer war Benedikt von Nursia? Und ihre Antwort hat den Wert des gelebten Zeugnisses. Freilich ist ihre Antwort auch begrenzt und kann nur eingeschränkt gelten, wenn sie den Anfang beschreiben soll, „denn wie es in der Geschichte geht: Sie nimmt nur das an, was sie brauchen kann, und macht daraus, was sie will."

Wer war Benedikt von Nursia?

Eine zweite Antwort ist aus jener Mönchsregel herauszuhören, die mit Benedikts Namen verbunden ist. Aber auch diese Antwort ist nicht einfach und gibt nicht vorbehaltlos biographische Auskunft über ihren Verfasser; außerdem gibt sich Benedikt auch gar nicht eindeutig als Verfasser zu erkennen.

Schließlich bleibt ein dritter Weg zu Benedikt von Nursia. Papst Gregor der Große (590–604) hat ihn gewiesen. Tatsächlich verdankt sich alles, was über das Leben Benedikts gesagt und geschrieben und was in der Kunst dargestellt wird, diesem Papst. In dankbarer Verehrung gilt er deshalb als der „Biograph" Benedikts.[4]

1. Gregor der Große und das Leben Benedikts

Vom Leben Benedikts erzählen, heißt zuerst von Papst Gregor und dessen sog. „Benediktusvita" berichten. In den Jahren 593–94 schrieb der Papst seine „Dialoge über die Wunder italischer Väter"[5].

Dieses Werk ist echte Trost- und Erbauungsliteratur, die in das Gewand der Biographie, der Wundererzählung und der moralischen Unterweisung gesteckt ist. Einmal sind die vier Bücher Trost für den Erzähler selbst, der sein Papsttum erleidet. Er war damals gerade drei Jahre im Amt und konnte den Verlust der geistlichen Muße, die er im monastischen Leben gefunden hatte, nicht verschmerzen. Im Jahre 575 hatte er den elterlichen Palast in Rom in ein Kloster verwandelt und sich selbst in die Mönchsgemeinschaft eingefügt. Mit der „schönen Rachel", d. h. mit dem kontemplativen Leben, hatte er sich verbinden wollen, dann aber fand er sich – auf Grund welchen Ratschlusses, blieb ihm verborgen – mit der weniger schönen Lia, d. h. mit dem aktiven Leben, verbunden. Mit Maria hatte er zu Füßen des Herrn sitzen wollen, nun aber sah er sich zu äußerer Tätigkeit wie Martha gezwungen. Außerhalb der Welt, außerhalb des Fleisches hatte er leben wollen, und nun stand er unter dem Joch des hohen Kirchenamtes mit all seinen Belastungen und arg weltlichen Beanspruchungen.[6]

Solche Klagen ziehen sich durch das ganze Werk des Mönchspapstes. Der Lehrer der geistlichen Sehnsucht bringt in ihnen sein Heimweh nach dem verlorenen Gut des kontemplativen Lebens zum Ausdruck. Sehnsucht und Klage verdichten sich in den Dialogen:

„Meine arme, von der Arbeitslast verwundete Seele denkt zurück, wie glücklich sie einst im Kloster war, wie alles Hinfällige weit unter ihr lag, wie sie alles Wandelbare hoch überragte, wie sie nur an Himmlisches zu denken gewohnt war, und wie sie - zwar im Körper zurückgehalten - doch die Begrenzung des Fleisches in der Betrachtung überschritt, wie sie selbst den Tod, der doch allen als Strafe gilt, als Eingang zum Leben und Lohn für ihre Mühe liebte“ (Dial. I, prol. 3). In der Erinnerung an Leben und Werk der Heiligen wollte Gregor diese geistliche Not für sich selbst aufheben.

Die vier Dialogbücher sollten dann auch dem italischen Volk als Trost und Erbauung geschenkt werden, dem sich der Römer Gregor tief verbunden wußte, jenem Volk und Land, das damals halb von den Langobarden erobert war, das verarmt, geschlagen, hoffnungs- und hilflos dahinlebte. Der geistliche Hirte wollte seinem Volk zeigen, daß gegen alle Erfahrung „Gott der Herr immer noch am Werk ist und auch sein Sohn jetzt noch wirkt“ (I 7, 6 mit Joh 5,17). Das andauernde Wirken Gottes zeigt sich in den Heiligen des eigenen Landes. Denn das gegenwärtige Italien erstrahlt durchaus im Glanz der Heiligkeit. Dieser kühnen Behauptung kann Gregors Gesprächspartner, der Diakon Petrus, nur mit ungläubigem Staunen begegnen. Der Zweifel und die Unkenntnis fordern den päpstlichen Erzähler heraus - „Ja, der Tag würde eher zur Neige gehen als mein Erzählen, wollte ich alles in Erfahrung Gebrachte wiedergeben“ (prol. 8). Gregor will sich in seiner Suche nach italischen Heiligen eifrig umgeschaut und umgehört haben, aber wir dürfen seiner Erzählergabe auch ein gerüttelt Maß an schöpferischer Erinnerung zuschreiben.

Die vier Dialogbücher geben sich denn auch überaus kundig und gesprächig. Daß ihre Auskunft jedoch nicht intellektuelle Neugier zufriedenstellen will, daß deren Adressat nicht unmittelbar die besorgte Anfrage des Historikers sein kann, liegt auf der Hand. Der Historiker findet da zuerst Vieles und Gutes über den Erzähler, dann aber wenig Sicheres und Zuverlässiges im Erzählten.

Die ganze Erzählung ist außerdem unter das strenge Diktat eines geistlichen Konzeptes gestellt: Gottgeschenkte Heiligkeit soll aufgezeigt werden. Der Beweis solcher Heiligkeit (virtus) ist mit den außerordentlichen Wundertaten (virtutes) gegeben. Die Dialoge sind deshalb eine Sammlung überraschender Mirakelgeschichten. Andererseits sind für den frommen Leser nicht die Wundertaten das Nachahmenswerte. Er soll von der Heiligkeit angesprochen werden und sich selbst auf den Weg zu dieser Heiligkeit begeben.

Letzte Vollendung alles Menschenlebens geschieht erst im Jenseits. Dort - extra mundum, extra carnem - kommt die Heiligkeit zu unverstelltem Glanz. Also muß im Leser die Sehnsucht nach der himmlischen Welt angereizt werden. Sinnigerweise schließt die vierteilige Darstellung mit Geschichten über das Geschick der Seele nach dem Tod. Gregor erzählt da sehr handgreiflich über Lohn und Strafe im Jenseits, was ihm von ernster Kritik bis heute übel angemerkt wird.

Das geistliche Konzept hat sich in der Komposition des ganzen Werkes niedergeschlagen. Das I. Buch erzählt von 12 Heiligen. Das II. bringt das wunderbare Leben des hl. Benedikt. Das III. berichtet von 37 Heiligen und das IV. vom Leben im Jenseits. Schon diese Einteilung läßt einen klaren Bauplan entdecken: Buch I und III erzählen von mehreren Personen, Buch II und IV sind je von einem Gegenstand bestimmt: eine Person hier, ein Thema dort. Die Struktur dieses Bauplans könnte noch genauer untersucht und dargestellt werden, doch das Gesagte soll genügen.(7)

In diesem kunstvoll gestalteten Werk ist Benedikt also das 2. Buch gewidmet. Dort erzählt der Papst ausschließlich von „Benedictus, dem Gesegneten, der Gnade und dem Namen nach“. Der Papst hat den verehrten Mönchsvater nicht persönlich gekannt. Dieser Mangel soll jedoch nicht gegen das einzigartige Lob des Heiligen gestellt werden: „Mir ist es sonnenklar, daß Markus und Lukas ihr Evangelium nicht als Augenzeugen, sondern nur auf Grund dessen, was sie gehört, geschrieben haben“ (I prol. 10). Vom Hörensagen nur kennt Gregor den Mann seiner Bewunderung. Wie ein aufmerksamer Berichterstatter gibt er einige Zeugen an, Schüler und Gefährten Benedikts, denen eine besondere Glaubwürdigkeit zukommen soll.

Was erfahren wir nun durch Papst Gregor von Benedikt?

Der Papst will vom „Leben und den Wundertaten Benedikts“ erzählen. Mit einer genauen Nachzeichnung des Lebensganges hat er freilich wenig im Sinn. Herkunft und Jugendzeit werden in der Einleitung seines 2. Dialoges in knappen Strichen abgetan. Aus der Gegend von Nursia (dem heutigen Norcia) ist Benedikt gekommen, aus bürgerlicher Familie (liberiori genere) stammt er. Das kaum begonnene Studium in Rom - welchen Inhalts? - wurde rasch abgebrochen: „Kaum hatte er den Fuß in die Welt gesetzt, da zog er ihn schon wieder zurück" (II prol.). Bestimmt und entschlossen wählt er einen anderen Weg: Er will allein Gott gefallen und deshalb das Mönchskleid anziehen. Auf die Weisheit, die ihm die Hohe Schule anbieten wollte, verzichtet er, um in der Einsamkeit die wahre Weisheit zu finden: „Mit Wissen unwissend und in Weisheit ungelehrt, zieht er sich zurück" – „scienter nescius et sapienter indoctus" (ebd.). Der klare Entschluß des Heranwachsenden zeigt, daß er an Charakter reifer war als an Jahren: „Schon als Kind trug er das Herz eines Greises in sich" (ebd.). In festgeschriebener Tradition rühmt Gregor damit die frühe Auserwählung und Begnadung Benedikts.[8]

Der junge Benedikt hat diese Welt verlassen, d. h. er hat auf ein Leben im bürgerlichen Rahmen, auf einen weltlichen Beruf und eine eigene Familie verzichtet und die Einsamkeit aufgesucht. Für den Biographen besteht kein Grund mehr, sich mit dem weltlichen Dasein zu befassen. Die Eltern bleiben ungenannt. Eine leibliche Schwester Scholastika taucht erst in späterer Zeit auf und steht dort im Dienst einer Wundererzählung. Mit seiner Bekehrung ist Benedikt gleichsam aus Raum und Zeit ausgestiegen.

Mit Zeitangaben geht der Papst arg sparsam um. Auf Ortsangaben hat er glücklicherweise nicht ganz verzichtet: Zuerst Enfide = Affile bei Subiaco, dann die Höhle bei Subiaco, wo sich Benedikt in das Einsiedlerleben einübt. Gut drei Jahre später wird Benedikt, „dessen Name nun in der Gegend schon bekannt war" (3,1), in ein Kloster berufen und dort zum Abt bestellt. Das Kloster bleibt namenlos; seit dem 15. Jh. wird Vicovaro, östlich von Tivoli, genannt. Als Oberer hat Benedikt dort wenig Glück. Da er den Mönchen ein zu strenges Regiment führt, wollen sie ihn durch Gift aus dem Hause morden. Auf den Giftanschlag antwortet Benedikt in überlegener Gelassenheit: „Geht, und sucht euch einen Vater nach eurem Geschmack; mich könnt ihr nicht mehr haben" (3,4). Nach einem erneuten Rückzug in die Einsamkeit zieht Benedikt viele Mönche an und gründet eine Klostersiedlung: zwölf Klöster mit je zwölf Mönchen und je einem Oberen (3,13). Auch hier bleibt der Ort ungenannt. Subiaco freilich kann sich auf gute Tradition berufen. Auseinandersetzungen mit dem Ortsklerus – in Kap. 8 sind die raffinierten Anschläge des eifersüchtigen Priesters Florentius geschildert – lassen Benedikt an einen Ortswechsel denken. Unvermittelt kommt jetzt der Monte Cassino in Blick, der weit abgelegen ist und den Benedikt mit seinen Mönchen zum neuen und endgültigen Wohnort wählt. Heidnische Heiligtümer auf dem Berg werden von dem „Mann Gottes" zerstört. Zwei kleine Heiligtümer zu

Ehren des hl. Martinus und Johannes des Täufers werden an deren Stelle errichtet (8,11). Benedikt braucht diesen Ort nicht mehr zu verlassen. Alle weiteren Ereignisse seines Lebens sind dort lokalisiert. Auch der Tod trifft ihn auf dem Berg, und in der Kapelle des hl. Johannes findet er sein Grab (37,4), übrigens neben seiner Schwester Scholastika (34,2).

Diese Angaben führen zu einem wenig bewegten Leben. Monastisches Leben ist ortsbeständiges Dasein. Gregor stellt Benedikt nicht unter das Ideal der asketischen Heimatlosigkeit, sondern unter das des ortsgebundenen Zönobiten. Die Tradition hat die von Gregor genannten Benediktusorte in schöner Einmütigkeit festgehalten.

Enttäuschend ist nun jedoch die fast völlige Abstinenz in chronologischen Angaben. Die Zeit der Geburt ist nicht genannt, noch die des Aufbruchs in die Einsamkeit, ebensowenig die des Aufstiegs nach Monte Cassino. Wohl gibt es in den Wundererzählungen ein paar Begebenheiten, die ungefährt datierbar sind: eine Hungersnot (21; 28–29), der Gotenkönig Totila (14–15), der Gote Zalla (31) und die Namen ein paar süditalischer Bischöfe. Die Ereignisse und Namen sind mit dem Abt von Monte Cassino in Verbindung gesetzt. Sie rücken den Aufenthalt dort in das mittlere 6. Jh. Die übliche Datierung, 480–547, sollte beweglicher gehalten sein: 480/90–550/60.

Papst Gregor hat sein „Leben und die Wundertaten Benedikts“ keineswegs geschrieben, um uns geographische und chronologische Auskünfte zu bescheren. Leitendes Interesse sind da immer die Heiligkeit des Mannes und die Wunderwerke als demonstrativer Beweis dafür. Beim Ortswechsel nach Monte Cassino bedrängt den Gesprächspartner Petrus nur die eine Sorge, ob Benedikt denn auch dort noch seine Wunderkraft gezeigt habe (8,10). Tatsächlich ergeben sich die Wundertaten als eigentliches Ordnungsprinzip der Vita. Ähnlich wie der Aufbau des ganzen Werkes läßt sich das 2. Dialogbuch nach den Wunderberichten strukturieren. Hier sammelt Benedikt das in der Bibel bezeugte Wunderwerk eines Mose, Elija, Elischa, David, Petrus u. a. auf sich ein: „Er ist der Mann, erfüllt vom Geist aller Gerechten“ (8,10). Der Abt von Monte Cassino wird zunächst als der prophetisch begabte Seher gezeigt (12–22), dann als Thaumaturg (23–33). Unterschiede und Entsprechungen zwischen den einzelnen Wundertaten lassen sich aufspüren, die wieder einen genau durchdachten Plan belegen. Doch bei allem wird deutlich, daß die Wundererzählungen nur Substrat für eine geistliche Unterweisung sind. Benedikt überwindet die Ruhmsucht (1), ist Herr über das Begehren des Fleisches (2), hat zu Gelassenheit gefunden (3) usw. Er reift zum „Mann Gottes“ heran, der zwar immer unter Versuchung und Anfechtung steht, aber ihr in jeder Form gewachsen ist. „Das ist der Weg, auf dem der vom Herrn geliebte Benedikt zum Himmel aufsteigt“ (37,3). Papst Gregor hat diesen Satz zwar unmittelbar im Hinblick auf die Todesstunde und den seligen Heimgang Benedikts formuliert, aber damit doch dem ganzen Benediktsleben die passende Überschrift gegeben. Tatsächlich schildert Gregor in seinem „Leben Benedikts“ den Weg des Menschen zur Vollendung.

Dieser Weg ist jedoch genau bestimmt von Gregors eigenem geistlichen Konzept. Grundthemen gregorianischer Spiritualität
- habitare secum,
- extra mundum esse,
- animam super semetipsam videre,
- Deo placere,
- Vorrang der contemplatio vor der actio,
- drängende, endlose Sehnsucht nach dem himmlischen Leben, wie sie für den „doctor desiderii“, den Lehrer der Sehnsucht, charakteristisch ist,

werden hier in leicht eingängige Form gebracht. Man kann deshalb sagen: Im „Leben und den Wundertaten Benedikts“ hat der Papst seine eigene Vollkommenheitslehre in biographischer Form dargestellt.(9) Ganz ähnlich hat lange vor ihm Athanasius den ägyptischen Antonius in seiner bekannten Vita Antonii (geschrieben um 357) beansprucht, ebenso Sulpicius Severus den hl. Martin von Tours in seiner Vita Martini (geschrieben nach 397). Beide Mönchsviten haben übrigens ihre Spuren in Gregors „Benediktusleben“ eingedrückt. Eine Biographie darf man in solcher Art des Schreibens nicht suchen, wenn man darunter den genau dokumentierten Bericht eines Menschenlebens versteht, wohl aber dann, wenn man die Biographie zu verstehen gewillt ist als den ins Wort gefaßten Traum, den jemand in sich trägt, als das zum Leben erweckte Bild, das man von sich selber hat, als die mit Fleisch und Blut umkleidete Lehre vom vollkommenen Menschen, die man zur Richtschnur des eigenen Lebens gewählt hat.

Auf die Frage nach dem historischen Benedictus gibt es dann freilich nur eine magere, dürftige Antwort. Er war ein begabter und begnadeter Lehrer des monastischen Lebens, ein „Mann Gottes“, der seine nächste Umgebung tief beeindruckte und so sehr prägte, daß er den jüngeren Mönchspapst dank des vermittelten Eindrucks zu faszinieren vermochte. Einen Teil seiner ungeahnten Wirkungsgeschichte verdankt dieser Abt aus der italischen Provinz gerade dem Umstand, daß er zur

Lieblingsfigur des schreibenden Papstes geworden ist und von diesem zum Modell vollendeten Christenlebens gestaltet wurde, wie ein Mensch in seinem Leben wahrhaft Gott sucht.

Ich weiß, daß dieses Programm nicht unbedingt unseren Beifall findet. Gregors des Großen wahrhaftes Gottsuchen verlangt die Aufgabe des Lebens in dieser Welt. Das hat er an Benedikt deutlich gezeigt und auch an den anderen christlichen Heroen seiner Dialoge. Da gibt es z. B. den Notar Anastasius (II 3), der in päpstlichem Dienst stand. Aber eines Tages kommt der fromme Kirchenmann auf den Gedanken, allein Gott zu suchen (soli Deo vacare), und kurzerhand verläßt er das päpstliche Archiv und tritt in ein Kloster ein. – Sicher gibt es bei Gregor auch die andere Auskunft, daß man nämlich auch in der Welt Gott suchen könne. Aber hier haben wir es mit dem Benediktusleben und seiner Wegweisung zu tun. Und auch da vermag man in all den Wundergeschichten doch Brauchbares, Verwertbares und Anregendes zu entdecken.

Ich wähle nur drei Episoden aus:

a) Dial. II 6: Der einfältige Gote im Kloster von Subiaco

„Ein andermal kam ein Gote zu ihm, ein etwas einfältiger Mann, und bat um Aufnahme. Von Herzen gern nahm der Mann Gottes Benedictus ihn ins Haus. Eines Tages ließ er ihm ein Eisengerät geben, das Sichelsense heißt – weil es einer Sichel ähnelt –, um an einer Stelle, wo ein Garten angelegt werden sollte, Dornensträucher wegzuschlagen. Die Stelle, wo der Gote roden sollte, lag hart am Seeufer. Während der Mann aus Leibeskräften auf das wirre Dornengestrüpp einhieb, flog das Eisen vom Stiel weg und fiel dort in den See, wo das Wasser so tief war, daß keinerlei Hoffnung bestand, es je wieder herauszubekommen. Am ganzen Leib zitternd lief der Gote, dem das Eisen abhanden gekommen war, zum Mönch Maurus und meldete ihm den angerichteten Schaden; und er tat Buße für seine Schuld.

Der Mönch Maurus verständigte sofort den Diener Gottes Benedictus. Als dieser es erfuhr, ging er sofort zu der Stelle, nahm dem Goten den Stiel aus der Hand und hielt ihn in das Wasser. Sogleich tauchte das Eisen aus der Tiefe empor und fügte sich wieder passend an den Stiel. Sofort gab er dem Mann seine Sense wieder mit den Worten: ‚Da, geh wieder an die Arbeit, mach' dir weiter nichts daraus.'"

Es ist die Einladung zum unverdrossenen Mut, immer wieder neu anzufangen, über das Versagen und die eigenen Fehler kühn hinwegzuschreiten und auszuschauen nach dem, was vor einem liegt. Der gregorianische Benedikt ist dabei durchaus gedeckt vom Benedikt der Regel. Sie fordert den Mönch auf, an Gottes Barmherzigkeit nie zu zweifeln (4,74), und bestimmt den Mönch schlichtweg als immer anfangenden Menschen. – Ich werde darauf zurückkommen.

b) Dial. II 3: Der Giftanschlag auf den Abt Benedikt

„Die Mönche des Klosters wurden sich einig und mischten Gift in seinen Wein. Als der Vater Benedictus zu Tisch saß, reichten sie ihm nach dem Klostergebrauch den gläsernen Krug mit dem tödlichen Trank zur Segnung. Benedictus machte darüber mit ausgestreckter Hand das Kreuzzeichen. Da ging der Krug, der ihm aus einiger Entfernung entgegengehalten wurde, so in Scherben, als hätte er gegen das Gefäß des Todes statt des Kreuzzeichens einen Stein geschmettert.

Der Mann Gottes merkte sofort, daß der Krug einen Todestrank enthielt, weil er das Zeichen des Lebens nicht ertrug. Augenblicklich erhob er sich und sprach mit gelassener Miene und innerer Ruhe zu den versammelten Brüdern: ‚Brüder, der allmächtige Gott erbarme sich euer! Warum habt ihr mir dies antun wollen? Warum? Hatte ich euch nicht zuvor gesagt, eure Lebensweise vertrüge sich nicht mit der meinen? Darum geht hin und sucht euch einen Vater nach eurer Sinnesart. Denn mich könnt ihr nach dem, was vorgefallen ist, auf keinen Fall weiterhin als euren Abt behalten.'"

In ruhiger Gelassenheit (mente tranquilla), aber ebenso bestimmt und entschieden, hat Benedikt auf den Mordanschlag reagiert. Wir kommen im Leben, auch im Leben im Kloster, nie ohne den Kompromiß aus, nie ohne Zu- und Nachgeben. Aber irgendwo und irgendwann kommt der Punkt, wo nur noch eine klare Entscheidung weiterführt, auch um den Preis der Trennung und des einsam durchzutragenden Entschlusses – „mich könnt ihr dafür nicht mehr haben".

Der Benedikt der Regel fordert diese Haltung mit der Tugend der Discretio ein.

c) Dial. II 33: Scholastika und Benedikt besuchen sich einmal im Jahr

„Scholastica und Benedictus verbrachten den Tag im Lob Gottes und in heiligen Gesprächen. Bei Einbruch der Dämmerung nahmen sie gemeinsam Speise zu sich. Als sie noch bei Tisch saßen und es über den geistlichen Gesprächen recht spät geworden war, kam diese gottgeweihte Frau, seine Schwester, mit einer Bitte. Sie sagte zu ihm: ‚Ich bitte dich, mich heute Nacht nicht allein zu lassen. Dann können wir uns bis zum Morgen über die Wonnen des himmlischen Lebens unterhalten.‘ Er aber erwiderte: ‚Was sagst du da, liebe Schwester? Ich kann unmöglich außerhalb des Klosters übernachten.‘

Der Himmel war heiter und kein Wölkchen zu erblicken. Als aber die gottgeweihte Frau die Absage ihres Bruders hörte, legte sie die Hände mit ineinander verschlungenen Fingern auf den Tisch und neigte ihr Haupt bis auf die Hände herab, um den allmächtigen Herrn zu bitten. Als sie dann das Haupt vom Tisch wieder aufhob, brach ein Gewitter mit Blitz und Donner und ein solcher Wolkenbruch los, daß weder der ehrwürdige Benedictus noch die Brüder, die mit ihm gekommen waren, den Fuß vor die Schwelle des Raumes, wo sie beisammen waren, setzen konnten.

Während die Blitze zuckten, Donnerschläge hallten und der wolkenbruchartige Regen niederging, begann der Mann Gottes, der erkannte, daß er nicht zu seinem Kloster zurückkehren konnte, sich zu beklagen und sagte traurig: ‚Der allmächtige Gott sei dir gnädig, Schwester, was hast du getan?‘ Sie erwiderte: ‚Ach, ich tat eine Bitte an dich, aber du wolltest nicht auf mich hören. Da habe ich meinen Herrn darum gebeten, der hat auf mich gehört. Nun, geh du nur hinaus, wenn du kannst, laß mich hier allein zurück, und geh du zu deinem Kloster zurück!‘“

Die strenge Verpflichtung der Regel gerät mit dem Gebot der Liebe in Widerstreit. „Kein Wunder, daß er (Benedikt) in diesem Fall weniger vermocht hat als jene Frau, die sich so lange danach gesehnt hat, den Bruder zu sehen. Denn nach dem Johanneswort ‚Gott ist die Liebe‘ (1 Joh 4,16) hat nach gerechtem Urteil jene mehr vermocht, die inniger liebte.“ Es ist der Triumph der Liebe über die starre Regelverpflichtung. Der gregorianische Benedikt lädt damit ein zu Phantasie, Kreativität und Innovation, die vom je größeren Gebot der Liebe bestimmt und freilich auch begrenzt sein müssen.

Auch hier kann auf den Benedikt der Regel verwiesen werden, mit ihren Freiräumen einer eigenen Entscheidung, mit ihrer Einladung zu mehr und Höherem (73).

2. Die Benediktusregel

„Mitten im Tosen
sturmbewegter Zeiten
bahnt uns dein Leben
einen Pfad des Friedens,

und deine Regel
wird für Ungezählte
rettende Arche.“[10]

Wenn die Benediktiner ihren Ordensvater mit diesen Worten feiern, dann haben sie ein Doppeltes im Auge. Einmal ist es das Leben des Heiligen, wie es ihnen Papst Gregor aufgezeichnet hat, und zum anderen die Regel, die mit dem Namen Benedikts verbunden ist und ihnen zur Weisung für das Leben geworden ist.[11]

Zunächst einige Auskunft über diese Regel.

Im Benediktusleben des Papstes heißt es reichlich lakonisch: „Benedikt schrieb auch eine Mönchsregel, ausgezeichnet durch ihr Maß und ihre lautere Art der Darstellung“ (nam scripsit monachorum regulam discretione praecipuam, sermone luculentam“; II 36). Diese Worte des päpstlichen Biographen sind das früheste Zeugnis für eine Mönchsregel Benedikts. Der Papst fügt hinzu: „Will jemand sein Tugendleben genauer kennenlernen, dann kann er in der Unterweisung dieser Regel die ganze Praxis seiner Lehre finden, denn der heilige Mann konnte unmöglich anders lehren, als er selbst lebte“ (ebd.).

Papst Gregor will eine eigene Regel Benedikts kennen und bedenkt sie mit einigem Lob. Nun wurde in eifriger Untersuchung längst ermittelt, daß der Papst dort, wo er in monastischen Angelegenheiten zu entscheiden hatte, sich keineswegs an die Bestimmungen der Benediktusregel gehalten hat. Dazu kann man leicht auf Ungereimtheiten zwischen dem gregorianischen Benediktusleben und der Benediktusregel verweisen. Das hat zur Frage geführt, ob der Papst denn diese Regel überhaupt gekannt habe. Denn auch in seinem übrigen Werk zeigt er sich wenig berührt von dieser Klosterordnung.[12]

Strenge Kritik meldet deshalb grundsätzliche Bedenken gegen das Gregorzeugnis über die Niederschrift einer Regel an. Diese Kritik geht von der Voraussetzung aus: Wenn der Papst eine Mönchsregel so sehr lobt, muß er sich auch an sie halten. Das jedoch ist keineswegs der Fall. Eine Regel in spätantiker Zeit darf nicht mit einer mittelalterlichen Ordensregel verglichen werden. Das altkirchliche Mönchtum kannte keine ausschließlich und unbedingt verpflichtende Regel. Es bejahte die allgemein anerkannte monastische Lebensform, oder sagen wir es so: Man folgte einem allgemeinen Konsens, der genau wußte, wie man als Mönch zu leben hatte. Eine schriftliche Regel wollte deshalb nichts anderes, als eben diesen Konsens festhalten und für das eigene Kloster festschreiben. Aber die Regel wollte kein neues Mönchtum kreieren. Originalität und schöpferische Innovation waren ihr Anliegen nicht. Auch von einer Benediktusregel darf das nicht erwartet werden. Benedikt wußte lange vor der Niederschrift einer Regel, wie er als Mönch zu leben und als Abt seine Gemeinschaft zu leiten hatte. Zu seiner Zeit gab es auch eine ganze Reihe größerer und kleinerer lateinischer Mönchsregeln.(13)

Was Benedikt in seiner Regel ordnete und festlegte, läßt sich mühelos in das Mönchtum des 6. Jhs. einordnen. Ihre Aussagen über das Mönchsleben, ganz konkrete Bestimmungen zum monastischen Alltag, wehren sich nicht gegen eine Zuweisung an jene Zeit, auch wenn spätere Zusätze und Einschübe anzunehmen sind. Das gilt schließlich auch von den Quellen, die in dieser Regel verarbeitet sind. Tatsächlich hat diese Regel sehr viel an älterem monastischen Gut in sich aufgenommen. Nach der Forschung der letzten vierzig Jahre war eine wichtige Vorlage die sog. Magisterregel. Diese lateinische Mönchsregel aus dem frühen 6. Jh., deren Verfasser wir nicht kennen und einfach den Magister nennen, ist die umfangreichste lateinische Mönchsregel aus dem Altertum und sicher die interessanteste Auskunft über altkirchliches Mönchsleben. Nun ist der Gleichklang zwischen Benedikt und dem Magister unüberhörbar. So ist Benediktusregel 1–7 fast identisch, nur stark gekürzt, mit Magister 1–10. Aber diese gemeinsame Partie scheint wiederum auf eine ältere Vorlage zurückzugehen. In ihr steht Grundlegendes zum Mönchsleben. Sie enthält unerläßliche geistliche Unterweisung. Warum soll ein besorgter Mönchslehrer die in diese Form gefaßte Tradition nicht einfach für sich und die Seinen übernehmen? In den Regelstücken, die sich mit dem praktischen Alltag des Klosters, seiner liturgischen Ordnung, seiner Arbeitsmöglichkeit usw. befassen, erwartet man eher Eigenständigkeit und Besonderung, zugeschnitten auf die Bedürfnisse des eigenen Klosters. In diesen Teilen geht die Benediktusregel auch vielfach eigene Wege, und ihr Verfasser gewinnt eigenes Profil. Seit der Entdeckung der Magisterregel als Quelle der Benediktusregel kann diese Regel nur noch im Zusammenhang mit jener älteren Mönchsregel gelesen und gedeutet werden. Aber durch den unverzichtbaren Vergleich kann auch das eigene Wollen Benedikts besser erfaßt werden.(14)

Doch bevor wir auf den Inhalt dieser Regel und ihren Weg des Wahrhaft-Gott-Suchens näher eingehen, noch eine letzte Vorbemerkung.

Der Regeltext spielt in der Geschichte der lateinischen Mönchsregeln zunächst nicht jene bedeutende Rolle, die man nach dem Gregorzeugnis für seine Niederschrift erwarten dürfte. Wenn sie nach jenem Zeugnis um die Mitte des 6. Jhs. geschrieben wurde, dann blieb sie zunächst ganz auf Monte Cassino beschränkt. Kein anderer Abt oder Klostergründer kümmerte sich um sie. Wir finden keine Spur einer frühen Rezeption in anderen Klöstern. Erst im frühen 7. Jh. - etwa um 625, also gut 30 Jahre nach Gregor - wird die Benediktusregel erwähnt. Die Erwähnung geschieht im Zusammenhang einer südgallischen Klostergründung (Altaripa, Diözese Albi). Den Mönchen wird vom Gründer die „Regel des heiligen Abtes Benedikt aus Rom" (regulam sancti Benedicti abbatis Romensis . . . direximus) gegeben. Benedikt ist hier zu einem „römischen Abt" geworden. Man besaß also keine genaue Vorstellung über den Regelschreiber. Aber eine Benediktusregel war nun in Südgallien bekannt.(15) Im gallischen Mönchtum des frühen Mittelalters kann ihre Rezeption deutlich nachgezeichnet werden. Die Benediktusregel wird zunächst in Verbindung mit anderen Klosterregeln - etwa der des Basilius, der des Columban - als verbindliche Klosterordnung angenommen. Wir sprechen vom Zeitalter der Mischregel. Auf diesem Weg geschieht die Ausbreitung der Benediktusregel, bis sie dann erst in karolingischer Zeit zur allgemein verbindlichen Mönchsregel bestimmt wird.(16)

Zum Inhalt der Benediktusregel

Die Regel ist für Mönche geschrieben, die unter einem Abt in einem Kloster leben. Sie versteht dieses Leben als ein „Leben unter der Führung des Evangeliums". Prol. 21: „Unter der Führung des Evangeliums (per ducatum Evangelii) wollen wir die Wege gehen, die der Herr uns zeigt, damit wir ihn schauen dürfen, der uns in sein Reich gerufen hat."

Die klösterliche Lebensordnung entspricht dem Evangelium. Mönchsleben, Klosterleben sind nichts anderes als evangelisches Leben. Mit dieser Aussage steht die Benediktusregel in guter Tradition: Auch der Mönch lebt nach dem Evangelium, wozu ihn die Taufe gerufen hat. Man muß freilich hinzufügen, Mönchsleben ist evangelisches Leben unter zwei Voraussetzungen oder auch Beschränkungen: Der Mönch lebt ehelos und er lebt in Gemeinschaft. Natürlich kann man nach dem

Evangelium auch ohne diese Beschränkungen leben. Das frühe Mönchtum hat das nie geleugnet (auch wenn diese Erkenntnis manchem Vertreter des Mönchtums schwergefallen ist, und das nicht nur in der Zeit der Alten Kirche!). Aber dieses allgemeine Leben nach dem Evangelium ist nicht das Thema einer Klosterregel, auch nicht der Benediktusregel.

Der Aufbau der Regel

Die Regel umfaßt 73 Kapitel; ursprünglich waren es wohl nur 66. Das 66. Kapitel ist deutlich als Schlußkapitel zu erkennen: Am Ende dieses Kapitels heißt es: „Wir wollen, daß diese Regel öfters der Klostergemeinde vorgelesen wird, damit sich kein Bruder mit Unkenntnis entschuldigen kann." Es geht also um einen verpflichtenden Text, der gekannt sein muß und der immer verbindlich ist. Nicht von ungefähr wird die Regel mehrmals als Gesetz bezeichnet: „Siehe, das Gesetz, unter dem du dienen willst" (58,10, an den Novizen).[17]

Die 73 Kapitel lassen sich zu einigen größeren Blöcken zusammenfassen:

1- 7: Grundstruktur des Klosters.
8-20: Die Ordnung des gemeinsamen Gebetes.
21-52: Die Ordnung des gemeinsamen Lebens.
53-57: Kloster und Welt.
58-65: Die Erneuerung der Gemeinschaft.
66: Schlußkapitel: Klosteranlage, Pförtner und Regellesung.
67-73: Nachträge und Ergänzungen.

Wahrhaft Gott suchen nach der Benediktusregel

Das 58. Kapitel ordnet das Verfahren bei der Aufnahme von Brüdern. Grundsätzlich gilt dafür: Der Eintritt in ein Kloster soll nicht leicht gewährt werden. Die Regel weiß, daß es nichts Leichtes ist um das Tun eines Mönchs. Deshalb muß der, der um Aufnahme bittet, sorgfältig geprüft werden. Nach einer kurzen, reichlich unfreundlichen Zeit der Vorprüfung wird er in das einjährige Noviziat aufgenommen. In dieser eigentlichen Prüfungszeit soll festgestellt werden, ob der Novize für die klösterliche Gemeinschaft taugt. All das, was da geprüft, beobachtet und schließlich erkannt werden soll, wird überraschenderweise in die knappe Formel gefaßt: Es gilt herauszubekommen, ob der Novize wahrhaft Gott sucht (si revera Deum quaerit). Diese Formulierung tritt an so entscheidender Stelle auf, daß man sie als Kurzformel für das

Leben im Kloster begreifen kann. Es muß ja gleich hinzugefügt werden, daß in der Regel kein einziges Kapitel über das Wahrhaft-Gott-Suchen steht. Vielmehr ist es so zu verstehen, daß eben der Beruf des Mönchs das Wahrhaft-Gott-Suchen ist und die klösterliche Gemeinschaft kein anderes Ziel kennt als diese wahrhafte Gottsuche. Sie geschieht aber nicht in einem eigenen, besonders ausgesparten und ausgezeichneten Tun, sondern eben im gewissenhaften Vollzug des klösterlichen Lebens. Alles, was darüber in der Regel steht, alles, was vom Mönch gefordert wird, ist unter jenes Leitmotiv gestellt: Wahrhaft Gott suchen.

Wie aber entfaltet die Benediktusregel dieses anspruchsvolle Programm?

Die Regel hat sich kompromißlos für das gemeinsame Leben im Kloster entschieden. Wohl kennt sie das einsame Leben der Eremiten oder Anachoreten, respektiert und schätzt sie auch, aber diese Lebensform ist nicht ihre Sache. Ihre Gottsuche geschieht im Kloster, im Leben unter Regel und Abt.

Das Kloster ist eine Schule, in der die „geistliche Kunst" vermittelt wird. Ihr Lehrer ist der Abt, der die Mönche durch seine Unterweisung zu geistlichen Menschen formen muß (4). Das Kloster ist auch eine Werkstatt, in der die Lehre in die Praxis umgesetzt wird. In ihr zeigt der Abt als Meister das, „was gut und heilig" ist (2,12).[18] Ebenso ist das Kloster ein Haus, in dem jeder die Pflichten eines Bewohners erfüllen muß, um schließlich im „Zelt Gottes wohnen zu dürfen" (prol. 39). Diese jenseitige Bestimmung macht es zu einem Haus eigener Art. Zur Welt hin ist es abgeschlossen. Dort haben seine Bewohner nichts zu suchen. Im Innern aber ist es ein Haus geprägt von Ordnung und Stil: Alles soll darin „von Weisen und weise verwaltet werden" (53,22); jedes Gerät „soll wie heiliges Altargerät" behandelt werden (31,10), und „der Abt soll ein würdiger Verwalter dieses Hauses Gottes sein" (64,24).[19]

Mit besonderer Sorgfalt wendet sich die Regel dem Abt des Klosters zu. Das 2. Kapitel kann als „Abtsspiegel" bezeichnet werden und das 64. ordnet die Abtswahl. Im Normalfall wählt die Klostergemeinde ihren Oberen aus ihrer Mitte. Die gläubigen Mönche sehen ihn an Christi Stelle im Kloster stehen und wirken (2,2). Er ist der für alles und jeden Einzelnen in der Gemeinschaft Verantwortliche. Seine Autorität ist fast erschreckend. Sie wird sicher abgeschwächt, etwa durch die Bindung an den Rat und die Mitsprache der Brüder (3); aber eine Entscheidung, in gemeinsamer Aussprache und Suche gefunden, ist dann doch seine

Entscheidung und wird von ihm allein verantwortet. Erträglich wird diese Autorität nur, weil sie an die letzte Verantwortung im Gericht gebunden ist:

„Immer denke der Abt daran, daß beim furchtbaren Gericht Gottes beides untersucht werden wird: seine Lehre und der Gehorsam der Jünger. Der Abt muß wissen: Für jeden Verlust, den der Hausherr (Gott selbst!) bei seinen Schafen feststellt, trifft den Hirten die Verantwortung" (2,6–9; vgl. 37–40).

„Der eingesetzte Abt bedenke immer, welche Last er übernommen hat, und wem er über seine Verwaltung Rechenschaft ablegen muß" (64,7).

Der „Abtsspiegel", den Benedikt nach seiner Vorlage und aus eigener Erfahrung geschrieben hat, enthält ein wegweisendes Programm geistlicher Führung. Der Abt „muß Seelen leiten und dabei der Eigenart vieler dienen" (2,31). In diesem Dienst an den Brüdern soll er „mehr helfen als befehlen" (64,8: magis prodesse quam praeesse). Auch im Zurechtweisen und Strafen muß er sich so verhalten, daß er von den Seinen „mehr geliebt als gefürchtet wird" (64,15). In geschickter Zusammenfassung wird ihm gesagt: „Er sei nicht aufgeregt oder ängstlich, nicht maßlos oder engstirnig, nicht eifersüchtig oder argwöhnisch, - sonst kommt er ja nie zur Ruhe" (64,16). Er muß deshalb vor allem ausgezeichnet sein mit der Gabe „weiser Mäßigung" (discretio). Sie ist für die Regel „die Mutter aller Tugenden". Sie befähigt ihn, alles so zu ordnen und zu bestimmen, daß die Starken angezogen und die Schwachen nicht abgeschreckt werden (64,16.19).

Die Regel verlangt sehr viel vom Abt. Ihre Gemeinschaft ist zunächst streng vertikal gegliedert. Erst in den Ergänzungskapiteln wird auch die horizontale Bindung unterstrichen, indem die Brüder sich auch gegenseitig gehorchen sollen (71,1), einander in gegenseitiger Achtung übertreffen, ihre leiblichen und charakterlichen Schwächen in großer Geduld ertragen, nicht den eigenen Vorteil suchen, sondern den des anderen, einander selbstlos die brüderliche Liebe erweisen (72). Die Regel verlangt damit auch sehr viel vom einzelnen Mönch. Dieser ist eingebunden in die Gemeinschaft des Klosters und seiner Ordnung unterstellt. Der Rhythmus seines Tages ist harmonisch gegliedert: Gebet, Arbeit, Lesung und Erholung sind genau festgelegt.

Die Arbeit wird dem Mönch zugewiesen nach den Erfordernissen des Klosters. Sie wird asketisch begründet: um den Müßiggang zu fliehen (48,1), und sozial motiviert: um den Lebensunterhalt zu verdienen und die Armen unterstützen zu können. Aber der Mönch ist kein schweißgebadeter Fronarbeiter. Für die schwere Feldarbeit stehen gewöhnlich abhängige Arbeitskräfte zur Verfügung. Muß der Mönch einmal selbst schwer zupacken, dann tröstet ihn die Regel: Dann erst sind sie wirkliche Mönche, wenn sie von der Arbeit ihrer Hände leben, wie unsere Väter und die Apostel (48,8).

Die Kleidung wird den Mönchen gegeben, und auch, was jeder für seine Arbeit braucht. Apg 4,35: „Jedem wurde zugeteilt, was er nötig hatte" bestimmt das Maß der Zuteilung. Der zuteilende Abt muß dabei immer auf die individuellen Bedürfnisse Rücksicht nehmen. Für den einzelnen Mönch gilt dabei: „Wer also weniger braucht, danke Gott und sei nicht traurig. Wer aber mehr braucht, demütige sich wegen seiner Armseligkeit und überhebe sich nicht, weil man auf ihn Rücksicht nimmt. Auf diese Weise bleiben alle Glieder im Frieden" (34,3-4).

In gleicher Weise wird für Essen und Trinken gesorgt (39-40). Grundsätzlich gilt dafür das Maß des Notwendigen, das jedoch wiederum Rücksicht nimmt auf Alte und Junge, Starke und Schwache, Kranke und Gesunde. Im Falle schwerer Arbeit kann der Abt eine freundliche Zugabe gewähren. Für die tägliche Weinration - die Hemina - gilt die Bestimmung: „Zwar lesen wir, daß der Wein ganz und gar nichts für die Mönche ist; da man aber die Mönche unserer Zeit nicht davon überzeugen kann, sollten wir wenigstens nicht bis zur Sättigung trinken" (40,6).

Lassen wir es damit genug sein mit der Vorstellung des Inhaltes der Benediktusregel. All ihre Bestimmungen und Forderungen sind jedoch nichts anderes als Wegweisungen für das wahrhafte Gottsuchen des Mönchs. Dabei wird nichts Außerordentliches verlangt werden, keine hohen Gaben des Geistes und der Begnadung erwartet, sondern der schlichte Mitvollzug des gemeinsamen Lebens im Kloster. Das mag, nach dem Wortlaut der Regel, am Anfang schwer und beängstigend sein; hat man jedoch im klösterlichen Leben und im Glauben Fortschritte gemacht, dann weitet sich das Herz, und man geht den Weg der Gebote Gottes in unsagbarer Freude und Liebe (prol. 48-49).

Wahrhaft Gott suchen - gilt dieses Programm nur für die Benediktusregel und das 6. Jh.? Sicher steht in dieser Regel vieles, was nur in ihre Zeit paßt und den von ihr beschriebenen Lebensraum: eine kleine, überschaubare Mönchsgemeinschaft, die der agrarischen Lebenswelt verbunden ist und dank dieser Wirtschaftsstruktur für sich selbst existieren kann, die auch keinen besonderen Auftrag für diese Welt kennt, von der einen Aufgabe abgesehen, eben einen Raum für solches Gottsuchen anzubieten.

Doch damit ist sie nicht einfach als ein Buch aus längst vergangenen Zeiten auf die Seite zu legen. Immerhin gibt es ja sehr viele Menschen, die mit dieser Regel leben. Und das nicht nur innerhalb abgeschlossener Klostermauern. Eine neuere deutsche Übersetzung der Regel nennt sie einfach - oder sehr anspruchsvoll: Eine Anleitung zum christlichen Leben![20]

Für diese Anleitung nur noch ein paar Beobachtungen.

a) Der Anfang der Regel: „Höre, mein Sohn, auf die Lehren des Meisters und neige das Ohr deines Herzens. Nimm die Mahnung des gütigen Vaters gerne an und erfülle sie durch die Tat" (prol. 1,1).

Der Mensch der Benediktusregel ist ein hörender Mensch. Er hört auf Gottes Wort und Ruf durch die Regel und den Abt. Hörende sind der Abt und seine Mönche. Der Abt hört auf Gottes Wort, auf das Wort der Regel und auf das Wort der monastischen Tradition. Er muß auch auf die Brüder im Kloster hören. Die Regel verlangt von ihm, daß er sich in allen wichtigen Dingen mit seinen Brüdern berate, wobei er auf alle hören soll, bis hin zum Jüngsten: „Denn es könnte ja sein, daß Gott der Herr gerade einem Jüngeren offenbart, was das Beste ist" (3,3). Wenn auch die verantwortliche Entscheidung dann ganz beim Abt liegt, er ist zunächst zum Hören verpflichtet. Damit ist doch Gültiges für jede menschliche Gemeinschaft ausgesagt. Endloser Respekt vor jedem Einzelnen, seiner Meinung und seinem Wort - und das auch noch vor dem Jüngsten!

Die Regel spricht vom „Ohr des Herzens". Es geht also nicht bloß um das äußere Hörorgan. Ein inneres, aufmerksames Hinhören ist gefordert. Nur das Ohr des Herzens vermag die verborgenen, unausgesprochenen Wünsche des anderen, seine heimliche Not und sein Leiden zu vernehmen.

b) Die Regel sei ausgezeichnet durch „weise Mäßigung", sagt Gregor der Große. Es ist die Discretio, die Gabe der Unterscheidung, die besonders vom Abt erwartet, aber doch auch von jedem Mönch verlangt wird. Die Regel nennt sie die „Mutter aller Tugenden" (64,19). Also hängt alles rechte Verhalten und Tun von ihr ab. Mit der Gabe der Mäßigung oder der Unterscheidung erkennt man, was wichtig und unwichtig ist:

Daß gebetet wird, ist wichtig. Unwichtig, ob es genau nach der in der Regel vorgelegten Ordnung geschieht. Wichtig ist dann für eine Gemeinschaft wiederum, daß es nach einer eigenen, selbst gefundenen Ordnung geschieht.

Die Gabe der Discretio läßt erkennen, was notwendig und überflüssig ist. - Vgl. oben Nahrung und Kleidung.

Die Gabe der Discretio führt zur Rücksicht auf den einzelnen Menschen, seine Fähigkeiten und Möglichkeiten. Sie verhilft zur Menschenkenntnis. Ein schönes Beispiel ist dafür 53 (Die Aufnahme von Gästen). Als Grundregel gilt: „Alle Gäste sollen wie Christus aufgenommen werden." Dann aber weiß die Regel um verschiedene Gäste: „Ganz besondere Aufmerksamkeit soll man den Armen und Pilgern schenken, denn in ihnen wird mehr als in anderen Christus aufgenommen. - Die Reichen sorgen schon durch ihr herrisches Auftreten dafür, daß sie geehrt werden" (53,15).

c) Als dritten bleibenden und gültigen Grundzug möchte ich die Geduld und Gelassenheit aus der Regel ablesen. Da ist einmal die Geduld mit sich selbst. Der Weg ist am Anfang schwer und fällt einem nicht leicht! Aufregung und Angst sind also fehl am Platz. Man muß um seine eigene Leistungsfähigkeit wissen - „sonst kommt man ja selbst nie zur Ruhe" (64,16)! Der eine braucht und kann mehr als der andere. Ich verweise noch einmal auf 34,3-4:„ Wer also weniger braucht, danke Gott dafür. Wer aber mehr braucht, soll sich nicht überheben, weil man auf ihn Rücksicht nimmt."

Dann geht es um die Geduld mit dem anderen. Die Benediktusregel kennt keinen schon vollkommenen Menschen, sondern nur Menschen auf dem Weg des gemeinsamen Gottsuchens. Die Regel fordert deshalb Geduld mit den Fehlenden und Versagenden. Brüder, die aus dem Kloster davonlaufen, sollen bis zu drei Mal wieder aufgenommen werden (29). Die Geduld ist nicht Nachlässigkeit und Gleichgültigkeit. Der Fehlende wird bestraft und muß sich bessern. Die Streitenden müssen vor Sonnenuntergang Frieden schließen (4,73). Diese Geduld mit sich und den anderen muß aus gläubiger Hoffnung und Zuversicht kommen; ihre letzte Ermöglichung ist im tief christlichen Wort der Regel gegeben: „An Gottes Barmherzigkeit nie verzweifeln" (4,74).

Schluß

Das erste Wort der Benediktusregel zeigt uns den Menschen als einen Hörenden. Was ist aus dem Hörenden am Ende der Regel geworden?

„Diese Regel haben wir geschrieben, damit wir durch ihre Beobachtung im Kloster eine gewisse, unserem Stand entsprechende Tugend zeigen und einen Anfang im klösterlichen Leben machen“ (73,1).

„Darum sage ich zu jedem, der rasch zum himmlischen Vaterland gelangen will: Befolge mit der Hilfe Christi zunächst diese bescheidene Regel, die wir für Anfänger geschrieben haben“ (73,8).

Zweimal ist da betont vom Anfang die Rede, vom Anfang für das wahre Gottsuchen. Kommt man damit nicht und nie an ein Ende? Wenn wir die Regelworte richtig verstehen, sagen sie doch: Wenn man diese Regel bis zum Ende gelesen, gründlich durchbuchstabiert und auch bis ans Ende gelebt hat, dann steht man noch am Anfang dessen, wohin sie eigentlich führen will. Ist das zu wenig oder gar zu viel? Dieser Anfang am Ende meint doch das: „Wenn ich also diese Regel bis ans Ende gelebt habe, dann bin ich ein vollendeter Anfänger oder endlich ein Anfänger geworden, endlich nichts mehr als ein aus dem Anfang lebender Mensch.“(21)

Anmerkungen

(1) Festschrift Weingarten 1056–1956, Weingarten 1956, 412–416.

(2) Zur Statistik: Catalogus Monasteriorum O. S. B. (letzte Ausgabe 1985). – Eine knappe Vorstellung aller Benediktinerklöster: B. Kominiak, Loci ubi quaeritur Deus, St. Ottilien 1981.

(3) Zur Wirkungsgeschichte in diesem Ordenszweig vgl. A. Schneider/A. Wienand, Und sie folgten der Regel Benedikts, Köln 1981.

(4) Die Benediktusliteratur ist überaus reich. Zur abendländischen Wirkungsgeschichte vgl. P. Batselier (Hg.), Benedictus. Eine Kulturgeschichte des Abendlandes, Genf 1980; A. de Vogüé, Benedikt von Nursia, in: Theologische Realenzyklopädie 5 (1980) 538–549.

(5) A. de Vogüé: Sources chrétiennes 251; 260; 265, Paris 1978/80. Eine deutsche Übersetzung des zweiten Buches: F. van der Meer/G. Bartelink, Gregor der Große: Leben des Benedictus, St. Ottilien 1979. – Die Authentizität der Dialoge wurde seit dem 16. Jh. immer wieder angefochten, in jüngster Zeit wieder von F. Clark, The Pseudo-Gregorian Dialogues, Leiden 1987. Die bisherige Reaktion auf diese gründliche und umfangreiche Studie (2 Bde., 733 Seiten!) wies Clarks Argumente (der „Dialogist“ schrieb seine Fälschung in der 2. Hälfte des 7. Jhs.) zurück.

(6) Gregor der Große, Ep. I 5 an die Kaiserschwester Theoktista, Oktober 590.

(7) Dazu ausführlicher A. de Vogüé in seiner Edition (Anm. 5), 251.

(8) Vgl. M. Puzicha, Vita iusti (Dial. II 2). Grundstrukturen altkirchlicher Hagiographie bei Gregor dem Großen, in: Pietas. FS B. Kötting, Münster 1980, 284–312.

(9) Vgl. C. Dagens, Saint Gregoire le Grand. Culture et experience chrétienne, Paris 1977.

(10) Benediktinerbrevier: Hymnus zur Vigil am 21. März.

(11) Kritische Edition des Regeltextes von R. Hanslik: Corpus scriptorum ecclesiasticorum latinorum 75, Wien 1977; A. de Vogüé: Sources chrétiennes 181–186, Paris 1971/72 mit französischer Übersetzung und umfangreichem Kommentar. – Lateinisch-deutsche

Ausgabe: B. Steidle, Beuron 1975; ein Katalog der Regelausgaben und Übersetzungen in moderne Sprachen: J. D. Broekaert, Bibliographie de la Règle de S. Benoît, Rom 1980, 1489–1929.

(12) Vgl. K. Hallinger, Papst Gregor der Große und der hl. Benedikt, in: Studia Anselmiana 42 (1957) 231–319. Dieser Band enthält mehrere bedeutende Arbeiten zur frühen Geschichte der Benediktusregel.

(13) Vgl. A. de Vogüé, Les Règles monastiques anciennes, Turnhout 1985, 400–700.

(14) Edition: A. de Vogüé, Sources chrétinnes 105–107, Paris 1964/65, mit französischer Übersetzung und Kommentar. – Eine kommentierte deutsche Übersetzung wird seit langer Zeit von mir vorbereitet (jetzt im Druck, St. Ottilien).

(15) Vgl. L. Traube, Textgeschichte der Regula S. Benedicti, München 1880, 35–37.

(16) Vgl. F. Prinz, Frühes Mönchtum im Frankenreich, München [2]1988.

(17) Vgl. K. S. Frank, Siehe, das Gesetz, unter dem du dienen willst. Der geschichtliche Ort der Benediktusregel, in: Erbe und Auftrag 56 (1980) 427–440.

(18) Zur Metaphorik gehört auch der Abt als Arzt (27,2; 28,2: sapiens medicus); die Konsequenz Kloster = geistliches Krankenhaus fehlt in der Regel. Sie findet sich im patristischen Schrifttum: Christus/Bischof/Priester = Arzt; Kirche = geistliches Krankenhaus; z. B. Johannes Chrysostomus, Homilie in Gen. 32,1.

(19) In diesen Anweisungen stecken Prinzipien einer ästhetischen Lebensgestaltung, die zum inneren Zusammenhang von Askese und Stil gehören; vgl. K. S. Frank, Asceticism and style. The example of the Rule of the Master, in: American Benedictine Review 31 (1980) 88–197.

(20) Vgl. Die Benediktsregel. Eine Anleitung zum christlichen Leben, übers. u. erkl. v. G. Holzherr, 2. überarb. Aufl., Einsiedeln [2]1982.

(21) S. Walter, Ruf und Regel, Zürich 1980, 54.

DIETMAR MIETH

Meister Eckhart - Spiritualität des Denkens und Erfahrung des Glaubens

1. Der Lehrer

Meister Eckhart[1] ist Theologe oder, wie man auch nach damaligem Verständnis sagen könnte, Glaubenswissenschaftler. Der Glaube geht der wissenschaftlichen Einsicht voraus, aber er fordert sie zugleich: „Es ist ein Zeichen von Vermessenheit und Verwegenheit, nicht glauben zu wollen, bevor man etwas verstanden hat, aber es ist genauso ein Zeichen von Feigheit und Faulheit, wenn man das Glaubenszeugnis nicht mit vernünftigen Gründen und mit Gleichnissen erforschen wollte.“ (In Ioh. n. 361) Der Glaube ist also Motivation, Stimulanz, Vorverständnis. Da er nur auf Grund der Gnade existiert, geht auch in diesem Sinne die Gnade der Natur voraus. Mit dieser Voraussetzung immunisiert sich jedoch nicht die Theologie gegenüber wissenschaftlicher Befragung. Im Gegenteil. Das Glaubenszeugnis kann sich auf jede vernünftige Befragung einlassen. Es ist die Aufgabe des Theologen, das Glaubenszeugnis mit den Gründen der Philosophen zu erhellen. Die Einsicht gründet im Glauben, aber sie wird mit dem Argument begründet. Daraus ergibt sich methodisch eine Spannungseinheit von Theologie und Philosophie, die sich wechselseitig zugunsten des Glaubens in Dienst nehmen.

1.1. Auslegung des Wortes

Als Theologe war Meister Eckhart „Magister sacrae scripturae“. Das Wort der Schrift ist sein eigentlicher Ausgangspunkt. Seine Theologie ist daher eine Theologie des Wortes. „Gott ist ein Wort, das sich selber spricht.“ (Quint, DW 2, S. 529) Alles, was nicht Gott ist, spricht daher nie sich selber aus, sondern es ist von sich wegweisendes Sprechen. Jedes geschöpfliche Wort ist daher dem göttlichen Wort inadäquat. Da die Theologie daher nicht angemessen von Gott reden kann, so ist die Theologie vor allen Dingen ein Hören des Wortes. Sofern die Theologie aber nicht schweigend hört, sondern hörend auslegt, muß sie sich als „Beiwort“ (vgl. Quint, DW 1, S. 138 ff) beim Worte Gottes zu verstehen versuchen. Diese Haltung gegenüber dem Worte Gottes gilt zugleich auch existentiell. Die Wahrheit des Wortes ist nicht ein rein intellektuelles Ereignis, sondern sie gilt dort, wo das ganze Leben durchdrungen wird. Wer daher die Wahrheit des Wortes erkennen will, muß ihr gleichen. Verstehen ist daher immer zugleich auch praktisches Verstehen. „Wer dieser Wahrheit nicht gleicht, der kann sie nicht erkennen." (Quint, DW 2, S. 506) Eckharts Ausgangspunkt bei der Worttheologie führt zu zweierlei Konsequenzen:

Theologie ist zunächst nicht anders denn als Schrifttheologie denkbar. Im Wort der Schrift ist der ganze Heilssinn enthalten. Dies bedeutet zunächst einmal, daß nicht die theologische Aussage des Schriftwortes verbindlich ist, wie sie durch den Theologen ausgelegt wird, sondern daß die ganze Wahrheit von Gottes Wort in jedem einzelnen Schriftwort enthalten ist. Die kleinste Einheit der Wahrheit ist daher nicht der Aussagesatz, sondern das einzelne Wort selbst. Die einzelnen Worte legen sich schon im Satze gegenseitig aus. Aber sie werden zugleich auch durch alle anderen Worte ausgelegt, die in der Schrift stehen. Eckharts erstes Schriftauslegungsprinzip ist daher, daß die Schrift sich selbst auslegt. Die ganze Schrift erscheint dabei von einem einzigen Autor wie auf dem gleichen Goldgrund der Offenbarung Gottes geschrieben. So wie die mittelalterliche Buchmalerei das Wort Gottes auf Goldgrund schrieb, so hat es Meister Eckhart auch verstanden. Damit wird jeder Text für jeden Text relevant. Dies bedeutet eine starke Verlebendigung des einzelnen Textes. Denn jedes seiner Worte ruft den ganzen Reichtum an Perspektiven, der in den Schriften der Bibel anwesend ist, für sich hervor. Die Auslegung des Wortes durch Schriftvergleich ist sogleich seine göttliche Auslegung. Denn nur Gottes Wort kann Gottes Wort angemessen erhellen. Jedes Schriftwort ist dabei zugleich Text und Gleichnis. Eckharts Schriftauslegung setzt den Literalsinn des Wortes stets voraus. Er wird nicht übersprungen. Aber dieser Literalsinn bildet erst die Schale des eigentlichen Kerns, des Wortes Gottes als Gleichnis. Eckhart spricht hier vom parabolischen Gehalt der Schrift. Zum Buche Genesis hat Eckhart zum Beispiel einen zweifachen Kommentar geschrieben: den Kommentar im Literalsinn, den Kommentar für den parabolischen Gehalt. Der tiefere Gehalt der Schrift ist nun in dreifacher Weise zugänglich: in einer streng theologischen Auslegung auf den göttlichen Bereich („Divina"), in der Auslegung auf die gesamte geschöpfliche Wirklichkeit hin („Naturalia"), in der Auslegung für das menschliche Handeln („Moralia"). Wie man sieht, hat Eckhart eine eigene Auffassung vom Schriftsinn. Die allegorische Auslegung, die das Schriftwort einer vorher bekannten Typologie der Ähnlichkeiten unterstellt, wird von Eckhart nicht angewandt. An ihre Stelle tritt eine Auslegung im Sinne der natürlichen

Vernunft der Philosophen: „Die Intention des Autors liegt darin, und dies bezieht sich auf alle seine Werke, das in der Schrift enthaltene Glaubenszeugnis durch die natürlichen Gründe der Philosophen darzulegen.“ (LW III 4,4–6)

1.2. Christus als Wort

Eine zweite Folge der Worttheologie ist ihre Christozentrik. Da Christus das eigentliche Wort Gottes ist, und zwar sowohl das Schöpfungswort als Logos, wie das Wort der Erlösung, wie das Wort der Vollendung, ist das göttliche Wortereignis immer auch zugleich Christusereignis. Dieses Christusereignis ist nicht ein Faktum, sondern ein Geschehen. Dieses Geschehen vollzieht sich als Verlebendigung in vertikaler Richtung. Im Wort ereignet sich Schöpfung stets neu, ohne in die Schwierigkeit des „Novum“ in der Geschichte zu geraten, welches ein Werden im Sinne des Veraltens kennt. Werden des Wortes ist immer zugleich ein Neu-Werden. Schöpfung war nicht einmal, sondern sie geschieht. Die Zeit des Wortes ist gestern, heute und morgen gleich. Darum ist die geschaffene Wirklichkeit ein immerwährendes Entstehen im Aussprechen durch das Wort Gottes. Die Erlösungsgeschichte ist zugleich ein Offenbarwerden dieses Wortereignisses. Der theologische Prozeß, der durch das Wort zum Ausdruck kommt, findet seine Widerspiegelung, sein Echo, seinen Widerhall im Menschen als dem einzig hörfähigen Wesen. Was sich im göttlichen Bereich auf der Ebene des Bei-sich-selbst-Bleibens ereignet, nimmt seinen Weg durch die Transformation des Menschen. Diese Transformation des Menschen geschieht auf Grund des Wortereignisses der Menschwerdung des Gottessohnes. Christozentrik und Anthropozentrik sind dann unlöslich miteinander verbunden. Der Mensch als Echo des Gotteswortes enthält im Widerklang zur Sprache Gottes den Prozeß des göttlichen Sprechens. Eckhart wird der Bilder nicht müde, um diesen Zusammenhang zum Ausdruck zu bringen. Dies wird sich in den folgenden Überlegungen noch deutlicher zeigen.

1.3. Wer ist Gott?

Zunächst geht es aber nicht um den Menschen, es geht um Gott. Wer ist Gott? Eckhart bewegt sich auf die Antwort zu dieser Frage von zwei Seiten zu. Die eine Seite ist die spezifisch-theologische: Wenn Gott sich selbst ausspricht, spricht er sich als Zuwendung aus, ja sein gesamtes Wort ist eine einzige Zuwendung. Spezifisch theologisch wird da Gott nur als Liebe und Barmherzigkeit angemessen ins Wort gebracht. Die Liebe ist gleichsam Gottes Herz. Über den Satz „Deus caritas est" hat Eckhart daher oft gepredigt. Hier liegt auch die ursprüngliche Motivation des Gottesdenkens. Um dieses Gottesdenken zu verstehen, darf freilich nicht wiederum auf das Verstehen der Liebe in menschlicher Hinsicht zurückgegriffen werden. Die Vernunft ist in der Lage, die unendliche Differenz der Liebe zwischen Gott und Mensch zu denken. Daher reinigt das Denken unsere falschen Vorstellungen von der Liebe. Dieses Denken läßt uns zunächst Gott als das Sein der Dinge erfassen. Besser wäre es freilich zu sagen: „Das Sein ist Gott" („esse est Deus"), denn die Wirklichkeit offenbart, daß ihr der Seinscharakter nicht selber zukommt, sondern daß sie nur ist, indem sie abhängig ist. Die Dinge sind nur, indem ihnen fortwährend aktuell das Sein verliehen wird. Gerade weil das Sein in einer absoluten Differenz zum geschöpflichen So-Sein der Dinge besteht, unterscheidet sich das göttliche Sein von allen Möglichkeiten, das Sein als ein Ding neben anderen zu denken. Gott gibt es nicht neben der Welt. Die Differenz des Seins Gottes ist keine Differenz, die sich in irgendeiner kategorialen Unterschiedenheit zu geschöpflichem Sein denken läßt. Die eigentliche Unterschiedenheit Gottes ist die Unterschiedenheit durch Ununterschiedenheit („distinctio per indistinctionem")(2). Ein Sein aber, das durch Ununterschiedenheit unterschieden ist, kann nur durch alles Sein hindurchgehen, in ihm präsent sein und doch davon verschieden sein. Die Qualität dieses Seins wird von Eckhart durch das Wort Geist („intellectus") bezeichnet. Das Sein ist Gott, aber Gott ist Geist(3). Das geistige Sein Gottes erlaubt zugleich, daß in Gott die Einheit des Seins zu sich selbst gelangt. Gott ist Geist, und Gott ist eins. So wie die Zahl Eins alle anderen Zahlen aus sich heraus entläßt und doch bei sich selbst bleibt, so ist Gott von aller Vielheit unterschieden und doch in dieser Vielheit als das Eine präsent, das diese Vielheit begründet. Gott als Eins bezeichnet hier also die Einheit des geistigen Seins, und diese Aussage ist nicht mit neuplatonischen Überlegungen zur Differenz zwischen dem Einen und dem Geist zu verwechseln.(4)

1.4. Impulse des Gottesdenkens

Eckharts Gottesdenken kennt zwei bewegende Impulse: Der eine Impuls besteht darin, die Differenz zwischen ungeschaffenem und geschaffenem Sein so anzulegen, daß Gott jedem Zugriff der Bemächtigung mit realer Sprache entzogen bleibt. Die Unzugänglichkeit Gottes wird in Eckharts Theologie besonders scharf gedacht. Auf der anderen

Seite besteht das Anliegen darin, die immer noch größere Nähe Gottes zu der Wirklichkeit auszudrücken, von der sie absolut different bleibt. Größte Ferne ist daher immer auch zugleich größte Nähe. Daher ist für Eckhart auch die stark betonte negative Theologie nicht das Letzte, was über Gott auszusagen wäre. Gott ist nicht der ganz Andere zu unserer Wirklichkeit. Er ist ein Anderer, aber nicht etwas Anderes („alius, non aliud", LW 3, S. 7). Daher muß auch die Fülle der Negation, die zur Behauptung der Differenz Gottes notwendig ist, immer wieder überstiegen werden. Gott wird im Verneinen des Verneinens präsent. Die positive Aussage über Gott, die nicht nur durch die Verneinung aller positiven Aussagen hindurchgegangen ist, sondern noch durch die Verneinung dieser Verneinungen, das ist die eigentliche relevante Aussage, in der zugleich die größere Nähe Gottes über alle kreatürlich denkbare Nähe hinaus zum Ausdruck kommt. Gott als der Nicht-Andere ist dem Geschöpf näher, als es sich selber sein kann. Die Menschwerdung des Wortes signalisiert nicht nur diese Nähe, sie ist sie selbst. Denn durch die Menschwerdung, so sagt Eckhart, hat Jesus die Natur des Menschen angenommen und verwandelt. Da aber die Natur des Menschen in allen Menschen gleich ist, so ist Menschsein nichts anderes als Teilhabe am Christus-Sein. Christ werden und Menschwerdung gehören unmittelbar zusammen. Das Geheimnis des Menschseins ist so direkt mit dem Geheimnis des ungeschaffenen Logos verknüpft.

1.5. Methode des Denkens: Analogie

Unendliche Distanz und doch wieder unendliche Nähe versucht das Gottesdenken Meister Eckharts zu vermitteln. Von daher stellen sich die Anforderungen an die Art dieses Denkens. Es ist weder rein deduktiv, noch ist es rein dialektisch angelegt. Die Methode des Denkens ist vielmehr an eine bestimmte Weise der Einsseins-Analogie gebunden. Diese Einsseins-Analogie ist bereits durch die Bilder vom Spiegel und vom Echo zum Ausdruck gebracht. Alles geschaffene Sein ist nämlich gegenüber dem ungeschaffenen Sein analog in der Weise, daß es aus sich selbst heraus kein Sein in sich hat, aber dieses Sein eben einen dauernden Prozeß der Seinsverleihung „ze borge" erhält. Analogie ist hier also nicht so zu verstehen, als ob zwei oder mehr vorher bestehende verschiedene Dinge miteinander in ein Verhältnis gebracht werden müßten. Dieses Verhältnis ließe sich dann in einer Seinsanalogie so ausdrücken, daß das Sein in dem einen Ding mehr vorhanden ist als in dem anderen Ding, daß es also seinsstärkere bzw. seinsschwächere

Geschöpfe gäbe. Eine solche Analogie ist nur in der geschaffenen Wirklichkeit selbst möglich. Zwischen Gott und Welt herrscht eine andere Art der Analogie: das Sein ist nicht im Seienden, auf gar keine Weise, wie Eckhart sagt, vielmehr kommt es im Seienden bloß zum Vorschein. Geschaffenes Sein ist daher immer uneigentliches Sein. Analogie ist also hier kein Verhältnis, sondern ein Geschehen, das Geschehen der Seinsverleihung.[5] Der Unterschied zur Analogie als einer Bestimmung des Verhältnisses von Verschiedenem, aber in sich selbst Bestehendem, zumindest relativ Eigenständigem besteht darin, daß der Vergleichspunkt, auf den die Analogie bezogen wird, hier nur dasjenige sein kann, von dem die Analogie ausgeht: Gott. Analogie bedeutet also zugleich Prozeß und wechselseitige Implikation: Gott in Welt und Welt in Gott gehören zusammen. Das intensive Dasein und die Gegenwart Gottes in der Welt hängen gerade daran, daß die Welt als geschöpfliches Sosein kein eigenes Sein enthält. Zugleich aber ist die Welt in ihrer eigentlichen Weise in Gott „da". Dasein existiert nur insoweit, als die geschöpflichen Dinge in ihrem Sein in Gott selbst genommen werden. Dieses Sein in Gott schwebt aber nicht über ihnen, sondern es ist in ihnen. Das Außensein Gottes ist zugleich eine Verstärkung seines Innenseins. Der Analogiegedanke Eberhard Jüngels, daß Gott der Welt noch ähnlicher ist, als sie selbst Ähnlichkeit überhaupt denken kann, und nicht vielmehr unähnlicher, findet sich bereits bei Meister Eckhart grundgelegt. Es nimmt nicht wunder, daß diese Gedanken Meister Eckharts häufig Anlaß zu Mißverständnissen gegeben haben.

Was Analogie besagt, ist in den berühmten Stellen der Auslegung des Predigers und am Anfang des Buches der göttlichen Tröstung zum Ausdruck gebracht. Eckhart legt hier seine Gedanken am Beispiel von Gerechtigkeit und Güte dar. Gerechtigkeit und Güte sind nur in Gott eigentlich sie selbst. Jeder Modus von geschöpflicher Gerechtigkeit und Güte ist nur abgeleitet. Wenn daher dem Menschen Gerechtigkeit und Güte zugesprochen werden, so ist das seitens des Menschen eine uneigentliche Redeweise, seitens Gottes freilich eine wirkliche Zusprache, in der er aktuell sich selber gibt. Damit sind Gerechtigkeit und Güte im eigentlichen Sinne transzendent. Sie sind so transzendent, wie nach der klassischen scholastischen Transzendentalienlehre das Sein, das Wahre, das Gute und das Eine transzendent sind. Eckhart bezieht nun die Transzendentalienlehre auf alle sogenannten „perfectiones spirituales". Ja, man kann darüber hinaus sagen, er bezieht sie auf alle Allgemeinbegriffe. Als Beispiel gebraucht er dafür das Abstraktum „die Weiße" und das Adjektiv „weiß". Die Reinheit des Weiß-Seins gibt es nur in der Weiße selbst, etwas ist weiß, insofern es an dieser Weiße teilhat. Wenn wir etwas in bezug auf die Weiße als weiß bezeichnen, dann haben wir nur eine Ahnung vom Weiß-sein schlechthin. Was Weiß-sein in sich selbst bedeutet, das können wir nicht wissen. Wir können nur wissen, daß wir es nicht wissen, daß das, was wir nicht wissen, aber dennoch das Licht ist, unter dessen Schein wir überhaupt in der Lage sind, die abgeleitete Wirklichkeit des Weiß-seins zu erkennen. Analogie ist also die Form unseres Denkens schlechthin. Es ist eine Form des nicht verfügenden Denkens. Die Grenze der Reflexion ist zugleich die Eröffnung der Reflexion. Eckhart hat dem Intellekt, dem Erkennen, eine so große Bedeutung zugeschrieben, weil es über seine eigenen Grenzen aufklären kann. Das Erkennen führt in die Abgeschiedenheit. Abgeschiedenheit bedeutet nichts anderes als eine Grundpassivität, in der die große Scheidung alles Geschaffenen vom Ungeschaffenen gelassen wahrgenommen wird.

Eckhart hält seine Analogielehre konsequent in seinem ganzen theologischen Denken und in seinen spirituellen Folgerungen durch. Ein Beispiel dafür ist die häufig wiederkehrende Formel „insofern" (inquantum). Da kann es zum Beispiel heißen: Der Gerechte ist, insofern er gerecht ist, in der Gerechtigkeit. Man sieht, daß die Analogielehre auch als Teilhabe-Lehre verstanden werden kann. Dabei bedeutet Teilhabe jedoch keineswegs, daß das Geschöpf etwas wenigstens teilweise, relativ, zu eigen habe. Das Subjekt der Teilhabe bleibt immer das Sein, also Gott. Der Gerechte, insofern er gerecht ist, (iustus inquantum iustus) ist derjenige Mensch, dem die Teilhabe an der göttlichen Gerechtigkeit durch die Rechtfertigung Gottes, die eine der Möglichkeiten darstellt, die Heilszuwendung Gottes auszudrücken, von Gott aktuell zugesprochen wird. Dies aber, davon ist er überzeugt, geschieht unaufhörlich. „Gott tut das Seine" (Quint, DW 1, 387). Des Menschen Aufgabe besteht darin, dieser Zuwendung Gottes keinen Widerstand entgegenzusetzen.

1.6. Zeit und Ewigkeit

Gott selbst aber ist reine Wirklichkeit, er bringt die Welt aktuell hervor und bewegt sie auf sich hin. Das Wirken Gottes liegt in der Dimension der Ewigkeit. Mit Ewigkeit ist bei Eckhart keine endlose zeitliche Ausdehnung gemeint, sondern das Aufhören des zeitlichen Nacheinanders, das unsere abgeleitete Zeit charakterisiert. Abgeschiedenheit richtet sich daher auf Körperlichkeit, Zeitlichkeit und Vielheit. Am Beispiel der Zeitlichkeit läßt sich dies gut zeigen. Zeitlichkeit bedeutet

Werden und Vergehen, Erneuern und Veralten. Dies alles geschieht im Nacheinander. Es gibt daher Vergangenheit, Gegenwart und Zukunft. In Gott sind diese Dimensionen der Zeitlichkeit nicht präsent. Was von ihm her geschieht, ist ein einziger, ununterschiedener Akt. In der zeitlichen Wahrnehmung erscheint dieser Akt als Heilsgeschichte. Gott bleibt nicht außerhalb dieser Geschichte, in der Menschwerdung unterstellt er sich dem geschichtlichen Werden. Aber dieses „in" der Geschichte ist nicht als ein geschichtliches Werden Gottes zu verstehen. Wenn vom Werden Gottes die Rede ist, dann bezieht sich dies auf Gottes eigenes Handeln zur Geschichte, in dem die Geschichte, in dem die Zeit erst entstehen. Zeit und Ewigkeit verhalten sich analog. Ewigkeit ist von der Zeit total different, auf der anderen Seite aber ist sie der Zeit näher, als diese sich selber sein kann. Ewigkeit als „Zeit" Gottes läßt eben Zeit erst jeweils aktuell entstehen. Sie ist Zeit im Modus der Intensität, indem alles nacheinander auf einen einzigen Punkt hin zusammenfällt. Theologisch gesehen bedeutet dies, daß die einzelnen heilsgeschichtlichen Ereignisse, insofern sie in ihrem Ausgangspunkt, in Gott, genommen werden, zusammenfallen: Schöpfung, Inkarnation, Vollendung. Nur insofern Gott als in der Geschichte wirkend gedacht wird, und mit Recht gedacht wird, entstehen die Differenzen der heilsgeschichtlichen Wirkungen. Dies bedeutet zum Beispiel, wenn man es auf eines der zentralen Themen Meister Eckharts anwendet, daß die Logos-Geburt des Sohnes aus dem Herzen des Vaters, die vor aller Zeit geschieht, und die Geburt Jesu Christi aus dem Schoße Mariae sowie die Geburt Christi im Herzen des Gläubigen in einen einzigen Akt zusammenfallen. Darum gewinnt der Mensch, wenn er Anteil an der sogenannten „Gottesgeburt der Seele" gewinnt, zugleich Anteil an der Inkarnation und an der Geburt des praeexistenten Logos aus dem Herzen des Vaters, das heißt an der inneren Prozession der Trinität.

1.7. Gottesgeburt im Menschen

Um diese Gottesgeburt geht nun bei Eckhart alles. „Gratia incarnationis ... est pro gratia adoptionis" (LW III, S. 145 f.). Die Gnade der Menschwerdung zielt auf die Sohnwerdung des Menschen. Daß Gott im Menschen geboren wird, diese Christologie „von innen" ist nun nicht irgendeine spirituelle Leistung, sondern das Geschehen der Seinsverleihung selbst, das theologisch in seinem Sinn durch die Menschwerdung qualifiziert ist. Durch die Annahme der menschlichen Natur ist nämlich eben diese menschliche Natur vergöttlicht. Wahres Menschsein ist von daher ein Würdebegriff. Je mehr der Mensch daher zu seiner menschlichen Natur vordringt, um so mehr dringt er zu Christus vor, um so mehr dringt er zur Heilszuwendung Gottes selber vor. Die Lauterkeit der göttlichen Natur hat als vorrangiges Thema der Predigten Meister Eckharts ihr Gegenstück im „Adel der menschlichen Seele“ (vgl. Pfeiffer, S. 91).

Meister Eckharts Aussagen über den Menschen und die Seele müssen von unseren heutigen Erkenntnisinteressen zunächst einmal unterschieden werden. Wir haben heute, wenn wir nach dem Menschen fragen, diesen vorrangig als unauswechselbares Individuum im Blick. Alle unsere modernen Aussagen über den Menschen stehen in der Spannung zwischen einmaliger Individualität und sozial gefaßter Allgemeinheit des Menschen. Dies ist jedoch nicht der Ausgangspunkt Meister Eckharts, wenn er über den Menschen nachdenkt. Die Individualität des Menschen steht zwar nicht im Zweifel, aber das Erkenntnisinteresse hält sich bei ihr nicht auf. Das Eigenwesen des einzelnen Menschen ist für Eckhart ebensowenig ein Hauptthema wie etwa das Eigenwesen des historischen Jesus. Menschsein ist vielmehr eine Binnenstruktur des Seins und des Heilsgeschehens, in der dieses Geschehen sich widerspiegelt und reflektiert. Die Würde des Menschen (der „Adel der menschlichen Seele“) liegt in seiner Transparenz für das Strukturgeschehen, das sich als Wirklichkeit fortwährend vollzieht und das als Möglichkeit vom Menschen empfangen werden kann. Der Mensch schlechthin hat gleichsam eine balancierende Identität zwischen göttlicher Ungeschöpflichkeit und irdischer Geschöpflichkeit. Das liegt schon daran, daß Menschsein theologisch als christozentrisch begriffen wird. Jeder Mensch ist, insofern er Mensch ist, bereits Christus. Er ist dies jedoch nicht im Sinne einer Univozität, sondern, und dies wird durch das „insofern“ wiedergegeben, im Sinne einer Analogie. Die balancierende Identität des Menschen ist deshalb auch kein fester Punkt, sondern die Intensität eines Geschehens. Diese Intensität des Geschehens gipfelt im sogenannten „Seelengrund“. Der Seelengrund, das Seelenfünklein, die Seelenspitze, das Licht in der Seele, die Kraft in der Seele usw. – Eckhart benutzt mehrere Metaphern – ist keine anthropologische Qualität im heutigen Sinne, sondern die Struktur des Geschehens selbst, insofern sich dieses Geschehen im Menschen vollzieht und er daran Anteil hat.[(6)] Auf Grund seines schwebenden Charakters zwischen göttlichem und irdischem Bereich kann der Seelengrund sowohl als ungeschaffen wie als geschaffen bezeichnet werden. Insofern das in ihm verdichtete Geschehen in eigentlicher Weise Gott allein zukommt, ist er ungeschaffen; insofern sich das sich in ihm zeigende Geschehen als geschöpflicher Vorschein seiner ungeschöpflichen Quelle zeigt, ist er geschaffen. Die für den analogen Vorgang allein treffsichere Redeweise ist die Metapher. Deshalb ist der Seelengrund eine Metaphorik des menschlichen Daseins. Im weiteren Sinne gilt dies überall auch dort, wo Eckhart von der „Seele“ des Menschen spricht. Die Seele des Menschen ist zugleich auch immer das Umfassende, sie ist nicht dadurch gekennzeichnet, daß sie in ein leiblich-individuelles Dasein eingeschlossen ist, sondern dadurch, daß gerade dieses leiblich-individuelle Dasein ihr so eingelagert ist, daß sie in ihm zum Vorschein kommt. Deshalb sagt Eckhart, der Leib sei in der Seele, nicht die Seele im Leib (vgl. Quint, DW 1, S. 264). Der „Adel der menschlichen Seele“, somit der Adel des Menschen, liegt in dem unausweichlichen „Daß“ der göttlichen Selbstmitteilung, die sich nun einmal durch den Menschen hindurch und nicht in irgend einer Weise an ihm vorbei vollzieht. Wiederum können Schöpfung und Gottebenbildlichkeit nicht ohne Christus gedacht werden. Christus ist Mensch geworden, die menschliche Natur ist Christus geworden (vgl. LW 4, S. 347; Quint, DW 1, S. 86). Der Mensch wird so zum „Mittler“ aller Dinge. Er ist dies jedoch nicht in prometheischer Beanspruchung seiner Möglichkeiten, sondern er ist es aus Gnade. Eckhart hat gelegentlich den Einwand beantwortet, daß er so rede, als ob sich seine Aussage „oberhalb“ der Gnade befinde, und dagegen geantwortet, er kenne gar keine Rede oberhalb der Gnade (vgl. Quint, DW 2, S. 504). Diese Überlegungen sind notwendig, damit man Eckharts zentrale Lehre von der Gottesgeburt im Menschen überhaupt versteht.

1.8. Der „Durchbruch“

Eckhart übernimmt von Origenes den Gedanken, daß der Mensch vermittels der Inkarnation Anteil an der Geburt des Sohnes aus dem Herzen des Vaters gewinnt. Insofern der Mensch Sohn ist, ist er nicht der Geschaffene, sondern der Gezeugte. Auf der einen Seite ist damit die Sohnwerdung des Menschen theologisch vorgegeben, auf der anderen Seite wird aber Gott zugleich auch vom Menschen wiedergeboren. Diese Wiedergeburt ist aber nicht eine spirituelle Eigenleistung des Menschen, sondern „Gott wird, wo alle Kreaturen Gott aussprechen“ (Pfeiffer, S. 181). Die Sprache, in der die Geschöpflichkeit Gott ausspricht, kann einzig und allein die Sprache des Menschen sein. Gott „wird“ in dieser Sprache, aber er wird in dieser Sprache nur als Metapher. Die von dieser Metapher „Gott“ zu unterscheidende Wirklichkeit der „Gottheit“ kann durch die Gottesgeburt im Menschen nicht „werden“, sondern sie „entwird“ (Pfeiffer, S. 180), das heißt, sie ruht in sich selbst, abgeschieden von allem Werden. Die Gottesgeburt versucht also, ontologisch das große „Daß“ göttlicher Selbstmitteilung, das heißt göttlichen „Werdens“, als ein Geschehen zu kennzeichnen, das zugleich eine vorgegebene Transformation des Menschen darstellt. Dieses Geschehen kann der Mensch in sich entdecken. Dazu dient ihm die von allem abgeschiedene Erkenntnis, denn der Mensch allein ist in der Lage, von der Geschöpflichkeit, der Zeitlichkeit, der Vielheit zu abstrahieren, und durch diese „Abstraktion“ die große Entscheidung zu vollziehen, die in ihrer grundsätzlichen Sehweise der Wirklichkeit besteht, welche Sehweise wiederum ihre Auswirkung auf die grundsätzliche Einstellung zu dieser Wirklichkeit beinhaltet. Eckhart geht fest davon aus, daß diese Erkenntnis den ganzen Menschen umwandelt, wie die Blätter eines Baumes durch einen Blitzschlag umgedreht werden, plötzlich und unerwartet (vgl. Pfeiffer, S. 28). Eckhart nennt diesen Vorgang den „Durchbruch“. Auf der anderen Seite ist dieser „Durchbruch“ nicht möglich, wenn es sich bei der Entdeckung um eine reine isolierte Erkenntnis handelt. Erkennen ist bei Eckhart immer auch schon Handeln. Die Praxis ist ein integrales Begleitmoment des Erkennens. Die Passivität des Empfangens der Selbstmitteilung Gottes ist keine in irgendwelchen Äußerlichkeiten sichtbare Passivität. Sie ist eine Ausrichtung inmitten des Wirkens.

1.9. Trinität und Logosgeburt

Was meint also die Gottesgeburt in der menschlichen Seele? Zunächst meint sie eine Wirklichkeit, die allem Erkennen und Handeln des Menschen bereits vorausliegt.

Zu dieser Wirklichkeit der Gottesgeburt gehören zunächst die innertrinitarischen Hervorgänge: Zeugung des Sohnes außerhalb aller Zeit und Rückkehr im Geist. Nach Augustin, De Trinitate, ist die menschliche Seele ein Spiegel dieses Prozesses. Eckhart vertritt eine Dreigestaltigkeit der menschlichen Seelenpotenzen, wobei zur Dialektik von Vernunft (Erkennen) und Wille (Lieben) eine nicht eindeutig festgelegte dritte Kraft hinzutritt, die nach Augustin die „memoria“ („gehugnisse“), aber auch die „irascibilis“ (das aufbegehrende Strebevermögen) sein kann. Hier wäre durch die Forschung noch einiges zu klären. Auch ist nicht klar, wie sich die Lehre von den Seelenkräften zu der Lehre vom Seelenfünklein verhält, das mehr sein soll als eine Kraft *der* Seele, eher wohl eine metaphorische Bezeichnung des Analogiegeschehens *in* der Seele.

Die Geburt des Sohnes im Herzen des Vaters ist als *Logos*geburt intellektiv geprägt. Die Gleichgestaltung mit dem Sohn im Geborenwerden ist daher ein Akt des Erkennens, denn das Erkennen des Menschen enthält die Fähigkeit der Distanzierung von aller Geschöpflichkeit, es kann „abscheiden", ja sogar begreifen, daß die Kategorie der Unterscheidung („distinctio") nicht ausreicht, die mehr als kategoriale Unterschiedenheit von Gott und Kreatur („distinctio per indistinctionem") auszudrücken. Dabei ist freilich Eckharts Vorstellung vom Erkennen nicht mit unserer Dichotomie von Erkenntnis und Erfahrung bzw. von Erkennen und Handeln bzw. von Erkennen und Sein zu interpretieren. Der „Sitz" des Erkennens ist das Herz; Erkennen ohne Tun wäre steril und in steter Gefahr der Täuschung; Angleichung im Sein gehört unbedingt dazu.

1.10. Erkenntnis und Liebe

Der Vorrang der Erkenntnis vor dem Willen bzw. der Liebe liegt darin, daß die Liebe eine vorausgesetzte Einheit zur Einheit bringt: sie vereint, was schon vereint ist. Gerade dieses „schon" der Einheit wird aber in der Erkenntnis (und dem ihr korrespondierenden Glaubensakt) vollzogen. Selbstverständlich ist dabei, daß sich Erkennen im Lieben fortsetzt, ja an der „Fruchtbarkeit" des Liebens erweist. Aber, wie Eckhart sagt: die Frucht ist schon in der Blüte (vgl. LW 2, S. 248 f.). Liebe ist daher das Prinzip der Verifikation bzw. Falsifikation der „Echtheit" bzw. Ganzheitlichkeit des Erkennens. Dem Geboren-werden in der Erkenntnis entspricht das Wieder-Gebären in den Werken der Liebe, die der Gerechte wirkt, insofern er gerecht ist. Die passive Seite der Gottesgeburt in der Seele liegt im Erkennen, die aktive im Tun der Liebe.

Zur vorausliegenden Wirklichkeit der Gottesgeburt gehört aber auch die „incarnatio continua", d. h. die Perspektive der gnadenhaften Erhöhung des menschlichen geschöpflichen Seins durch die in der Menschwerdung „geadelte" Natur: „gratia incarnationis est pro gratia adoptionis". So wenig Eckhart die Historizität des Christusereignisses genügt (die freilich Bedingung der Möglichkeit bleibt), so wenig genügt ihm das Apriori der allgemeinen Heilsökonomie. Die neue Möglichkeit des Menschseins in Christus soll vielmehr zur Möglichkeit eines jeden Menschen werden. Darum muß Christus nicht nur im Menschen geboren, sondern vom Menschen empfangen und wiedergeboren werden. Deshalb kreist Eckharts Denken um die Frage: wie kann der Mensch dieses Geschehen in sich freilegen und ihm sich gleichgestalten? Dazu lehrt Eckhart eine neue Möglichkeit des Menschseins, gleichsam die Menschwerdung des Menschen („werde, der du bist"). Theologie schlägt hier in Lebenslehre um. Eckharts Ethos ist stets „umgewandte" Dogmatik. Es kreist um den Akt der Befreiung, der im „Durchbruch" zur großen Umkehr führt, welche sich wiederum in der Verlebendigung des Lebens, in seiner „Fruchtbarkeit" äußert. Zum Akt der Befreiung gehören die Motive der Loslösung, des Gelassen-seins, der Armut, der Abgeschiedenheit. Dabei geht es um die Destruktion der falschen Wirklichkeit des Menschen. Eckhart läßt sich hier kaum an Radikalität überbieten, denn es geht ihm um nicht mehr und nicht weniger als darum, das reale Sosein der Menschen vom nackten Dasein zu scheiden, damit der Mensch so wird, wie er war, da er noch nicht war, wie es in der Armutspredigt heißt. Scheidung heißt aber hier nicht primär Askese, sondern Transparenz, Verwandlung. Weil alles Geschöpfliche ja von sich weg weist, wenn man es recht erkennt, ist es gerade in der Destruktion seines Eigenseins auf neue Weise geborgen. Das Fruchtbarkeitsmotiv der Gottesgeburt ist deshalb auch nicht etwa eine Folgestufe dieser Destruktion, sondern es gehört dazu: insofern frei, insofern produktiv. Dies erweist sich an einer neuen Qualität des Wirkens: „Wirken ohne worumwillen" (Pfeiffer, S. 146) und des Lebens: „ich lebe darum, daß ich lebe" (Quint, DW 1, S. 91 f.). Dieses Wirken entspricht dann der Wirklichkeit Gottes, und es ist das einzige Indiz für die mit ihr bestehende Funktionseinheit. Daher gibt es für Eckhart weder einen Aufweis der Gottesgeburt in besonderen Werken der Religiosität noch in einer neuen Qualität einer ekstatischen Erfahrung (Visionen, Emotionen usf.). Der neue Stil des Wirkens ist vielmehr an seiner inneren Freiheit und an der Intensität des Beim-anderen-seinkönnens erkennbar.

2. Der Lebemeister – Überwindung der Freigeisterei?

Daß Eckharts Wirkung nicht nur auf seinem philosophischen und theologischen Gedankengut, sondern auf seiner Tätigkeit als Lebemeister beruht, ist bekannt. Dieser Tätigkeit, die eine Mischung von intensiver Gotteserkenntnis, Durchbruch zur Dimension der Gottesgeburt und ethisch-praktischen Konsequenzen enthält, hat sich Meister Eckhart gewiß schon früh als Ordensoberer gewidmet. Die erste Schrift des Lebemeisters sind die berühmten „Reden der Unterweisung", die im wesentlichen Kolloquien des Oberen mit jüngeren Dominikanern wiedergeben. Im Dominikanerorden hat Eckhart vor allem als lateinischer Prediger weitergewirkt. Nun zeigen aber die „Reden der Unterweisung" und die lateinischen Predigten, bei aller Antizipation der

Lebenslehre Meister Eckharts, noch keineswegs jene spirituelle Kühnheit, die Eckharts eigentliche Breitenwirkung im rheinischen Raum später ausgemacht hat. Diese Breitenwirkung endet letztlich in Meister Eckharts Inquisitionsprozeß. Die Forschung hat sich, insbesondere in letzter Zeit, darüber Gedanken gemacht, warum zwischen den berühmten deutschen Predigten und einem Teil der Traktate („Das Buch der göttlichen Tröstung“, „Von Abgeschiedenheit“) und den lateinischen Werken eine Differenz im Pathos und Engagement besteht, die sich zum Teil auch sachlich in hyperbolischen Formulierungen wiederfinden läßt, an denen die deutschen Schriften reich sind. Man hat dies zunächst auf die Differenz der Sprache zurückgeführt. Dies mag bis zu einem gewissen Grade stimmen, obwohl Eckhart keineswegs so sprachschöpferisch gewesen ist, wie ihm lange Zeit unterstellt wurde. Freilich bedingt der Gebrauch einer stark verbalen Sprache (wie das begrifflich erst in Entwicklung befindliche Mittelhochdeutsche) auch eine Dynamisierung des Denkens. Zeitweise hat man, auf der Spur der Auswirkungen der sprachlichen Differenz, Eckhart als Begründer einer „deutschen“ Theologie gefeiert. Von daher war es dann nicht mehr weit bis zum nationalsozialistischen Mißbrauch seiner Gestalt.

In jüngster Zeit wird meines Erachtens mit Recht versucht, die Differenz zwischen dem (vorrangig lateinischen) Lesemeister und dem (vorwiegend deutsch sprechenden) Lebemeister auf eine andere Weise zu verstehen. Meister Eckhart wurde 1313 als Vikar des Ordensgenerals nach Straßburg gesandt. Dort bestand seine Hauptaufgabe in Seelsorge, Predigt und Visitation. Das Datum 1313 bildet in mancherlei Hinsicht einen signifikanten Einschnitt seines Lebens. Eckhart ist nicht mehr entweder Administrator oder Wissenschaftler; er veröffentlicht vermutlich in diesem Jahre seine berühmte Schrift „Das Buch der göttlichen Tröstung“, die er der Königin Agnes von Ungarn widmet, welche in diesem Jahre ins Kloster Königsfelden eintrat, eine Spätfolge der Ermordung König Albrechts von 1308. Im „Buche der göttlichen Tröstung“ wird aber ausdrücklich gerechtfertigt, warum Eckhart vor „ungelehrten“ Menschen die tiefsten Erkenntnisse seiner Theologie und Mystik ausbreitet. Die Aufnahme der Predigten Meister Eckharts durch Nonnen und Beginen verweist ebenfalls darauf, daß Eckharts Hauptwirkung vom rheinischen Raum ausging, weshalb die ganz frühe Forschung noch mit dem Gedanken gespielt hatte, Eckharts Herkunft dem Elsaß zuzuschreiben. Bereits der erste wissenschaftliche Eckhart-Biograph, Carl Schmidt (1839), glaubte, mit Vorbehalten, zwei Phasen in Eckharts Entwicklung unterscheiden zu können: eine orthodoxe Entwicklung als Magister und Ordensoberer und eine spätere, häretische Entwicklung „als Prediger pantheistischer und mystischer Lehre“ in den Städten des Oberrheins.[7] Die drei Indizien des biographischen Einschnittes durch einen neuen Auftrag, der im „Buch der göttlichen Tröstung“ ausdrücklich genannten „ungelehrten“ Adressaten, der hauptsächlichen Rezeption Meister Eckharts in seinen Predigten im rheinischen Raum, verweisen zusammen darauf, daß Meister Eckharts Tätigkeit als Lebemeister vor allen Dingen in diese späte Zeit, zwischen 1313 und 1326, hineinfällt. Kurt Ruh, der diese Argumente zusammengestellt hat, verweist auch auf den Zusammenhang mit dem Prozeß der nordfranzösischen Begine Marguerite Porete, die am 31. Mai 1310 in Paris als rückfällige Ketzerin verbrannt wurde. Margaretes berühmtes Buch, der „Miroir des simples âmes“, war schon früher als ketzerisch indiziert und öffentlich verbrannt worden. Eckhart hat mit Sicherheit die Auswirkungen des Prozesses kennengelernt, weil er als Professor in Paris Hausnachbar des Wilhelm von Paris war, der als Generalinquisitor den Prozeß führte. Zugleich kann man darauf verweisen, daß zu der Zeit, in der Eckhart sich in Straßburg befand, die Häretikerbekämpfung bei den Begarden und Beginen initiiert wurde. Aus solchen Überlegungen ergibt sich die Hypothese, die freilich noch im einzelnen inhaltlich verifiziert werden muß, daß erst der „späte“ Meister Eckhart, auf Grund einer sicherlich mit innerem Engagement erfüllten neuen Aufgabe, die er sich sicherlich zutraute, jene Form der Predigten entwickelte, die seine hauptsächliche spirituelle Wirkung ausmacht: Predigten von ausgesprochener „mystischer“ Kühnheit und zugleich von lebensvoller Anregung für die Gestaltung der konkreten Frömmigkeit und Tätigkeit der Menschen.

Ein guter Teil der „Kühnheiten“ Meister Eckharts sind sicherlich sachlich bzw. methodisch bestimmt. Dies gilt z. B. von der Lehre vom ewigen Ursprung der Welt, die in den ersten drei Artikeln der Bulle von 1329 verurteilt wurde: Für Eckhart entstand, wie wir gesehen haben, die Zeit mit der Welt, und der Entstehungsprozeß der Welt kann daher nicht zeitlich interpretiert werden; Gott ist nicht zeitlich „früher“ als die Welt. Ein anderes Beispiel ist Eckharts Lehre über die Sünde, indiziert in den Artikeln vier bis sechs sowie vierzehn und fünfzehn der Bulle. Hier kommt es ihm darauf an zu zeigen, daß die Sünde als Gegenbewegung gegen Gott von vornherein von Gottes Heilswirken umgriffen und relativiert ist. Vom guten wie vom bösen Werk spricht Eckhart nicht in ethischen, sondern in metaphysischen Kategorien, was zu mancherlei Mißverständnissen führen kann.

In allen übrigen Fällen jedoch, in denen Eckhart auf Mißverständnisse bzw. auf „orthodoxe“ Kritik gestoßen ist, geht es um das Problem der

Einheit mit Gott. Es ist gar keine Frage, daß die Wirkursächlichkeit dieser Einheit bei Eckhart ausschließlich Gott zugeschrieben wird. Weil aber Gott in jedem Falle „das Seine“ tut, wird die Einheit mit Gott dann unausweichlich, wenn der Mensch die vollständige Freiheit erreicht, bei Eckhart als Ledigkeit, Armut, Gelassenheit und Abgeschiedenheit in vielgestaltiger Ausdrucksweise, aber formal einheitlich behandelt. Zu dieser Freiheit gehört die Loslösung von allem geschöpflichen (und daher uneigentlichen) „Sein“ und Wirken, das als bloße Äußerlichkeit des wahren Seins verstanden wird; in noch intensiverer Form gehört dazu die Befreiung vom Eigensein und Wirken des Menschen, die Vernichtung in eine Abgeschiedenheit und Armut, die nichts mehr will, weiß und hat; in der intensivsten Form gehört dazu die Loslösung von „Gott“, insofern er eine geschöpfliche Aussage und eine Veräußerlichung seines inneren Lebens ist, insofern er in Bildern und Werken erkannt wird. Das Lassen Gottes um Gottes willen transformiert den Menschen erst in den göttlichen Bereich, wo Identität und Differenz zugleich bestehen, als „Unterschiedenheit durch Ununterschiedenheit“. Die Folge der völligen Freiheit ist das unbehinderte Wirken und Dasein Gottes im Menschen und des Menschen in Gott. Sofern der Mensch in diesem „Zustand“ ist, sofern ist er in der Dimension, in der Gott von Ewigkeit her seinen Sohn gebiert und insofern ist er gleichgestaltet mit dem Sohn.

Dabei wird in der Sprache einer prozeßtheologischen Metaphysik keine spirituelle Leistung des Menschen beschrieben, sondern die Durchschlagskraft der Offenbarung als Gnade. In dieser Dimension muß man auch die indizierte Mißachtung des äußeren Werkes („actio exterior“) und die Lehre von der „Ungeschaffenheit“ des Seelengrundes sehen. Denn in dem zu allen innergeschöpflichen Kategorien alternativen Akt, in dem Gott sich selbst gibt, sind alle Prozeßelemente - und die Seelenspitze gehört dazu, insofern sie eben das Sein und Wirken Gottes im Menschen ist - bereits göttlicher Natur.

Mit seiner prozeßtheologischen Metaphysik versucht nun Eckhart als Lebemeister eine Antwort auf die spirituellen Anfragen der mehr oder weniger freigeistigen Bewegungen, die in die Beginenspiritualität eindringen. Soweit man diese Bewegungen greifen kann, erwarteten sie von Freiheit, Selbstvernichtung, Armut und Apathie sowie von den Steigerungsformen mystischer Erkenntnis- und Liebessehnsucht eine neue, gesicherte, geistliche Existenz. Zu dieser gehörten Steigerungsformen des Bewußtseins ebenso wie neue Verhaltensformen. Die Spannung dieser Bewegungen, die vermutlich zudem in sich sehr differenziert waren, zu fachtheologischen Sprachen kann man sich gut vorstellen. Eckharts Anliegen mag es nun gewesen sein, Ethos und Gottesseligkeit zu retten, aber zugleich den Leistungsanspruch und die Gefahren falscher Innerlichkeit zu bekämpfen.

Er tat dies, soweit ich das sehen kann, auf zweifache Weise: Auf der einen Seite stellte er methodisch seine prozeßtheologische Metaphysik und seine inkarnatorische Christologie als Überbietung der spirituellen Anliegen dar, die er damit zugleich zu integrieren und zu modifizieren hoffte. Er ließ sich damit freilich auf eine sachliche und sprachliche Konkurrenz mit der neuen „Begeisterung" ein. Auf der anderen Seite stellte Eckhart der teils ekstatischen, teils quietistischen Frömmigkeit den Kern seiner an Nächstenliebe und Predigtmission orientierten dominikanischen „aktiven" Spiritualität gegenüber. Dazu zwei berühmte Predigtbeispiele:

In der Predigt „vom edlen Menschen" (sie wird mit dem „Buch der göttlichen Tröstung" von K. Ruh auf 1318 datiert) überbietet Eckhart jede Art von Bewußtseinsmystik (d. h. die Seele *erlebt,* daß sie Gott schaut) durch die These, daß die Seligkeit des Menschen nicht auf einem eigenen Akt des Schauens (sie schaut, daß sie Gott schaut), sondern auf dem göttlichen Akt der Verleihung von Sein, Leben und Erkennen des Menschen beruht. Dabei wird jeder spirituelle Prozeß, der den Menschen zum Subjekt hat, auf den metaphysischen Prozeß, der Gott selbst zum Ursprung hat, zurückgeführt.

In der Predigt über „Maria und Martha" wendet sich Eckhart gegen die typologische Bedeutung des Marienlobes für eine Existenz der Un-sinnlichkeit, der Leidlosigkeit und der Tatlosigkeit, gegen die Überbewertung ekstatischer Formen der Gotteserfahrung, gegen eine Einheit, die nur im Schauen, nicht aber im Wirken liege. Über den vom Prediger Eckhart sehr verehrten Augustinus und über den von ihm ebenfalls sehr verehrten Albertus Magnus hinaus entwickelt Meister Eckhart die Figur der Martha zur Einheit in der Tätigkeit für andere und bezieht das Lob Mariens auf ihre zukünftige Predigtmission in Angleichung an die bereits vollkommene Existenz der Martha.

Vermutlich muß man Eckharts deutsche „mystische" Predigten insgesamt neu von diesem Anliegen her lesen, das durch die gelegentlich artikulierte scheinbare Gleichgültigkeit gegenüber den Zuhörern überdeckt worden ist („wäre hier niemand gewesen, so hätte ich diesem Opferstocke predigen müssen"). Eckharts Neigung zur „Publikumsbeschimpfung" hat gewiß auch etwas mit der Überzeugung zu tun, aus der Einheit mit der Wahrheit mitzuteilen[(8)]; zugleich aber ist sie auch von spirituell-pädagogischer Relevanz: er wollte aufrütteln. Vor allem aber wollte er falsche Sicherheiten und Selbstgewißheiten in der Frömmigkeit zerstören; an ihre Stelle setzt er die „Weiselosigkeit“ des Gottfindens. Wenn aber Eckhart als Lebemeister sich darum bemüht, die Anliegen mehr oder minder freigeistiger Frömmigkeit zu integrieren und zu modifizieren, dann ist dieser Versuch der Mission letztlich daran gescheitert, daß der „Missionar“ selbst in Verdacht geriet, vielleicht auch deshalb, wie freigeistige Überlieferungen (z. B. „Eckhart und der Laie“) zeigen, weil er zur Legitimation begardischer Freigeisterei herangezogen wurde. In jedem Falle dürften wir Meister Eckhart, den Prediger, besser verstehen, wenn wir mehr über den „Sitz im Leben“ seiner Predigtmission wissen und seine Aussagen in dem Kontext verstehen, in dem sie gesprochen wurden. Soviel kann man jedoch sagen: Eckhart wäre nicht der Letzte, der auf dem schmalen Grat zwischen Orthodoxie und Freiem Geist missioniert hat und dem der Auftraggeber Kirche letztlich in den Rücken fiel, weil er darauf vertraute, daß auf dem Acker Gottes der Weizen höher wachse als das Unkraut, auch wenn man dieses nicht, wie die Verurteilungsbulle verlangt, „im Erstehen erstickt“.

3. Der Mystiker

Es gibt sicherlich viele Einzelfragen, die sich an Eckharts Philosophie, Theologie und an seine Lebenslehre stellen lassen, und viele davon harren noch auf zulängliche Antworten. Aber wenn man seine Gestalt und ihre Wirkung als Ganzes ins Auge faßt, kommt man nicht um die Fragestellung herum: war Eckhart Mystiker?

Es ist klar, daß hier alles von der Begriffsbestimmung der Mystik abhängt. Bestimmt man Mystik von Ekstasen und Visionen her, so ist sie Meister Eckhart fremd. Bestimmt man Mystik als Intensitätsform theologischen Erkennens in der Begegnung mit existentieller Erfahrung, so ist der Unterschied eine Frage der graduellen Bewertung der Tiefe des Denkens, Seins und Lebens, einer Trias, von der Eckhart gern gesprochen hat. Hier sind objektive Kriterien schwierig. Bestimmt man Mystik als eine in literarischen Dokumenten faßbare Geistesbewegung, die der Intensität der Gotteserfahrung dient, so kann man Eckhart sicherlich der sogenannten deutschen Mystik zurechnen. In jedem Fall steht man in der Spannung zwischen einem religionswissenschaftlichen, theologischen und literarhistorischen Begriff der Mystik. Den letzteren auf Eckhart anzuwenden, ist am leichtesten; zugleich aber ist damit auch am wenigsten ausgesagt.

Merkwürdigerweise ist Meister Eckhart in der interkulturellen „Mystik" der Gegenwart der am meisten rezipierte christliche „Mystiker". Dies liegt gewiß an der formalen Prägnanz, mit der er das Verhältnis von Denken, Sein und Leben vor dem Anspruch der letzten Fragen nach der Wirklichkeit bestimmt hat. So begegnen sich Eckhart und der Zen-Buddhismus vor allem in der Erfahrung der Weiselosigkeit des Seins, des nichtwissenden Wissens und des Lebens ohne Worumwillen. In dieser Richtung verdankt ihm auch die Existentialphilosophie einiges.

Demnach kann Eckhart auch, etwa auf religionswissenschaftlichem Hintergrund, als „Mystiker" schlechthin verstanden werden, d. h. man definiert, was Mystik meint, gerade nach ihm, nach dem Stil scines Denkens, Seins und Lebens. Wenn man dies tut, dann wird freilich vor diesem Kriterium alle ekstatische, visionäre und exklusiv beschauliche Mystik fragwürdig. Etwas harmonisch könnte man freilich sagen, alle Mystik sei doppeldeutig: auf der einen Seite das Besondere (in Gnadengabe, in exklusiven Auszeichnungen), auf der anderen Seite das Nicht-Besondere, das Selbstverständliche: „Gott ist das, was mit allem gemeint ist." (Quint, DW 1, S. 149) Mit Eckhart müßte man davon ausgehen, daß Mystik gegenüber dem Außerordentlichen immer noch das Selbstverständlichere wäre: das Geheimnis eines jeden Lebens ohne jede Andeutung vom Mysteriösen, Licht, das in die Klarheit führt und keiner Aufklärung bedarf, aber doch in seinem Ursprung entzogen bleibt.

Wer Eckhart Mystiker nennt, kommt also nicht darum herum, das, was Mystik ausmacht, von ihm her zu definieren und nicht umgekehrt. Dies aber würde gerade seine Größe als Mystiker ausmachen, daß ohne ihn über die Bestimmung dieses Phänomens nicht zureichend gesprochen werden kann. Er ist eben nicht das Abbild irgendeines Urbildes von Mystik, sondern er ist selbst ein Original.

Gehen wir von der formalen Bestimmung der Mystik den Schritt zur Spezifität christlicher Mystik, so wird man sagen müssen, daß die beiden Kriterien dieser Spezifität auf Meister Eckhart zutreffen.[9] Das erste Kriterium ist die Priorität des theologischen Gehaltes vor der formalen Gestalt. Die Antriebskraft von Eckharts Mystik ist eindeutig der Offenbarungsglaube. Schöpfung und Inkarnation sind die erschließenden theologischen Gehalte, die zu denken geben, die sein lassen und die das Leben verlebendigen. Eckhart sagt daher auch ausdrücklich, daß er sich kein Denken oberhalb der Gnade gestatte. Weil er überzeugt ist, daß der Glaube jedes Denken aushält, läßt er sich zutiefst auf eine argumentative Theologie ein. Zugleich aber läßt er kein Argument zur Bewahrheitung zu, das nicht durch den vollen Einsatz des Lebens gedeckt ist.

Damit wird das zweite Kriterium sichtbar: christliche Mystik muß die praktische Wahrheit des Evangeliums hervortreiben und in diesem Sinne praktisch fruchtbar sein. „Fruchtbarkeit" ist bei Eckhart ein spirituelles Zentralmotiv, freilich auch in dem Sinne, daß die „Frucht in der Blüte" mehr ist als die Frucht als Resultat. Äußere Werkheiligkeit gibt es bei Eckhart ohnehin nicht, wenn jedes Werk des Gerechten die Frucht Gottes wirkender Gerechtigkeit ist, ja die Gerechtigkeit in sich selbst nichts anderes als Gott selbst.

Spezifität der christlichen Mystik muß freilich nicht Exklusivität ihrer Erkenntnisse und lebenspraktischen Folgerungen bedeuten; gerade dies wiederum ergibt sich aus Eckharts Lehre von der „Unterschiedenheit durch Ununterschiedenheit". Das Göttliche wäre für ihn nicht das Göttliche, wäre es nicht zugleich auch im Menschen das jeweils Menschlichere.

Meister Eckhart hat die christliche Mystik aus den Formen aristokratischer Besonderheit herausgeführt. Er hat sie für jedermann angeboten, der bereit ist, die geglaubte Wahrheit bei sich zur Wirklichkeit werden zu lassen. Er hat darum auch keine Weglehre entfaltet, sondern eine „Durchbruchs"-Lehre durch die Bornierungen des menschlichen Soseins. Nicht der aufhaltsame Aufstieg zu immer höheren (oder tieferen) Erfahrungen ist sein Paradigma, sondern der unmittelbare Bruch mit dem allgemeinen Zustand des Weltverhältnisses, des Selbstverhältnisses und des Gottesverhältnisses.[(10)]

Um dies zu verstehen, kann man als Beispiel seine indizierte „Sündenmystik" heranziehen, von der schon kurz die Rede war. Natürlich rät Eckhart weder zur Sünde, noch lobt er sie. Aber er war überzeugt, daß die Sünde als ein Geschehen dem Grund alles Geschehens nicht entzogen war. Man vergleiche die Hyperbel: „Wer Gott selbst lästert, lobt Gott" (Art. 6 der Bulle, DS 956). Dabei kann die Sünde niemals im ethischen Sinne etwas Gutes werden. Vielmehr hat die schlechthinnige Negativität als solche kein Sein; aber, insofern sie „ist", offenbart sich auch in ihr „Gottes Herrlichkeit" (Art. 4 der Bulle, DS 954). Man mag die prozeßtheologische Metaphysik der „felix culpa" vor allem angesichts heutiger Erfahrungen bestreiten, aber man darf ihren „Sitz im Leben" nicht übersehen: im Durchbruch durch die Sünde, d. h. im neuen Stand der Gnade, wird nach Eckhart die gesamte Lebensgeschichte des Sünders neu geschrieben, und zwar als Geschichte der

Positivität des Heilsgeschehens. Die Begnadigung des Sünders ist daher ein Paradigma für Eckharts „Durchbruchs“-Lehre: mit der Gnade tritt die Neuheit Gottes in Kraft, die aller Werde-Neuheit der Welt entgegengesetzt ist, denn diese kann veralten. Dies aber bedeutet eine radikale Änderung des Lebens, eine Bekehrung. Dafür gibt Eckhart ein Gleichnis: wer die Wirklichkeit mit sonnetrunkenem Blick anschaut, dem ist sie von Sonne durchflutet: „in allen Dingen sinnst du nichts als lauter Gott“ (Pfeiffer, S. 29).

Wer Meister Eckhart als Mystiker bestimmt, sagten wir, setzt ihn selbst als Interpreten ein. Dies bedeutet, daß weniger der Begriff Mystik für Eckhart erschließend, als umgekehrt dieser selbst für den Begriff Mystik erschließend wird. Dem entspricht, daß Eckhart selbst mit diesem Begriff nichts angefangen hat, wohl aber mit paulinischen und johanneischen Sehweisen, die eindeutig hinter einer Tradition stehen, die man als christliche Mystik bezeichnet.

4. Mystik für heute?

Inwiefern läßt sich Eckharts Mystik in „Mystagogie“, d. h. in eine nachvollziehbare „Hinreise“ umsetzen? Die Vorbehalte bleiben, wie Eckhart sie selbst immer wieder betont hat:

– der Vorbehalt der Weiselosigkeit des Gottfindens

– der Vorbehalt, daß der Durchbruch an keinen Gradualismus (Stufenlehre) gebunden ist und daß die Gnade frei bleibt

– der Vorbehalt, daß die Erfahrung bzw. das Erleben der Einheit nicht so wichtig ist wie die Einheit in „Wirklichkeit“.

Aber es gibt einen Dreischritt:

– *Bereitschaft* (Abgeschiedenheit, Armut, Loslösung, Gelassenheit ohne Worumwillen, Eigenschaftslosigkeit . . .) „Hinreise“

– *Durchbruch* (Wüste, Licht, Geburt, transformatio . . .)

– *Fruchtbarkeit* (Wirkeinheit, Hervorbringen . . .), Rückkehr

Dieser Dreischritt vollzieht sich aber im Miteinander, nicht im Nacheinander, denn die Bereitschaft kann kommen wie der Blitz des Durchbruchs, der die Blätter des Baumes umwendet. Das Wirken, die Frucht, ist bereits in der Blüte (Flores mei fructus), das Hervorbringen ist nämlich nicht vom Effekt her bestimmt.

Der Dreischritt ist also eine analytische Unterscheidung. Eckhart redet auch sonst perspektivenreich von dem gleichen Geschehen, das sich im namenlosen Grund allen Geschehens immerwährend ereignet: das Leben, das darum lebt, daß es lebt.

Kann Meister Eckharts Lebenslehre so etwas sein wie eine Mystik für heute? Das hängt sehr davon ab, daß man Mystik weder fundamentalistisch, noch esoterisch, noch emotional-irrational versteht. Ein Rückgriff auf Eckhart ohne Rücksicht auf seine Vorbehalte gegenüber dem Erleben und der Erfahrung ist nicht möglich. Eckhart darf auch nicht im esoterischen Sinne einer Geheimerkenntnis oder „Innerlichkeit" verstanden werden. Seine Mystik ist keine Alternative zum Denken und zur Vernunft, sie hilft nicht zur Vereinfachung des Glaubens und gibt eher einen Durchblick in die Einheitlichkeit der Christusnachfolge.

Eckhart ist aber durchaus in mancherlei Hinsicht fruchtbar:

– durchaus im Sinne von E. Fromm: gegen spätbürgerliches Marketing und Konsumismus. Sie findet die produktive Orientierung gegen die Produktorientierung.

– durchaus im Sinne des interkulturellen religiösen Gesprächs (wirken und leben „ohne worumwillen") mit einer kritischen Potenz gegenüber Wachstum und Vernichtung.

– durchaus im Sinne einer Wiederbelebung der Lebensgleichheit der Erkenntnis, d. h. der Einheit von Wahrheit und Praxis (Rahners vergessene Tugend: Wirkeinheit der Wahrheit): wenn ich nicht bald lebe wie ich denke, so werde ich bald denken wie ich lebe!

– durchaus im Sinne eines Dialogs zwischen der Autorität der Erfahrung, der Vernunft und der Macht, auch in der Theologie, Ekklesiologie.

– durchaus im Sinne der Bewältigung des Gotteskomplexes (Lebens- und Seins-Vergessenheit).

– durchaus im Sinne eines tieferen Verstehens der eigenen „Idemität" (Rombach), d. h. des Wesens von Liebe und Freiheit.

– durchaus im Sinne von Welthaftigkeit und Tiefendimension zugleich.

– durchaus im Sinne der Provokation durch eine produktive Rezeption der christlichen Offenbarungsbasis.

– daher durchaus auch im Sinne eines kritischen Lernprozesses durch, mit und gegen den Meister, der, wie ich persönlich meine, den Versuchungen seiner eigenen Einheit von Leben, Denken und Sein gewachsen war, aber bei selektiver Rezeption verführerisch sein kann.

– durchaus im Sinne einer Konfrontation von Glaubensintensität mit theologischer Extensität, aber ohne Alternativismus hierin.

Eckhart ist durchweg ein experimenteller und spekulativer Theologe, den z. B. Cusanus für *anregend,* aber nicht für jedes Gemüt für zuträglich hielt.

Wer sich eine geschichtliche *Vermittlung* auf dem Weg des Evangeliums in die Herausforderung unserer Zeit sucht, findet in Eckhart, um mit Balthasar zu sprechen, fast die gesamte Tradition christlich inspirierten Denkens und philosophisch inspirierten Christentums als „Steinbruch" - man sollte einen Teil der Häuser kennen, aus denen die Steine stammen. Die Vermittlungschance Eckharts besteht zugleich darin, daß er so viele Probleme moderner Philosophie und Theologie implizit vorwegnimmt. Zugleich ist das Christentum so auf sein Wesen zurückgenommen, daß der interkulturelle Dialog des Christentums mit Eckhart eine bereits vielfach bewährte Chance hat.

Wer sich einen „Führer der Unschlüssigen" sucht, der Eckhart in der Nachfolge des verehrten Moses Maimonides gewesen ist, wer sich um eine kritische, welthaltige, geschwisterliche und lernoffene christliche Spiritualität bemüht, der kann bei Eckhart auch heute noch in die Lehre gehen. Er wird ihn begeistern, er wird ihn erzürnen, er wird ihn in Ungewißheit und Wagnis stürzen, aber eines wird er gewiß nicht: er wird ihn weder langweilen, noch lau machen, noch enttäuschen. Die großen Themen des Meisters wird er zugleich in der Person des Meisters spüren, durch den Gewortungsprozeß hindurch (vgl. Pfeiffer, S. 610 u. 602). Darum war der Meister im wahrsten Sinn des Wortes legendenbildend und sagenumwoben. Tauler: „Er sprach nach der Ewigkeit und ihr nehmt es nach der Zeit". Einer der Schreiber drückt es so aus: „Diz ist meister Eckhart, dem got nie niht verbarc." (Pfeiffer, S. 623)

Anmerkungen

(1) Die deutschen und lateinischen Werke Meister Eckharts werden im folgenden zitiert nach der kritischen Gesamtausgabe: Meister Eckhart. Die deutschen und lateinischen Werke. Hg. im Auftrag der Deutschen Forschungsgemeinschaft, Stuttgart 1936 ff.

(zitiert als „Quint, DW"; „LW"); die noch nicht kritisch edierten deutschen Predigten nach: Franz Pfeiffer, Deutsche Mystiker des 14. Jahrhunderts. Bd. 2: Meister Eckhart, Leipzig 1857 (Neudruck Aalen 1966) (zitiert als „Pfeiffer").
Übersetzungen der Werke Meister Eckharts liegen vor bei: J. Quint, Meister Eckhart. Deutsche Predigten und Traktate, München [2]1963; D. Mieth, Meister Eckhart, Olten-Freiburg i. Br. 1979.
Aus der zahlreichen darstellenden Literatur über Meister Eckhart seien genannt: A. M. Haas, Meister Eckhart als normative Gestalt geistlichen Lebens, Einsiedeln 1979; H. Hof, Scintilla animae. Eine Studie zu einem Grundbegriff in Meister Eckharts Philosophie, Lund-Bonn 1952; O. Langer, Mystische Erfahrung und spirituelle Theologie. Zu Meister Eckharts Auseinandersetzung mit der Frauenfrömmigkeit seiner Zeit, München-Zürich 1987; D. Mieth, Die Einheit von vita activa und vita contemplativa in den deutschen Predigten und Traktaten Meister Eckharts und bei Johannes Tauler, Regensburg 1969; B. Mojsisch, Meister Eckhart. Analogie, Univozität und Einheit, Hamburg 1983; K. Ruh, Meister Eckhart. Theologe, Prediger, Mystiker, München 1985; W. Trusen, Der Prozeß gegen Meister Eckhart. Vorgeschichte, Verlauf und Folgen, Paderborn 1988; S. Ueda, Die Gottesgeburt in der Seele und der Durchbruch zur Gottheit. Die mystische Anthropologie Meister Eckharts und ihre Konfrontation mit dem Zen-Buddhismus, Gütersloh 1965; B. Welte, Meister Eckhart. Gedanken zu seinen Gedanken, Freiburg 1979.

(2) Vgl. H. Fischer, Meister Eckhart. Einführung in sein philosophisches Denken, Freiburg-München 1974, 124 ff.

(3) Vgl. R. Imbach, Deus est intelligere. Das Verhältnis von Sein und Denken in seiner Bedeutung für das Gottesverhältnis bei Thomas von Aquin und in den Pariser Quaestionen Meister Eckharts, Freiburg/Schw. 1973.

(4) Vgl. K. Flasch, Die Intention Meister Eckharts, in: H. Röttges/B. Scheer/J. Simon (Hg.), Sprache und Begriff. Festschrift für B. Liebrucks, Meisenheim 1974, 292–318.

(5) Vgl. J. Koch, Zur Analogielehre Meister Eckharts, in: Ders., Kleine Schriften, Bd. 1, Rom 1973, 367–397.

(6) Vgl. Hof (Anm. 1).

(7) Vgl. dazu und zum Folgenden: K. Ruh, Meister Eckhart und die Spiritualität der Beginen, in: Perspektiven der Philosophie. Neues Jahrbuch 8 (1983) 323–334.

(8) Vgl. J. Kopper, Die Metaphysik Meister Eckharts, Saarbrücken 1955.

(9) Vgl. W. Beierwattes u. a., Grundfragen der Mystik, Einsiedeln 1974.

(10) Vgl. Haas (Anm. 1), 18 ff.

Bruno Schlegelberger S.J.

Ignatius von Loyola - Unterscheidung und Entscheidung

Weit verbreitet und groß scheint die Verehrung des hl. Ignatius nicht zu sein. Selbst unter den Jesuiten genießt er keine auffällige Verehrung. Dennoch kann man immer wieder in der Begegnung mit Mitgliedern des von ihm gegründeten Ordens erfahren, wie sehr er den Beruf seiner Ordensbrüder prägt. Diese Beobachtung gilt unabhängig vom Alter derer, die einem begegnen. Der Grund dafür ist in seiner Spiritualität der Unterscheidung und Entscheidung zu suchen, deren Wegmarken Ignatius in den *Geistlichen Übungen*(1) angibt. Was den Heiligen besonders auszeichnet, ist sein Mut, der Realität seiner selbst und der Welt zu begegnen, wie sie sind. Seine Frömmigkeit, die man als radikalen Bezug zur Wirklichkeit bezeichnen könnte, eignet sich wenig, große Popularität zu begründen.

1. Geschichtliche Einordnung - die Jugend des Ignatius

Iñigo kam 1491 als letztgeborenes von 11 Kindern(2) zur Welt. Ob seine Eltern, Don Beltrán de Loyola, und dessen Frau Doña Marina Sáenz de Licona, ihn nach vierundzwanzig Ehejahren noch erwartet hatten, entzieht sich unserer Kenntnis. Die baskische Adelsfamilie der Loyolas ist urkundlich seit 1180 nachweisbar. Sie gehörte zu den 10 „parientes mayores“, die aufgrund dreihundertjähriger, mitunter rebellischer Dienste das Recht hatten, zu gewissen Zeiten an den Hof des Königs von Kastilien geladen zu werden. Obwohl die Loyolas zu den bedeutenden Familien des Baskenlandes gehörten, hatte der jüngste von 7 Söhnen ohne besondere Bewährung keine herausragenden Chancen. Für ihn wurde wie für seine Geschwister, zu deren Zahl noch zwei uneheliche Kinder seines Vaters(3) hinzuzurechnen sind, zunächst standesgemäß gesorgt. Eine Bäuerin wurde ihm als Amme bestimmt. Iñigo verlebte seine Kindheit mehr im Meierhof von Eguibar, wo man baskisch sprach, als im nüchtern vornehmen Palast seiner Eltern. So ist er, schreibt Hugo Rahner, „zeit seines Lebens ein volksverbundener Baske geblieben, in seinem wortkargen Denken haften die bäuerlich klugen Sprüche seiner scharfsichtigen Landsleute, und die Kernsprüche des Heiligen, die man später aus seinen Schriften heraushob, zeugen davon, daß er köstlich treffsicher ‚den Nagel auf den Kopf treffen konnte', wie später ein römischer Kardinal von dem alternden Heiligen bezeugte."[4]

Üblicherweise ging damals der Familienbesitz an den Erstgeborenen. Die übrigen Söhne mußten versuchen, sich, so gut sie konnten, standesgemäß durchzuschlagen. Um Iñigo dies zu ermöglichen, bestimmte ihn sein Vater für den Klerikerstand und gab ihm einen Lehrer, der ihn im Lesen und Schreiben des Spanischen und im Rechnen unterrichtete. Später, vermutlich 1506[5], bot sich Iñigo die Gelegenheit, als Page des mit seinem Vater befreundeten Großschatzmeisters Juan Velázquez de Cuéllar das Hofleben König Ferdinands von Kastilien kennenzulernen. „Die Gemahlin des Schatzmeisters, Maria de Velazco, und deren fromme Mutter, Maria de Guevara, waren mit Iñigos Mutter verwandt, und ihre Erziehung brachte den jungen Loyola in Berührung mit dem edlen Geist, den die verstorbene Königin Isabella und der große Kardinal Cisneros am Hof gepflegt hatten."[6] Aber Iñigos Ideale wurden eher von den Liebesabenteuern der Ritterromane bestimmt. In der Rückschau läßt Ignatius darüber schreiben: „Er fand Gefallen daran, sich in den Waffen zu üben, und nährte ein starkes, aber eitles Verlangen, sich Ruhm zu erwerben." Und seine späteren Vertrauten kennen ihn aus seinen Erinnerungen als „mutwillig im Spiel, in Frauengeschichten, in Raufhändeln und Waffentaten".[7] Gleichzeitig blieb er der Volksfrömmigkeit treu und konnte Gedichte auf Maria oder den hl. Petrus mit dem Schwert verfassen.

Burkhart Schneider, Übersetzer und Kommentator des Pilgerberichts, meint: „Wohl zum ersten Mal spürte er am eigenen Leib den Ernst des Lebens, als er 1515 mit einem seiner älteren Brüder bei einem Aufenthalt in der Heimat vor Gericht gestellt wurde."[8] Unter Berufung auf seine Zugehörigkeit zum Klerikerstand – er hatte einmal die Tonsur empfangen – gelang es ihm, den Prozeß vom weltlichen an das zuständige Gericht des Bischofs von Pamplona überweisen zu lassen, wo dann der Einfluß seines Dienstherren, des Großschatzmeisters, dazu hinreichte, das Verfahren niederschlagen zu lassen. Die Akten sind unvollständig erhalten. Sie sprechen aber immerhin von „nächtlichen Exzessen" und „bedeutenden und schweren Vergehen", die die Brüder „planmäßig und hinterlistig begangen haben". Der angeklagte Offizier wird dabei in folgender Weise beschrieben: „Er ist gewohnt, in Panzer und Brünne einherzugehen, er trägt die Haare lang bis zur Schulter, geht in einem zweifarbigen, geschlitzten Gewand und einem bunten Barett, und nie hat ihn jemand im geistlichen Gewand erblickt."[9] Das hinderte ihn aber, wie gesagt, nicht, sich in dieser

Notlage auf seine Zugehörigkeit zum geistlichen Stand zu besinnen. Fünf Jahre später verzichtete derselbe Iñigo auf seinen Anteil an der Beute der aus den Händen der Comuneros zurückeroberten und danach zur Plünderung freigegebenen Stadt Nájera. „Es erschien seinem großen und noblen Herzen unwürdig, und er nahm sich nicht das Geringste", erinnert sich einer seiner Vertrauten.[(10)] Bemerkenswert ist, daß über ihn aus dieser Zeit bezeugt wird, er habe nie gelogen und nie geflucht. Für ihn spricht auch, daß er es verstand, in der Provinz Guipúzcoa, wo ebenfalls ein Aufstand drohte, im Auftrag des Vizekönigs seine Landsleute zu beruhigen.[(11)]

Iñigos charakterliche Voraussetzungen schienen insgesamt gut: Er war hochherzig, ehrgeizig, mutig und nicht zuletzt auch, wie seine andeutungsweise angezeigten Abenteuer vermuten lassen, männlich liebesfähig. Es bedurfte nur eines entscheidenden Anstoßes, seine Fähigkeiten auf den rechten Einsatz zu lenken. Der Anstoß traf Iñigo unversehens und hart in Pamplona am Pfingstmontag, 20. Mai 1521. Mit diesem Startschuß im wahrsten Sinne des Wortes läßt Ignatius seinen später aufgezeichneten *Bericht des Pilgers* beginnen. Die Kugel einer Kanone traf ihn bei der mutigen, aber aussichtslosen Verteidigung einer Zitadelle gegen die Franzosen. Sie durchschlug ihm ein Bein, brach es dadurch völlig und verletzte auch das andere Bein schwer.

Das Gefecht um Pamplona fand im Rahmen der damals beginnenden, sich über Jahre hinziehenden Auseinandersetzungen[(12)] zwischen Karl V. und Franz I. statt, die in der Folge wesentlich dazu beitrugen, daß sich die Einberufung eines Konzils zur Beilegung der Glaubensstreitigkeiten so lange hinauszögerte, bis es zu einer Einigung zu spät war. Einen Monat zuvor (16.–28. April) hatte im selben Jahr 1521 Martin Luther vor Karl V. auf dem Reichstag zu Worms erklärt, gegen das Gewissen zu handeln, sei unsicher und gefährlich, und die Zurücknahme seiner Lehren verweigert. Im Inneren mit sich im Streit, erlebte Europa gleichzeitig einen ungeahnten Aufbruch durch die Entdeckung neuer Welten und die Eroberung weiter Gebiete. Schon ein Jahr nach Iñigos Geburt, im Jahr 1492, war die Reconquista mit dem Fall der letzten maurischen Festung Granada erfolgreich abgeschlossen worden. Noch im selben Jahr landete der Genuese Christoph Kolumbus, der im Dienst der Königin Isabella von Kastilien stand, auf der Bahamainsel Guanahani und entdeckte Cuba und Haiti. Während Luther sich auf sein Gewissen berief und Ignatius begann, sich neu zu orientieren, wurde Neuspanien, das heutige Mexiko, durch Hernán Cortés erobert. Dort fiel auch einer der Brüder Iñigos namens Hernando. Zur gleichen Zeit gelang es erstmals dem Portugiesen

Fernão de Magalhães, 1519–22 die Welt zu umsegeln. Als Ignatius am 15. August 1534 mit sechs Gefährten auf dem Montmartre Armut, Keuschheit und eine Wallfahrt nach Jerusalem sowie Arbeit zum Heil der Seelen gelobte, hatte Pizarro bereits Peru erobert. Am Konzil von Trient (1546/63) nahmen Theologen der von Paul III. 1540 bestätigten Gesellschaft Jesu teil. Ignatius starb in Rom am 31. Juli 1556.

Die Zeit, in der Ignatius aufwuchs, erscheint insofern der unseren vergleichbar, als auch damals Europa, in seinen Traditionen erschüttert, vor neuen Herausforderungen stand, die nur zögernd begriffen und angenommen wurden. Die aufstrebenden zentralistisch orientierten und nach Vormacht strebenden Nationalstaaten waren so sehr mit eigenen Interessen und Problemen beschäftigt, daß es ihnen nur schwer gelang, sich anders als in der Weise der Eroberung auf die neu entdeckten Kulturen einzustellen.

In Zeiten des Umbruchs und Aufbruchs, wie sie zu Beginn des 16. Jhs. gegeben waren und heute erneut, wenn auch in anderer Weie, gegeben sind, kann die Berufung eines Heiligen, der wie Ignatius fähig und willens ist, seinen Weg zu reflektieren, um von daher bei anderen ein Gespür für deren eigene Erfahrungen zu wecken, in besonderer Weise zum Tragen kommen. Gerade darin besteht der bleibende Wert des schon erwähnten *Berichts des Pilgers* und der *Geistlichen Übungen,* daß es deren Verfasser darum zu tun ist, andere anzuleiten, ihre eigenen inneren Regungen zu unterscheiden und auf diesem Wege freie, ihrer Bestimmung als Christen würdige Entscheidungen zu treffen.

2. Die Lebenserfahrung des Ignatius und die „Geistlichen Übungen"

Oft war Ignatius von seinen Gefährten gefragt worden, wie Gott ihn seit dem Tag seiner Bekehrung geführt habe. Gegen Ende seines Lebens wurde er über drei Jahre hin von P. Nadal bedrängt, er möge doch, solange noch Zeit bliebe, einen Bericht geben, der „als Vermächtnis und väterliche Unterweisung nützlich sein könne"[(13)]. Schließlich entsprach Ignatius dem Interesse seiner Gefährten, eine tiefere Einsicht in das Werden ihrer Gemeinschaft und in die Gründe ihrer Idee zu gewinnen. Den daraus entstandenen *Bericht des Pilgers* diktierte der Sekretär des Ignatius, Gonçalves da Câmara, einem Schreiber nach Stichworten, die er jeweils unmittelbar nach den etwa halbstündigen Ausführungen des Ignatius notierte. Der Bericht kam in zwei Perioden, 1553 und 1555, zustande und beschränkt sich auf das Grundthema der Führung Gottes, stellt also keine lückenlose Biographie dar.[(14)] Er endet etwa mit dem

Jahr 1538. Burkhart Schneider[15] kommentiert: „Es ist auffallend, daß Ignatius . . . die Zeit der eigentlichen Ordensgründung und die Anfänge seiner endgültig konstituierten Gemeinschaft einfachhin übergeht. Tatsächlich ist doch gerade dieser letzte Lebensabschnitt . . . die Zeit seiner intensivsten Tätigkeit, die ihren Niederschlag in den Tausenden von Briefen und Weisungen jener Jahre gefunden hat.“ Da Ignatius sich auch in dieser Zeit oft noch suchend und tastend um die endgültige Gestalt seines Werkes bemühen mußte, hätte der Bericht auch für diese Wegstrecke lehrreiche Beispiele der Unterscheidung bieten können. Aber in dieser letzten Lebensperiode, in der die Gemeinschaft der ersten Gefährten gefestigt wird und die Gestalt eines eigentlichen Ordens annimmt, tritt die Persönlichkeit des Gründers immer mehr hinter dem Werk zurück. „Die Lebensgeschichte dieser Jahre wäre im Grunde nichts anderes als die Anfangsgeschichte des Ordens geworden. . . . Mit der Ankunft in Rom und der Bestätigung seiner Ordensgründung hatte er (Ignatius) nicht nur die verschiedenen äußeren Stationen seines Lebensweges hinter sich gebracht, sondern er war selbst im Werden und Wachsen seiner Persönlichkeit in einem wahren Sinn bereits am Ziel . . . Und deshalb war es durchaus berechtigt, wenn Ignatius in seinem Bericht diese letzte Lebensperiode kaum mehr andeutete.“[16]

Die schwere Verwundung im Jahr 1521 lenkte nicht von vornherein die Gedanken des Ignatius in eine andere Richtung. Als die Ärzte kaum mehr Hoffnung auf eine Besserung hatten, folgte er ihrem Rat, die Sakramente zu empfangen. Die Überwindung der Krise schrieb er seiner besonderen Andacht zum hl. Petrus zu. Dann aber setzte er alles daran, fürderhin nicht als Invalide zu erscheinen. Ein Bein war kürzer als das andere, und ein „Knochenstück stand derart heraus, daß es ein häßlicher Anblick war. Das konnte er nicht anstehen lassen, da er entschlossen war, seine weltliche Karriere fortzusetzen.“[17] So nahm er eine weitere qualvolle Operation auf sich. Danach wurde ihm die Zeit auf dem Krankenlager lang. Er bat um Ritterromane, auf deren Lektüre er „schon immer versessen war“. In Ermangelung derer gab man ihm ein Leben Christi und eine Sammlung von Heiligenleben.[18]

Die ungewohnte Lektüre stand im Kontrast zu dem, was bislang seine Phantasie erfüllt hatte. So machte Ignatius den Anfang jener Beobachtungen, die er später in den *Geistlichen Übungen* in den Regeln zur Unterscheidung zusammenstellte. Im *Bericht des Pilgers* heißt es: „In diesen Büchern las er oftmals; und in etwa begeisterte er sich für das, was er da geschrieben fand. Wenn er seine Lektüre unterbrach, richtete er manchmal seine Gedanken auf die Dinge, die er eben gelesen hatte, und dann wieder auf die Dinge der Welt, an die er früher immer gedacht hatte."[19] Bald träumte er vom Dienst einer Dame und großen Taten, bald davon, es dem hl. Dominikus oder dem hl. Franziskus gleichzutun. Indem er diesen konträren Vorstellungen nachging, entdeckte er einen Unterschied: „Wenn er sich mit weltlichen Gedanken beschäftigte, hatte er großen Gefallen daran; wenn er aber dann, müde geworden, davon abließ, fand er sich wie ausgetrocknet und mißgestimmt. Wenn er jedoch daran dachte, barfuß nach Jerusalem zu gehen und nur noch wilde Kräuter zu essen und alle anderen Kasteiungen auf sich zu nehmen, die, wie er las, die Heiligen auf sich genommen hatten, da erfüllte ihn nicht bloß Trost, solange er sich in solchen Gedanken erging, sondern er blieb zufrieden und froh, auch nachdem er von ihnen abgelassen hatte."[20] Auf diese Weise kam er allmählich dazu, die Verschiedenheit der Geister zu erkennen.

In der seinerzeit herrschenden Vorstellungswelt galt es als selbstverständlich, daß Regungen der Seele sowohl von guten als auch von bösen Geistern hervorgerufen werden konnten.[21] Doch darauf kommt es hier nicht an. Ignatius treibt keine Ursachenforschung. Er ist nur daran interessiert, seine inneren Empfindungen und die Richtungen, in die sie ihn führen, zu beobachten. Entscheidend ist für ihn, wie er in den *Geistlichen Übungen* formuliert, „einigermaßen die verschiedenen Regungen zu verspüren und zu erkennen, die in der Seele verursacht werden, die guten, um sie anzunehmen, und die bösen, um sie abzuweisen"[22].

Aus der Beobachtung innerer Stimmigkeiten und Unstimmigkeiten, welche die Beschäftigung mit so entgegengesetzten Vorstellungen wie höfisches Leben und Nachahmung eindrucksvoller Heiliger in ihm hervorriefen, gewinnt Ignatius Geschmack an einer neuen Orientierung seines Lebens, die er zunächst noch ganz nach seiner alten Art verstand. Im Blick auf die Heiligen „nahm er sich vor, wenigstens dasselbe, wenn nicht noch mehr fertigzubringen", erinnert sich Ignatius und bemerkt dazu: „Er hatte noch keinen Blick für die inneren Werte und verstand nicht, was Demut, Liebe, Geduld eigentlich seien. Und er kannte jenes Gespür für Gottes Willen noch nicht, das diese Tugenden zu lenken und ins rechte Maß zu bringen hat."[23] Illustriert wird seine Haltung durch die Überlegungen, einen Mauren niederzustechen, den er nicht von der Jungfrauschaft Mariens nach der Geburt Jesu zu überzeugen vermochte, und den Beschluß, eine ganze Nacht in Waffen vor dem Bild der Gottesmutter auf dem Montserrat Wache zu halten, sowie eine schriftliche Generalbeichte, die drei Tage dauerte.

Ehrgeiz und Perfektionismus sollten ihm bald schwer zu schaffen machen. Als er sich in Manresa zu einem radikalen Büßerleben zurückzog, wurde er von Skrupeln erfaßt.[24] „Wie man etwas an einem Faden aufreiht, so überdachte er Sünde um Sünde seines vergangenen Lebens, und er glaubte, er müsse sie sofort noch einmal beichten." Derart hart fühlte er sich bedrängt, daß er wiederholt mit Selbstmordgedanken umging. Aus dieser bedrohlichen Lage fand er schließlich auf dem Wege der Unterscheidung heraus. Er erkannte das Ziel, auf das die Skrupel ihn hinführten. „Als Beschluß all dieser Gedanken überkam ihn ein Gefühl des Abscheus vor dem Leben, das er jetzt führte, und zugleich ein starker Drang, es ganz aufzugeben. Das war das Mittel, mit dem der Herr ihn gleichsam aus einem tiefen Schlaf erwecken wollte. Da er bereits einige Erfahrung über die Verschiedenheit der Geister aus den Unterweisungen gezogen hatte, die Gott ihm bisher gegeben hatte, begann er genauer zu überlegen, auf welche Weise jener böse Geist sich eingeschlichen hatte. Mit großer innerer Sicherheit war er nun entschlossen, nichts mehr aus dem vergangenen Leben zu beichten. So blieb er von jenem Tage an frei von derartigen Skrupeln, und er war davon überzeugt, daß unser Herr ihn aus Gnade und Barmherzigkeit davon befreit hatte."[25] Gleichzeitig fand er auch in dem, was Gebetszeiten, Schlaf und Nahrung anging, zu einem vom Ziel her geordneten Leben. Seine Erfahrungen aus der Bedrängnis der Skrupel faßte Ignatius in den *Geistlichen Übungen* unter dem Stichwort „Bemerkungen, um Skrupel und Überredungskünste unseres Feindes zu verspüren und zu verstehen"[26] zusammen.

Zeitlebens war Ignatius davon überzeugt, daß Gott ihn in Manresa in seine Schule genommen hatte. Außerordentlich nüchtern und differenziert skizziert der *Bericht des Pilgers* in fünf Punkten die Erleuchtungen des Heiligen. Aus dem letzten sei hier zusammenfassend zitiert. Auf dem Weg zu einer Kirche, eine Meile von Manresa entfernt, setzte er sich und blickte auf den Cardoner, der tief unten dahinfloß. „Wie er nun so dasaß, begannen die Augen seines Verstandes sich zu öffnen. Nicht als ob er irgendeine Erscheinung gesehen hätte, sondern es wurde ihm das Verständnis und die Erkenntnis vieler Dinge über das geistliche Leben sowohl wie auch über die Wahrheiten des Glaubens und über das menschliche Wissen geschenkt. Dies war von einer so großen Erleuchtung begleitet, daß ihm alles in neuem Licht erschien. Und das, was er damals erkannte, läßt sich nicht in Einzelheiten darstellen, obgleich es deren sehr viele waren. Nur daß er eine große Klarheit in seinem Verstand empfing. Wenn er im ganzen Verlauf seines Lebens nach mehr als zweiundsechzig Jahren alles zusammennimmt, was er von Gott an

Hilfen erhalten und was er jemals gewußt hat, und wenn er all dies in eines faßt, so hält er dies alles doch nicht für so viel, wie er bei jenem einmaligen Erlebnis empfangen hat. Dieses Ereignis war so nachdrücklich, daß sein Geist wie ganz erleuchtet blieb. Und es war ihm, als sei er ein anderer Mensch geworden und habe einen anderen Verstand erhalten, als er früher besaß."[27]

Den Grund für Gottes Hilfe sah Ignatius in seiner Unerfahrenheit, im Fehlen eines Lehrmeisters und in seinem festen Willensentschluß, ganz Gott zu dienen. Daran zu zweifeln, daß Gott ihn in die Schule genommen habe, wäre ihm als Beleidigung der göttlichen Majestät erschienen.[28] Die harten Erfahrungen, die er ohne Lehrmeister machen mußte, haben Ignatius zu seinem Beruf geführt, „den Seelen zu helfen", wie er dies im *Bericht des Pilgers* nennt. Zwar meint Ignatius damit zunächst allgemein die Mission, - das Motiv erscheint schon im Bericht über den Aufenthalt in Jerusalem[29], wo es sich auf die verbotene Mission unter den Mauren bezieht, - dann aber im besonderen auch die geistlichen Gespräche und *Geistlichen Übungen.* Seine Entschlossenheit, ganz Gott zu dienen, erweist sich fortan vor allem in seinem Verzicht auf eigene Vorsorge auf der Pilgerschaft. „Denn er wünsch(t)e drei Tugenden ganz zu besitzen: Liebe, Glaube und Vertrauen."[30] Dabei ist er jedoch stets bereit, auf Rat eines Beichtvaters oder Geheiß einer rechtmäßigen kirchlichen Autorität diesen Verzicht auf Vorsorge einzuschränken.

Eine weitere wichtige Erfahrung zur Ausprägung dessen, was Ignatius in den *Geistlichen Übungen* als Weg zur Unterscheidung und Entscheidungsfindung anbietet, bedeutete für ihn die Begegnung mit der Inquisition. Aus Jerusalem 1524 nach Spanien zurückgekehrt, studierte er in Barcelona, Alcalá und Salamanca. Wegen seines auffallenden Lebenswandels verdächtigte man ihn mit einigen Freunden, zu den Alumbrados zu gehören.[31] Er wurde Verhören unterzogen und verbrachte in Alcalá und in Salamanca je drei Wochen im Gefängnis. Beidemal wurde er freigesprochen. Jedoch legte man ihm und seinen Freunden in Alcalá auf, vier Jahre lang nicht über Glaubensfragen zu sprechen, bis sie mehr studiert hätten.[32] Ein ähnliches Urteil erging in Salamanca: Es finde sich „keinerlei Irrtum in ihrer Lebensweise oder in ihrer Lehre", sie könnten also wie bisher weiterarbeiten, „Christenlehre erteilen und über religiöse Dinge sprechen . . ., mit der einen Einschränkung jedoch, daß sie erst nach Ablauf von vier Jahren, in denen sie weiterstudiert hätten, entscheiden dürften: dies oder jenes ist eine Todsünde oder eine läßliche Sünde."[33] Diese Einschränkung schien ihm die Möglichkeit zu nehmen, „den Seelen noch wirklich nutzbringend helfen zu können“. Er entschied sich daher, zum Studium nach Paris zu gehen. Auch dort wurde die Inquisition zweimal auf ihn aufmerksam.[34] Das erste Mal wurde Ignatius von sich aus beim Inquisitor vorstellig, als er von einer Vorladung während seiner Abwesenheit bzw. von der Vorbereitung einer Anklage hörte. Er wollte seine Studien bzw. seine Reisepläne nicht durch Verfahrenstermine stören lassen. Nach einer weiteren Denunziation legte er im Blick auf seine Arbeit Wert auf ein abschließendes Urteil. „Da der Inquisitor dieses Ansuchen . . . ablehnte, ging er mit einem öffentlichen Notar und mit Zeugen zu seiner Wohnung und ließ über den ganzen Vorgang ein Protokoll aufnehmen.“[35] Später wurde in Venedig das Gerücht verbreitet, „sein Bild sei in Spanien und in Paris verbrannt worden“[36], so daß gegen ihn auch dort ein Prozeß angestrengt wurde, der mit einem Urteil zu seinen Gunsten endete. Auch in Rom hatte er anfangs mit ähnlichen Schwierigkeiten zu tun.[37]

Im Umgang mit der Inquisition bewährte sich die alte Welterfahrung des Heiligen. Wie selbstverständlich ließ sie ihn auch der Kirche mit Sinn für Realität begegnen. Gewiß stand er mit seiner realistischen Haltung gegenüber der Kirche zu seiner Zeit nicht allein. Viele Menschen teilten mit ihm eine nüchterne Betrachtungsweise der Kirche, wie die fast bestürzte Äußerung einer Dame andeutet, der Ignatius erklärte, seine Reise ginge nach Italien und Rom. „Nach Rom wollt ihr gehen? Ja, wer dorthin geht, kommt, ich weiß nicht wie, zurück!“ Ignatius kommentiert diese Erinnerung: „Damit wollte sie sagen, daß man in Rom kaum Fortschritte im geistlichen Leben machen könne.“[38] Der Realitätssinn allein hätte Ignatius wie manch andere[39] ebensogut zum Zyniker werden lassen können. Geschah dies nicht, so liegt das daran, daß sich bei ihm in geradezu einzigartiger Weise Realitätssinn und feste Entschlossenheit, Gott zu dienen, miteinander verbinden.

Beispielhaft deutlich wird diese Verbindung in der Erinnerung an die Vision von La Storta. „Als er eines Tages einige Meilen vor der Ankunft in Rom in einer Kirche weilte und dort betete, hat er eine solche Umwandlung in seiner Seele verspürt und so deutlich eine Schau gehabt, wie Gott der Vater ihn Christus Seinem Sohn zugesellt, daß er daran überhaupt nicht mehr zu zweifeln wagen konnte, Gott der Vater habe ihn Seinem Sohne zugesellt.“[40] Dies trug sich auf seinem endgültigen Weg nach Rom zu, wo er entsprechend dem Gelübde vom Montmartre sich mit den Pariser Gefährten dem Papst zur Verfügung stellen wollte, da die auf dem Montmartre gelobte Alternative einer gemeinsamen Fahrt nach Jerusalem sich als nicht durchführbar erwiesen hatte. Und Laynez ergänzt diesen Bericht über die Vision von La Storta: „Er sagte mir, es komme ihm vor, als habe ihm Gott diese folgenden Worte ins Herz geprägt: ‚Ego ero vobis Romae propitius.' (Ich werde euch in Rom gnädig sein.) Da unser Vater nicht wußte, was diese Worte bedeuten sollten, bemerkte er: ‚Ich weiß nicht, was mit uns geschehen wird, vielleicht werden wir in Rom gekreuzigt werden.'"[(41)]

Ignatius verhielt sich gegenüber der Behörde umsichtig, aber offen. In Alcalá verzichtete er auf einen Rechtsbeistand, denn er vertraute auf den, um dessentwillen er ins Gefängnis gekommen war, daß er ihn auch wieder daraus befreien würde, „wenn dies zu seinem Dienst gereicht"[(42)]. Das Urteil der kirchlichen Autorität respektierte er in den Grenzen ihrer Jurisdiktion. Im übrigen sah er in der prekären Situation sein Verlangen erfüllt, „von Liebe zu Gott ganz gefangen zu sein". „Dünkt Euch denn das Gefängnis das größte Unglück zu sein", fragte er eine Dame, die ihn dort besuchte. „Es gibt in Salamanca nicht so viele Handschellen und Fußfesseln, als daß ich nicht noch mehr aus Liebe zu Gott zu tragen verlangte."[(43)] Zugehörigkeit zur Kirche, Einsatz für die Kirche und Bereitschaft, möglicherweise auch in der Kirche unter deren Jurisdiktionsträgern für Christus zu leiden, gehören für Ignatius zusammen. Darin erweist sich seine originäre Verbindung von Realitätssinn und Gottesliebe. In den *Geistlichen Übungen* kehren die Erfahrungen mit der Inquisition in zweierlei Gestalt wieder: in den Regeln „für das wahre Gespür, das wir in der streitenden Kirche haben müssen" und in der Erwägung über die „dritte Weise der Demut".

Gegenüber der ihm vorangehenden Tradition zeichnet sich Ignatius nicht durch einen neuen Beitrag zur Theorie aus. Ignatius war und blieb ein Mann der Aktion. Er träumte nicht nur von Taten, er vermochte auch Träume in Taten umzusetzen. Seine Originalität und Bedeutung für die Geschichte der Spiritualität besteht nicht in der Theorie, sondern darin, daß er seine persönlichen Erfahrungen in den *Geistlichen Übungen* auch für andere nutzbar zu machen verstand. In der Weise aber, wie er dies tat, setzte er einen neuen Akzent in der Lehre von der Unterscheidung. Er stellte nämlich die Kriterien der Unterscheidung in den Dienst der Entscheidung, die derjenige suchen soll, der die *Geistlichen Übungen* macht.[(44)]

Die zu suchende Entscheidung, Ignatius nennt sie „Wahl", geschieht im Rahmen der Betrachtungen des Lebens Jesu. In ihnen wird das Evangelium als Ruf in die Nachfolge des durch Leiden verherrlichten Christus vorgestellt. Das Leitmotiv dieser Betrachtungen gibt Ignatius entsprechend der Vorstellungswelt seiner Zeit an. Er wählt ein Bild aus der Zeit der Conquista. Wer die *Geistlichen Übungen* macht, soll sich Christus als einen hochherzigen König vorstellen, dessen Ziel es ist, die Welt der Ungläubigen zu erobern. Unmißverständlich geläutert wird das Bild des Königs jedoch in der Beschreibung seiner Kriegsführung, die im Erleiden von Schmach und Armut besteht.(45) Ignatius appelliert an die Hochherzigkeit des Exerzitanten, dem Herrn, der seine Herrlichkeit in der Erniedrigung offenbart, zu folgen.

Mag die Sprache des ehemaligen Offiziers uns auf den ersten Blick nicht hilfreich erscheinen, so wird sie doch dem konflikthaften Charakter der Welt durchaus gerecht. Eine Betrachtung unserer Welt, in der unzählige Menschen, Gläubige wie Ungläubige, das Schicksal Christi erleiden, zu Tode geschunden werden, kann kein Paradies vollendeter Harmonie vorführen. Real ist vielmehr der Antagonismus zwischen den Gesetzen dieser Welt und dem Gesetz der Nachfolge Christi, ein Gegensatz, der schon in den Gottesknechtsliedern Jesajas und im Philipperbrief des Paulus erscheint. Diesen Antagonismus gibt Ignatius zu bedenken in der Besinnung „über zwei Banner, das eine von Christus, unserem obersten Hauptmann und Herrn, das andere von Luzifer, dem Todfeind unserer menschlichen Natur“(46). Die strategische Rede des „Anführers aller Feinde“, die dort skizziert wird, kann auch heute noch Geltung beanspruchen. Luzifer fordert auf, „Netze und Ketten auszuwerfen“. Seine Anhänger sollen „zuerst mit der Begierde nach Reichtümern in Versuchung führen, wie dies in den meisten Fällen zu geschehen pflegt, damit man leichter zu eitler Ehre der Welt gelange und danach zu gesteigertem Hochmut. So besteht also die erste Stufe in Reichtümern, die zweite in Ehre, die dritte in Hochmut. Und von diesen drei Stufen aus führt er zu allen anderen Lastern hin.“(47) Demgegenüber gibt Ignatius die Rede zu erwägen, die Christus, unser Herr, an alle seine Diener und Freunde richtet.(48) Darin wird im Kontrast zum Programm der Versklavung die christliche Freiheit betont. Christus „empfiehlt“ seinen „Dienern und Freunden“, „allen helfen zu wollen, indem sie sie - zuerst zu höchster geistlicher Armut und, wenn seiner göttlichen Majestät damit gedient ist und sie sie erwählen will, nicht weniger zur aktualen Armut bringen; - zweitens zum Wunsch nach Schmähungen und Geringschätzung; weil aus diesen beiden Dingen die Demut folgt. Es sollen also drei Stufen sein: - die erste Armut gegen Reichtum; - die zweite: Schmähung oder Geringschätzung gegen die weltliche Ehre; - die dritte: Demut gegen den Hochmut. Und von diesen drei Stufen aus sollen sie zu allen anderen Tugenden hinführen.“ Diese Besinnung läßt Ignatius mit einem dreifachen „Gespräch“ abschließen. Darin soll derjenige, der die Übungen macht, Maria, den Sohn und den Vater um

Aufnahme unter das Banner Christi bitten. Die dreifache Bitte erinnert an die Vision von La Storta, in der Ignatius sich vom Vater dem Sohn zugesellt erfuhr.

Der gesamte Aufbau der *Geistlichen Übungen* ist darauf ausgerichtet, zur Entscheidungsfindung zu disponieren und die erste Prüfung der Tragfähigkeit einer getroffenen Entscheidung zu ermöglichen. Bevor Ignatius in die Betrachtungen zur Wahl eintreten läßt, erinnert er zunächst denjenigen, der die Übungen macht, im „Prinzip und Fundament" daran, daß er als Geschöpf zur Gemeinschaft mit Gott berufen ist, um ihn sodann in Besinnungen über die Sünde seine Gottvergessenheit entdecken und Gottes unbegreifliches Erbarmen betrachten zu lassen. Den Betrachtungen des Lebens Jesu, die die Wahl begleiten, läßt Ignatius Betrachtungen des Leidens und der Auferstehung Jesu folgen. Was im „Prinzip und Fundament" zu Beginn der *Geistlichen Übungen* anklingt, wird am Ende in der „Betrachtung, um Liebe zu erlangen" ausgeführt. Der Betrachtende soll „schauen, wie Gott in den Geschöpfen wohnt"; erwägen, wie Gott in allen Dingen wirkt; „schauen, wie alle Güter und Gaben von oben herabsteigen". In Besinnung darauf darf er beten: „Nehmt, Herr, und empfangt meine ganze Freiheit, mein Gedächtnis, meinen Verstand und meinen ganzen Willen, all mein Haben und mein Besitzen. Ihr habt es mir gegeben; Euch, Herr, gebe ich es zurück. Alles ist Euer, verfügt nach Eurem ganzen Willen. Gebt mir Eure Liebe und Gnade, denn diese genügt mir."[49]

3. Die „Geistlichen Übungen" des Ignatius und die Perspektiven unserer Zeit

In unserer pluralistischen Welt, die einerseits immer differenzierter erscheint und doch gleichzeitig immer stärkere, fast unwiderstehliche Nivellierungstendenzen aufweist, erhält die ignatianische Spiritualität der Unterscheidung und Entscheidung neue Bedeutung. Da wird der einzelne in einem Maße vor die Wahl gestellt, wie es sich Ignatius wohl nicht hätte träumen lassen können. Und hier beginnen die Schwierigkeiten. Denn wie läßt sich der Rahmen für Unterscheidung und Entscheidung bestimmen?

Unterscheidung und Entscheidung ereignen sich im Leben des Ignatius und derer, die seine Übungen machen, nicht willkürlich, sondern im Horizont der konkreten Kirche. In der dreizehnten Regel „für das wahre Gespür, das wir in der streitenden Kirche haben müssen", formuliert

Ignatius in für uns kaum nachvollziehbarer Weise: „Wir müssen immer festhalten, um in allem das Rechte zu treffen: Von dem Weißen, das ich sehe, glauben, daß es schwarz ist, wenn die hierarchische Kirche es so bestimmt, indem wir glauben, daß zwischen Christus, unserem Herrn, dem Bräutigam, und der Kirche, seiner Braut, der gleiche Geist ist, der uns leitet und lenkt zum Heil unserer Seelen. Denn durch den gleichen Geist und unseren Herrn, der die Zehn Gebote gegeben hat, wird gelenkt und geleitet unsere heilige Mutter Kirche."[50] Peter Knauer verweist in einer Anmerkung zu seiner Übersetzung der *Geistlichen Übungen*[51] zu Recht darauf, daß es hier nicht um die Fehlbarkeit der Vernunft geht, sondern „um die paradoxe Struktur aller wirklichen Glaubensaussagen: Unter einer sichtbaren und als solche anzuerkennenden Wirklichkeit verbirgt sich die unsichtbare des Glaubens wie unter ihrem Gegenteil. So sieht man die menschliche Wirklichkeit der Kirche mit allen ihren Fehlern und glaubt die Gegenwart Gottes. Man sieht die Erniedrigung des Gekreuzigten und glaubt ihn als den Auferstandenen. Die Glaubensbotschaft kann nur deshalb Glauben finden, weil der gleiche Gott, der sich in Christus offenbart, schon immer im Gewissen jedes Menschen am Werk ist. Das Geheimnis der Kirche besteht darin, daß der Heilige Geist derselbe in Christus und in den Christen ist. Deshalb wird man Jesus Christus nur innerhalb der Gemeinschaft der Glaubenden gerecht." Dennoch bleibt die zitierte dreizehnte Regel problematisch, weil sie im Sinne falscher Obrigkeitshörigkeit mißverstanden werden kann. So müssen wir noch eingehender fragen: Trifft denn die von Peter Knauer vorgelegte spannungsvolle Deutung überhaupt das ursprüngliche ignatianische Verständnis?

Ihrem Ursprung nach ist die kirchliche Gesinnung des Ignatius zumindest nicht in erster Linie als Reaktion auf die damaligen Angriffe gegen die Kirche und ihre Einheit zu verstehen.[52] Sie gründet vielmehr, wie wir gesehen haben, in seiner glaubenden Erfahrung des Wirkens Gottes inmitten der realen Kirche. Am Anfang steht die Intention des Ignatius, Christus nachzufolgen. Diese Absicht findet erste Gestalt in der Gemeinschaft der Gefährten, die auf dem Montmartre geloben, in Armut und Keuschheit Christus, dem Herrn, nachzufolgen und nach Jerusalem zu gehen und, falls sich dies nicht erfüllen läßt, sich dem Papst zum Dienst zur Verfügung zu stellen. Wie grundlegend diese Unterstellung unter den Papst verstanden wird, zeigt sich an den Beratungen der Gefährten über die Frage, ob sie aus ihrer Gemeinschaft einen Orden bilden sollten und wie sich gegebenenfalls das Gelübde des Gehorsams im Orden mit der bereits übernommenen Verpflichtung gegenüber dem Papst vereinbaren ließe.

Wirkungsgeschichtlich hat diese einzigartige Bindung des von Ignatius gegründeten Ordens an den Papst die zentralistischen Tendenzen begünstigt, die im Gefolge der Ausweitung der Welt durch die Eroberungen und in Reaktion auf die Glaubensspaltung einsetzten. Jene Tendenzen erreichten einen ersten Höhepunkt auf dem 1. Vatikanischen Konzil und treten heute erneut stärker hervor. Dies ist aber nur die eine Seite. Denn der Pilgerbericht des Ignatius und die Gründungsgeschichte des Ordens zeigen, wie der Jesuitenorden auf die Initiative eines einfachen Kirchenmitgliedes zurückgeht und wie diese Initiative sich gleichsam von unten gegen Widerstände kirchlicher Autorität durchsetzen mußte. Der Sozialethiker Gustav Gundlach[(53)] sieht daher im Jesuitenorden „ein echtes Kind des ‚Individualismus' der neuen Zeit".

Denken und Fühlen mit der Kirche wirkt sich bis auf den heutigen Tag in der Haltung vieler Jesuiten aus, die Loyalität in Freiheit üben. Konkret wird diese Haltung immer wieder bedeuten, nicht nur um der Kirche willen Leiden in Kauf zu nehmen, sondern auch in der Kirche dem Gekreuzigten nachzufolgen. Loyalität und Freiheit begründen letztlich auch die dunklen und einander widersprechenden Bilder, die von Jesuiten entworfen wurden und die, wenn sie auch glücklicherweise oft nicht zutreffen, zumindest ständige Versuchungen andeuten: individualistischer Alleingang und revolutionärer Geist einerseits, blinde Gefolgschaft und restaurativer Geist andererseits. Die Gefahr der Mißverständnisse ist groß. Aber ist dieses Risiko nicht gering im Vergleich zu der Gefahr, daß wir den einzelnen auf einen Fall des allgemeinen reduzierend begreifen?

Wenn wir annehmen, daß ein jeder von Gott mit Namen aufgerufen ist, dann muß uns sehr daran gelegen sein, daß möglichst viele Christen sich bemühen zu erkennen, was Gottes Wille für ihre Person ist. Den Rahmen, in dem dies möglich ist, hat Ignatius in den *Geistlichen Übungen* aufgewiesen. Der Entscheidung Suchende unterscheidet die inneren Regungen, Trost und Mißtrost, von den Zielen her, zu denen sie ihn führen. Die Ziele werden bestimmt nach den Kriterien der Vernunft, des Glaubens, der Kirchlichkeit und des Gehorsams. Im Rahmen dieser Kriterien kann der einzelne die Regungen der Seele unterscheiden und somit den auf ihn gerichteten Willen Gottes erkennen und in der Wahl annehmen. Um die Zuordnung der genannten Kriterien zueinander zu veranschaulichen, gebraucht Albert Keller das Bild konzentrischer Kreise. So trägt „der jeweils äußere Kreis in dieser Festsetzung des menschlichen Ziels den inneren" und gibt ihm die Norm. „Daher kann auch in dieser Richtung, von außen nach innen,

Kritik angebracht ... werden, etwa im Namen des allgemeinen Sittengesetzes gegen kirchliche Gebräuche ...; in der umgekehrten Richtung könnte u. U. der Fall gedacht werden, daß etwa von einem bestehenden gesellschaftlichen oder kirchlichen Recht oder einer individuellen Einsicht her übersehene oder mißverstandene allgemeinmenschliche Normen ins rechte Licht gerückt oder ins Bewußtsein geholt werden ...“[54]

Was für den einzelnen gilt, dazu sind auch Gruppen in der Kirche aufgerufen. In den letzten Jahrzehnten hat die Gabe der Unterscheidung und Entscheidung z. B. in der Gesellschaft Jesu wie auch in anderen Ordensgemeinschaften und weiten Teilen der Kirche nicht zuletzt unter dem Einfluß der Christen aus der Dritten Welt zu einer vorzugsweisen Option für die Armen geführt. Ignatianische Spiritualität ermöglicht es, Kräfte, die uns bestimmen und binden, wahrzunehmen und zu unterscheiden. So kann sie zur Umkehr von Perspektiven führen, was nicht nur Beifall findet. Zur Spiritualität der Unterscheidung und Entscheidung gehört es daher auch, sich vermittelnd einzusetzen. Das „iuvare animas“ (den Seelen helfen) des Ignatius bedeutet dann, Entscheidungen anderer respektieren zu helfen.

Unterscheidung ist heute gefragt angesichts zunehmender fundamentalistischer, antimodernistischer Trends, die sich im Bereich der Kirche uniformierend und nivellierend und auf dem Feld der Politik simplifizierend und polarisierend auswirken. Innerhalb wie außerhalb der Kirche gilt es, die Versuchungen von Angst und Bequemlichkeit zu erkennen und ihnen zu widerstehen. Die Herausforderung der Kirchenführer besteht heute darin, in Überwindung ihrer Angst die Freiheit ihrer Gläubigen zu fördern.[55] Die Herausforderung an jene, die in der Welt führend sein wollen, liegt im Mut, sich fragen zu lassen, und in der Stärke, Fragen kreativ und gründlich aufzuarbeiten, statt sich in Gefälligkeiten des Augenblicks zu erschöpfen.

Anmerkungen

(1) Außer den zitierten Werken seien besonders erwähnt: L. Bakker, Freiheit und Erfahrung. Redaktionsgeschichtliche Untersuchungen über die Unterscheidung der Geister bei Ignatius von Loyola, Würzburg 1970; G. Platzbecker, Zielsetzung, Dynamik und Struktur der ignatianischen Exerzitien, in: A. Rotzetter (Hg.), Geist und Kommunikation. Versuch einer Didaktik des geistlichen Lebens, Zürich 1982, 225–232. Weitere bibliographische Angaben z. B. bei Jos. E. Vercruysse SJ, Ignatius von Loyola, in: Theologische Realenzyklopädie 16 (1987) 45–55, 54 f.

(2) Hugo Rahner erwähnt 7 Söhne und 4 Töchter: L. Matt/H. Rahner, Ignatius von Loyola, Würzburg 1955, 16.
(3) Vgl. ebd., 17.
(4) H. Rahner, Ignatius von Loyola und das geschichtliche Werden seiner Frömmigkeit, Graz [2]1949, 17.
(5) Vgl. Matt/Rahner (Anm. 2), 35.
(6) Ebd.
(7) Ebd., 45.
(8) Ignatius. Der Bericht des Pilgers. Übers. u. erl. v. B. Schneider, Freiburg [3]1977, 5.
(9) Matt/Rahner (Anm. 2), 45
(10) Ebd., 59.
(11) Ebd., 59 f.
(12) Zu den 4 Kriegen vgl. Auszug aus der Geschichte, hrsg. v. Verlag Plötz, Würzburg [28]1976, 860-863.
(13) Vorwort des Paters Nadal, in: Ignatius. Der Bericht des Pilgers (Anm. 8), 34.
(14) Vgl. Ignatius. Der Bericht des Pilgers (Anm. 8), 18 f.
(15) Ebd., 9 f.
(16) Ebd., 11.
(17) Ebd., Nr. 4, S. 43.
(18) Vgl. ebd., 137: Es handelt sich um die „Vita Christi" des Kartäusers Ludolf von Sachsen († 1378) und die Heiligenlegende „Flos Sanctorum" des Dominikaners Jakob von Viraggio († 1298).
(19) Ebd., Nr. 6, S. 44.
(20) Ebd., Nr. 8, S. 45 f.
(21) Ein Beispiel für die seinerzeit geltende Vorstellung bietet Thomas von Aquin in seiner Summa theologiae, wo er im Zusammenhang mit der Frage nach dem Einfluß Gottes auf den menschlichen Willen auch auf das Wirken der Engel zu sprechen kommt: „... intellectus hominis movetur ab angelo ex parte obiecti, quod sibi proponitur virtute angelici luminis ad cognoscendum; et sic etiam voluntas ab extoriori creatura potest moveri ..." (Ia IIae q. 9 a. 6 ad 2).
(22) Geistliche Übungen, Nr. 313. (Zitiert nach: Ignatius von Loyola, Geistliche Übungen und erläuternde Texte. Übers. u. erl. v. P. Knauer, Graz 1978).
(23) Ignatius. Der Bericht des Pilgers (Anm. 8), Nr. 14, S. 51.
(24) Ebd., Nr. 22-25, S. 58-61.
(25) Ebd., Nr. 25, S. 61.
(26) Geistliche Übungen (Anm. 22), Nr. 345.
(27) Ignatius. Der Bericht des Pilgers (Anm. 8), Nr. 30, S. 65 f.
(28) Vgl. ebd., Nr. 27, S. 63.
(29) Vgl. ebd., Nr. 45, S. 78.
(30) Ebd., Nr. 35, S. 69.
(31) Vgl. ebd., Nr. 58, S. 89.
(32) Vgl. ebd., Nr. 62, S. 93.
(33) Ebd., Nr. 70, S. 101.
(34) Vgl. ebd., Nr. 81 u. 86, S. 109 f. u. S. 114.
(35) Ebd., Nr. 86, S. 114.
(36) Ebd., Nr. 93, S. 119.
(37) Vgl. ebd., Nr. 98, S. 124.
(38) Ebd., Nr. 36, S. 70.
(39) Vgl. z. B. Giovanni Boccaccio, Il Decamerone: die zweite Geschichte des ersten Tages vom Juden Abraham, der aufgrund seiner negativen Eindrücke von Rom nach Paris zurückkehrt und Christ wird.
(40) Ignatius. Der Bericht des Pilgers (Anm. 8), Nr. 96, S. 122 f.

(41) Zitiert bei B. Schneider, in: Ignatius. Der Bericht des Pilgers (Anm. 8), 185.
(42) Ebd., Nr. 60, S. 91.
(43) Ebd., Nr. 69, S. 100.
(44) Joseph Pegon sieht mit Recht hierin die Originalität des Ignatius: Discernement des esprits. IV. Période moderne, in: Dictionnaire de Spiritualité ascétique et mystique 3 (1957) 1266–1281, 1271 f.
(45) Vgl. Geistliche Übungen (Anm. 22), Nr. 93 u. 98.
(46) Ebd., Nr. 136.
(47) Ebd., Nr. 142.
(48) Vgl. ebd., Nr. 146.
(49) Ebd., Nr. 234.
(50) Ebd., Nr. 365.
(51) Vgl. ebd., 152, Anm. 45.
(52) Vgl. B. Schneider, Die Kirchlichkeit des heiligen Ignatius von Loyola, in: J. Daniélou/H. Vorgrimler (Hg.), Sentire Ecclesiam, Freiburg 1961, 268–300, 293 f.
(53) G. Gundlach, Zur Soziologie der kath. Ideenwelt und des Jesuitenordens, zitiert ebd., 299.
(54) A. Keller, Zur „Unterscheidung der Geister“ in den ignatianischen Exerzitien, in: Geist und Leben 51 (1978) 38–54, 48 f.
(55) Vgl. V. Hofstetter OP, Die Angst, in: Neue Zürcher Nachrichten, 8. 4. 89.

MECHTHILD DREYER

Hildegard von Bingen – Geschichte des Selbst als Geschichte der Taten Gottes

I

„... nun wankt bei den Völkern der katholische Glaube, und das Evangelium erlahmt bei den Menschen, auch die kühnsten Bücher, die die erfahrensten Männer mit viel Eifer ausgetüftelt haben, sie triefen von schändlichem Ekel, und schon ist die Lebensspeise der heiligen Schriften lauwarm. Von daher spreche ich nun von den Schriften durch einen nicht beredten Menschen, der nicht von einem irdischen Lehrer unterrichtet worden ist; aber ich, der ich bin, trage durch sie neue und viele Geheimnisse (nova secreta et multa mystica) ausführlich vor, die bisher in den Büchern verborgen waren ..."(1)

Diese wenigen Sätze aus dem ersten Band der theologisch-philosophischen Trilogie Hildegards von Bingen (1098–1179) benennen in knapper Form einige der Elemente, die miteinander vermittelt das Eigentümliche ihrer Spiritualität kennzeichnen. Unter Spiritualität(2) verstehe ich dabei – um einen ersten Aspekt zu nennen – eine Reflexion und Praxis umgreifende Größe. Sie steht für eine Gestalt von Religiosität – im Fall Hildegards von Bingen: von christlich akzentuierter Religiosität – in der Weise gelebter Geistwirklichkeit bzw. in der Form geistiger oder geistlicher Existenz. Aufgabe einer solchen geistlichen Existenz ist es – und damit ist ein zweites Merkmal von Spiritualität genannt –, die natürlichen Vorgegebenheiten und das Wirken des göttlichen Geistes ebenso in bezug auf die eigene Person wie auf die sie umgebende Umwelt zur Harmonie zu bringen. Mit anderen Worten: Ziel geistiger Existenz ist es, die Wirklichkeit des sich offenbarenden Gottes mit der je eigenen Erfahrung und den gesellschaftlichen Strukturen bzw. der jeweiligen Situation zu vermitteln. Spiritualität läßt sich auf diese Weise als Antwort auf den Anspruch Gottes auffassen, der sich in allem kundtut. Sie erweist sich als Interdependenz von Selbst-, Welt- und Gottesverständnis in der Einheit von Reflexion und Praxis, also als die Einheitsklammer von Theologie und christlichem Leben.

Mit diesen drei Begriffen: Selbst- (II), Welt- (III) und Gottesverständnis (IV) ist der Leitfaden gefunden, anhand dessen der Frage nach der Spiritualität Hildegards nachgegangen werden soll. Die nachfolgenden Überlegungen beschränken sich darauf, einige wenige Aspekte des

Themas zu behandeln, wobei als Textgrundlage die theologisch-philosophische Trilogie Hildegards und ihre Briefe herangezogen werden. Ihre Kompositionen und Lieddichtungen sowie ihre natur- und heilkundlichen Schriften dürfen in diesem Zusammenhang unberücksichtigt bleiben.

Zuvor sei allerdings noch auf eine zweifache Schwierigkeit hingewiesen, die sich hinsichtlich der Interpretation Hildegards aus der von ihr gewählten Darstellungsform ergibt. Da ihr Zugang zur Wirklichkeit symbolistisch ist, ist ihre Betrachtung der zu behandelnden Gegenstände intuitiv. Hildegard isoliert die Gegenstände nicht methodisch voneinander, um sie je einzeln zu reflektieren, sondern setzt alles mit allem in ein Verhältnis. Eine Betrachtungsweise, die unter der Vorgabe bestimmter systematischer Stichworte die Spiritualität Hildegards zu erfassen versucht, ist daher zu einer sachlichen Begrenzung genötigt, die der genannten Eigenart ihres Werkes nicht ganz gerecht werden kann. Da die symbolistische Interpretationsweise Hildegards über den reinen Wort- oder Bildsinn hinaus zusätzliche Deutungsebenen des Vorgegebenen kennt, ohne diese jedoch im einzelnen zu entfalten, ergeben sich darüber hinaus Interpretationsprobleme, die dem Versuch einer vollständigen Rekonstruktion des von Hildegard Gemeinten unvermeidliche Grenzen auferlegen.

II

Der eingangs zitierte Text läßt deutlich das *Selbstverständnis* Hildegards erkennen: Hildegard sieht sich nicht als aus eigenem Antrieb handelnde Frau, sondern wesentlich als Instrument, als das Sprachwerkzeug eines Gottes, der den Menschen bisher nicht Bekanntes aus den heiligen Schriften kundtun will. Für diese Aufgabe scheint sie jedoch denkbar ungeeignet zu sein, da sie vorgibt, weder rhetorische noch theologische oder sonstige Bildung zu besitzen. Trotz dieser gravierenden Mängel, so heißt es, enthält ihre Botschaft für die Menschen mehr, als es die theologisch gelehrtesten Männer in ihren Büchern auszusagen vermögen.

Zieht man zu dieser Textstelle die Vorreden zu den Teilen ihrer theologisch-philosophischen Trilogie sowie einige Passagen aus ihren Briefen hinzu, in denen sie sich, allerdings nie sehr ausführlich, zu ihrer eigenen Person äußert,[3] so bestätigt sich das bisher von ihr Gesagte. Hildegard begreift sich als die einfältige, von zahlreichen körperlichen Leiden gezeichnete Frau, die das und nur das verkünden und niederschreiben soll, was sie hört und schaut. Gleichwohl aber ist ihr bewußt, daß auch dieses Wissen nur unvollkommen ist, da es unter den Bedingungen irdischer Begrenztheit empfangen wird.[4] Näher äußert sie sich in einem ihrer späten Briefe zu ihrem Charisma:[5] Seit ihrer Kindheit besitzt sie die Begabung, ein Licht zu schauen, in dem sich „Schriften, Rede, Kräfte und gewisse Werke der Menschen"[6] spiegeln. Wie sie auch an anderen Stellen ihres Werkes hervorhebt, ist diese Schau jedoch nie mit einem schlafähnlichen Zustand oder mit geistiger Entrücktheit verbunden, so daß sie das Bewußtsein für die Umwelt nicht verliert.[7] Alles was sie in der Schau sieht und hört, besitzt sie lange Zeit im Gedächtnis, so daß sie es dann auch niederschreiben kann. Befragt nach dem Zweck der schriftlichen Fixierung, geben die einzelnen Schriften ihrer Trilogie eine sehr ähnliche Auskunft: Die Abfassung geschieht allein darum, damit die Menschen Gott erkennen und ihrer Bestimmung gemäß leben.[8]

Um dieses Selbstverständnis zu deuten, bietet die einschlägige Literatur zwei Kategorien an, die je einzeln oder aber in gegenseitiger Ergänzung zur Charakterisierung Hildegards herangezogen werden. Es sind dies die Begriffe „Prophetin" und „Mystikerin".[9] Von den damit gegebenen Möglichkeiten der Typisierung muß eine gleichzeitige Inanspruchnahme beider Termini dann als nicht berechtigt ausgeschieden werden, wenn man von einem strengen Mystikbegriff ausgeht.[10] Legt man diesen Begriff zugrunde, so ist der Mystiker zum einen dadurch gekennzeichnet, daß er alles hinter sich läßt, um als Letztziel die Einigung mit dem Nicht-Ich in der Ekstase in der Schau Gottes zu empfangen, zum anderen dadurch, daß er aufgrund der Erfahrung der Schau die Loslösung von allen Bildern, ja das Schweigen als die einzig angemessene Haltung betrachtet. Dem Propheten dagegen geht es nicht um ein exklusives, von der Welt absonderndes Verhältnis zum Transzendenten, sondern um Vermittlung von Gott und Welt, um Übermittlung einer Botschaft Gottes in Wort und Tat an den Menschen. Das Prophetische ist in dieser Perspektive also dem Mystischen geradezu entgegengesetzt.[11] Auf der Grundlage des genannten strengen Mystikbegriffs bleibt für eine Einordnung Hildegards damit nur noch die Möglichkeit, sie entweder als Mystikerin oder als Prophetin zu verstehen.

Betrachtet man ihr eben skizziertes Selbstverständnis, wonach sie alle subjektiven Antriebe hinter sich zu lassen sucht, um bloßes Sprachinstrument Gottes zu sein, und berücksichtigt man ihre ausdrückliche Bekundung, daß ihre Visionen und Auditionen nie mit Zuständen geistiger Entrücktheit verbunden sind, ihnen also das Element der Einigung mit einem Nicht-Ich fremd ist, so ist im strengen Sinn eine

Charakterisierung ihrer Person als Prophetin die wohl angemessene. Von Hildegard als einer „Mystikerin“ zu sprechen, ist nur dann möglich, wenn man „Mystik“ in einem sehr weiten Sinn verwendet und vom Begriff „mysterium“ bzw. „mysticum“ (Geheimnis) ausgeht, den auch Hildegard, so beispielsweise in der eingangs zitierten Passage und an anderen Stellen benutzt(12). Sie ist dann insofern Mystikerin, als sie den Menschen Geheimnisse des Glaubens, bisher Verborgenes kundtun will.(13) Es stellt sich dann allerdings die Frage, ob dieses Moment nicht auch im Prophetischen eine zentrale Rolle spielt. Wenn in der gegenwärtigen Mystik-Literatur Hildegard zu den großen Mystikerinnen des Mittelalters gerechnet wird, so geschieht dies wohl aufgrund eines ebenfalls weiten Mystikverständnisses, das Mystik und Vision in einen notwendigen Zusammenhang bringt. In diesem Fall kann das Merkmal des Prophetischen als zusätzliche, dem Mystischen nicht widersprechende Kennzeichnung verstanden werden.(14)

Im Kontext der aktuellen Beschäftigung mit der Mystik wird ebenso wie im Zusammenhang mit der gegenwärtigen Mittelalterforschung die Frage nach einer spezifischen Frauenmystik oder Frauenfrömmigkeit gestellt. In bezug auf Hildegard wird hervorgehoben, daß sie, wie später Mechthild von Magdeburg, ausdrücklich ihr Frausein thematisiert.(15) In der Tat kontrastiert sie wie Mechthild die zeitgenössische Stereotype der weiblichen Schwäche mit Gottes gnadenhaftem Handeln an ihr durch die von ihm verliehene Gabe der Vision.(16) Allerdings geschieht dies bei Hildegard entsprechend ihrer Art, alles Individuelle zugunsten des ihr übertragenen prophetischen „Amtes“ zu vernachlässigen, nur andeutungsweise. Elisabeth Gössmann hat in diesem Zusammenhang hervorgehoben, daß den Frauen in einer Zeit, in der ihnen keine offizielle Lehrbefugnis zugestanden wird, nur der als Offenbarung erlebte visionäre Bereich bleibt, mit dem sie ihr autoritatives - und das heißt im Falle Hildegards - ihr prophetisches Sprechen legitimieren.(17) Unter dem Gesichtspunkt der Frauenfrömmigkeit ist ferner festzuhalten, daß Hildegards Wirken als Nonne und spätere Äbtissin in eine Blütezeit weiblichen Ordenslebens fällt, in der nicht nur die Zahl der Frauenklöster stark ansteigt und auch nichtadeligen Frauen der Eintritt erlaubt wird, sondern in der diese Konvente auch ausschließlich weiblicher Leitung unterstellt werden.(18) Die Gründe für diese Entwicklung sollen hier nicht im einzelnen untersucht werden. Von Bedeutung ist jedoch, daß die religiös motivierte Askese in dieser Zeit den Vorrang vor dem Leben in der Welt genießt, so daß der gottgeweihten Jungfrau in der Ständeordnung der Platz vor Witwen und Ehefrauen zugeteilt wird.(19)

Wie das zitierte Textstück aus dem Liber Scivias zeigt, gehört zum Selbstverständnis Hildegards nicht nur das prophetische Bewußtsein, sondern auch die bereits genannte Überzeugung, eine nur einfache, ungelehrte Frau zu sein, der jegliches irdische Wissen fremd ist.[20] Hildegard versteht sich als nur in der Seele unterwiesen, weil ihre Kenntnisse, insbesondere hinsichtlich der Schriftauslegung, ihr allein in Visionen und Auditionen zuteil werden.[21]

Infolgedessen sieht sie auch ihre Schriften nicht eigentlich als ihre genuinen Leistungen an, sondern als Werk dessen, der sich ihr in der Schau mitteilt. Wenn auch Hildegards beständiger Verweis auf ihre Unwissenheit das bloß Instrumentelle ihres Prophetenamtes einerseits und die Größe und Macht des sie beauftragenden Gottes andererseits deutlich hervorhebt, so steht doch in auffallendem Gegensatz dazu die Tatsache, daß ihre theologisch-philosophischen Schriften ebenso wie ihre natur- und heilkundlichen Werke auf eine weitgespannte und spezifische Bildungswelt schließen lassen. Liebeschütz erklärt diese Selbstbewertung zu einem guten Teil mit dem Hinweis auf religiöse Formenüberlieferung und Anschauungen, die Hildegard aufgrund der durch die Ordensregel vorgeschriebenen Lektüre von Texten zum frühchristlichen Mönchtum vertraut sind.[22] In diesen Schriften wird eine geistige Erkenntnisweise als vorbildlich geschildert, die weder die eigenen Verstandeskräfte zu ihrer Voraussetzung hat noch zu ihrer Darstellung rhetorisches Geschick verlangt. Vielmehr wird die Vorstufe dieser Einsicht in der Abwendung von der Vielfalt weltlicher Dinge und in der inneren Einkehr gefunden. In diesem Kontext wird dann auch das allegorische Schriftverständnis, das sich ja ebenso bei Hildegard findet, nicht theologischer Schulüberlieferung zugeschrieben, sondern dem Gnadenwirken Gottes, das jedem zuteil wird, dessen Glaubensleben gereift ist. Diese Selbststilisierung, nichts der eigenen Leistung, vielmehr alles der Gnade Gottes zu verdanken, bezieht sich bei Hildegard nicht nur auf ihre prophetische Aufgabe. Auch ihre Entscheidungen als Vorsteherin eines Frauenkonvents begreift sie als bloße Ausführungen göttlicher Anordnung.[23]

Ein weiteres Element ihres Selbstverständnisses und Sendungsbewußtseins ist in ihrer Überzeugung zu suchen, die Zeitläufte seien es, die ihr prophetisches „Amt“ erforderlich machten.[24] Sie sieht sich - und auch hier kann der eingangs zitierte Text als Beleg gelten - in einer Epoche leben, die von einer tiefgreifenden Krise gekennzeichnet ist.[25] Das Schisma, die anwachsende Ketzerbewegung, der Niedergang des Klerus, die Zerstörung des Gleichgewichts von Regnum und Sacerdotium, die Nichteinhaltung der Grenzen einer hierarchisch verfaßten

Gesellschaft, die allgemeine Verweltlichung, all das gehört für sie zur Signatur eines pathologischen Zeitalters, das sie in vielen ihrer Briefe mit scharfen Worten kritisiert. Wenn sie es als „tempus muliebre" (weibische Zeit) bezeichnet,[26] so deshalb, weil sie die Verkehrungen dieser Epoche in einem Zusammenhang sieht mit dem biblischen Sündenfall und infolgedessen mit dem Handeln Evas.[27]

Mit der ambivalenten Einschätzung ihres Jahrhunderts als einer gleichermaßen heilsgefährdeten wie einer endzeitlich bedeutsamen Zeit steht Hildegard jedoch nicht allein. Auch Rupert von Deutz, Otto von Freising und Gerhoch von Reichersberg teilen dieses Urteil. Darüber hinaus verbindet dieses eschatologische Bewußtsein Hildegard noch mit einer ganzen Reihe anderer, insbesondere deutscher Zeitgenossen, die man mit Alois Dempf zum „Deutschen Symbolismus des 12. Jahrhunderts" zählen kann.[28] Der Deutsche Symbolismus, der in der Literatur der (französischen) Scholastik gegenübergestellt wird, sucht im Gegensatz zu dieser das wahrhaft Wirkliche nicht auf wissenschaftlichem Wege, d. h. kritisch, diskursiv, in abstrahierender Sprache und systematisierenden Formen, zu gewinnen. Vielmehr versucht er nach Art der Dichtung, die jenseitige Wirklichkeit im Ausgang von der Natur und im Rekurs auf die Schriften beider Testamente zu erfassen. In diesem letzteren Bezugspunkt trifft er sich im übrigen mit der Scholastik. Der Deutsche Symbolismus läßt sich somit beschreiben als „die Sinndeutung von sichtbaren oder sonst der Erfahrung gegebenen Weltdingen, von Sachverhalten oder Beziehungen zwischen den Dingen auf eine diese Weltgegebenheit übersteigende, transzendente Wirklichkeit"[29]. Da den zu deutenden Gegenständen ein über den bloßen Wortsinn bzw. die faktische Bedeutung hinausweisender Charakter zugesprochen wird, gründen sowohl seine Bibelinterpretation als auch seine Auslegung von Natur und Geschichte auf demselben hermeneutischen Prinzip vom mehrfachen Sinn. Man fragt nicht, wie dies in der scholastischen Reflexion geschieht, nach den Wirkursachen und dem Endzweck des Ganzen, sondern „nach der Bedeutung der sinnreichen Ordnungen ... nach der Hindeutung auf das Nichtzufällige und Nichtsinnfällige, ... besonders auf die Formursache, das Vorbild der getrübten Nachbilder"[30]. Der hier aufgezeigte Gegensatz von Symbolismus und Scholastik (Dialektik), von Kloster und Schule ist nicht erst nachträglich konstruiert; er wird vielmehr von beiden Seiten selbst fast einhellig als Spannung, ja als Gegensatz zwischen Progressiven und Konservativen empfunden und geäußert. Vielleicht ließe sich auf dem Hintergrund dieses Gegensatzes von Schulwissenschaft und Klosterweisheit auch Hildegards Betonung der eigenen Ungelehrtheit - das bisher Gesagte ergänzend - als bewußte Abgrenzung gegen die Neuerer deuten. Die Berufung der nach den Maßstäben der Schule einfältigen Klosterfrau zur Prophetin wäre dann gleichermaßen als Bewährung monastischer Glaubensreflexion angesichts der Krise der Zeit zu verstehen wie als Absage an die neue Form der Glaubensauseinandersetzung.

III

Mit den Überlegungen zum Deutschen Symbolismus des 12. Jahrhunderts sind zugleich einige Aspekte genannt worden, anhand derer sich das *Weltverständnis* Hildegards charakterisieren läßt: Die Dinge der Welt verweisen zeichenhaft auf eine transzendente Wirklichkeit, die ausgehend von diesen Zeichen zu erkunden ist, weil sie für den Menschen sinnstiftend und daher heilsbedeutsam ist. Die Geschichte der Schöpfung ist auf eine Situation umfassenden Heiles ausgerichtet und hat zugleich in einer solchen auch ihren Ursprung. Zwischen diesen beiden Polen aber ist sie ein Miteinander von Heil und Sünde, von Erlösungsbedürftigkeit und Gnade.

Der Verlauf dieser Geschichte der Schöpfung ist der Gegenstand einer Reihe unterschiedlichster Visionen in der theologisch-philosophischen Trilogie Hildegards. In der Kosmosvision des Liber Scivias werden die einzelnen Elemente des Weltalls, seine Zonen, Gestirne und Winde, typologisch auf die Heilsgeschichte hin gedeutet. Demgegenüber greift das dritte Buch des Liber Scivias dasselbe Thema im Bild einer Stadt auf, die als Viereck mit Mauern, Türmen und Säulen angelegt erscheint. Die einzelnen Elemente dieses Bauwerkes symbolisieren die großen Gestalten beider Testamente und der Kirchengeschichte, die Trinität und die Inkarnation, die Gotteskräfte und die menschlichen Tugenden, göttliches und menschliches Tun, also all das, was in irgendeiner Weise an der Geschichte der Schöpfung mitbeteiligt ist. Eine solche Entfaltung der Elemente, die die Heilsgeschichte in ihrem Verlauf prägten, dient Hildegard ausschließlich zur Paränese. Die Kenntnis dieser Dinge, insbesondere aber das Wissen um die Verflechtung von Schuld und Heil, soll bei Hörern und Lesern zu einer Lebensführung beitragen, in der sie den Anfechtungen der Zeit zu widerstehen lernen und so in die Lage versetzt werden, der Bestimmung zum ewigen Heil zu folgen.

Nach Hildegard entsprechen Anfang und Ende der Geschichte der Schöpfung einander aber nicht nur hinsichtlich einer umfassenden Heilssituation, sondern zugleich auch in bezug auf fundamentales

Unheil, das dieser Situation folgt bzw. ihr vorausgeht. In den Visionen, die den Ursprung des Bösen und die Ereignisse der Endzeit zu ihrem Gegenstand haben, entspricht Luzifers erstmaligem Verlangen nach Gottgleichheit zu Beginn der Geschichte und seinem Abfall von Gott als dem Eintritt der Sünde in die Geschichte sein letzter Versuch am Ende, vor dem Jüngsten Gericht und der Parusie Christi, diese Gleichheit mit Hilfe des Antichristen zu erlangen. In beiden Fällen kommt in dem so beschriebenen Weltendrama der Menschheit insofern eine besondere Rolle zu, als mit ihrem Abfall von Gott die Macht des Bösen gefestigt wird. Infolgedessen bedeutet das Streben Luzifers nach absoluter Größe immer auch die Versuchung der Menschheit zum Bösen. Wie Hildegard herausstellt, geschieht dies zu Beginn der Geschichte durch die Versuchung der Stammeltern, im Zeitalter des Antichristen durch die Versuchung der Gläubigen. Das Auftreten des Bösen samt seinen Gefahren für die Menschheit gehört jedoch, was in der Ausdeutung der Visionen ausdrücklich betont wird, zum Heilsplan Gottes, dessen Geschöpf der Antichrist ebenso wie Luzifer ist.[31] Somit wird jeder gnostische Dualismus vermieden.

Für Hildegard steht das Zeitalter des Antichristen zwar noch aus, dennoch ist es notwendig, von ihm und allen anderen Ereignissen zu reden, die zur Endzeit gehören. Diese Zeit habe nämlich bereits begonnen. Ihr eigenes Zeitalter zählt sie bereits zur ersten von fünf endzeitlichen Epochen, die zwar von Zeiten des Friedens und der moralischen Erneuerung unterbrochen sind, aufs Ganze gesehen aber von einem tiefgreifenden sittlichen Verfall in allen Bereichen, selbst dem des kirchlichen Lebens, gekennzeichnet sind. Die Pflicht, auf diesen Verfall hinzuweisen und zur Umkehr aufzurufen, versteht Hildegard als die eine Funktion ihrer visionären Verkündigung. Die andere Aufgabe aber besteht darin, die Zeit des Antichristen als Phase größter Bedrängnis für die Gläubigen anzukündigen, damit diese bei ihrem Eintreffen nicht unvorbereitet sind und zugrunde gehen. Die Kirche werde dennoch aus dieser Situation stärker und kraftvoller denn je hervorgehen.[32]

Im Rahmen der Visionen zur Heilsgeschichte stellt die Kirche ein immer wiederkehrendes Thema dar.[33] Als „Braut Christi“ und „Mutter der Gläubigen“ – um zwei ihrer von Hildegard sehr häufig gebrauchten Epitheta zu nennen – ist sie das auserwählte Volk der durch Christus Erlösten und somit das Bollwerk gegen die Macht des Bösen. Wenn auch an vielen Stellen Reinheit und Heiligkeit der Kirche hervorgehoben werden und von ihrer Gottzugewandtheit gesagt wird, daß sie keine Verkehrung erfahren wird, so werden doch in den Visionen sehr deutlich auch die Gefahren erkannt, die ihr von innerhalb wie außerhalb drohen. Von außen werde die Kirche durch offene Feindschaft, Verfolgung und Ermordung ihrer Mitglieder bedroht. Die Mißstände, welche die Kirche von innen gefährden, greift Hildegard insbesondere in ihren Briefen an kirchliche Amtsträger scharf an: Es sind dies Simonie, Amtsmißbrauch und mangelhafte Erfüllung übertragener Aufgaben.

Mit der Welt, ihren Ordnungen und Elementen ist ein zweiter zentraler Gegenstand der theologisch-philosophischen Trilogie Hildegards bezeichnet.(34) Erweist die Welt sich auf der Literalebene der Visionen als ein eigenständiges Thema, so zeigt die sich anschließende Allegorese, daß sie in den Kontext der Betrachtungen zur Heilsgeschichte gehört. So werden die Welt und ihre Erscheinungen in der bereits genannten Vision des Liber Scivias auf die gesamte Heilsgeschichte hin ausgelegt und in der Fassung des Liber divinorum operum auf das Handeln des einzelnen Menschen und seinen Weg zum Heil.

In den Visionen dieser Spätschrift erscheint die Welt in der Gestalt eines Rades in der Brust der Gottheit. Im Zentrum des Rades steht der Mensch als Mittelpunkt der Erde und erscheint so gleichsam von der Welt und der Gottheit umgeben. Beide, Gott und Welt, bildet er in sich ab: den trinitarischen Gott, insofern er Seele, Vernunft und Körper hat, die Welt, insofern die anatomischen und physiologischen Funktionen seiner Körperteile und Organe den Funktionen der Elemente der Welt entsprechen.(35)

Hildegard begreift die Welt samt ihren Teilen als Kosmos, d. h. als geordnetes Ganzes, in dem Erde, Luft und Himmelskreise konzentrisch angeordnet sind. Die auf diesen Kreisen angeordneten Sterne und Planeten bilden zusammen mit den Winden ein ausgewogenes Kräfteverhältnis, in dem auch der Mensch als Mitte des Kosmos seinen festen Platz hat. Einerseits üben die verschiedenen Elemente der Welt insbesondere auf seinen Körper ihren Einfluß aus, andererseits beeinflußt aber auch der Mensch ihren Gang durch sein Handeln.(36) Mit der Ursprungssünde des Menschen ist auch die Welt in eine Situation des Unheils geraten. Weil durch die Sünde des Menschen die durch die Schöpfung vorgegebene Ordnung der Welt gestört ist, straft die Welt mit Katastrophen und Krankheiten den, dem sie ihrer göttlichen Bestimmung nach zugewiesen und unterworfen ist. Eine Erlösung von aller Schuld kann also nur dann wirksam werden, wenn sie Mensch und Kosmos gleichermaßen umgreift. Dennoch bleibt auch in einer Situation begrenzter Erlöstheit die Zuordnung der Welt zum Menschen als seines Werkzeuges bestehen, damit er mit ihrer Hilfe seine ihm gestellte Aufgabe der Gotteserkenntnis erfüllen kann.

Ebenso wie dem Kosmos der menschliche Körper als dessen Abbild gegenübersteht und beide mit ihren Kräften wechselseitig aufeinander wirken, so stehen nach Hildegard der menschlichen Seele, die in ihren Kräften dem menschlichen Körper entspricht, die am Kosmos ablesbaren virtutes gegenüber und wirken auf sie ein.[37] Mit „virtutes" sind nicht Tugenden im Sinn von Befähigungen gemeint, sondern aus der Gnade Gottes hervorgehende Kräfte. Sie stehen dem Menschen in seinem Handeln bei und können sich insofern in seinem Tun manifestieren. Der Mensch ist somit im Sinne der Visionen Hildegards gleichermaßen irdisches wie himmlisches Werk Gottes. Der Körper entstammt dem irdischen Bereich, was die Nähe zu den Sinnenwesen begründet, die Seele dem himmlischen Bereich, weshalb der Mensch den Engeln nahesteht. Der Seele ist eine natürliche Anlage zum Guten eigen; sie weiß von Gott und seiner Gerechtigkeit. Auch im Fall der Verfehlung des Menschen verliert sie dieses Wissen nicht, sondern treibt ihn vielmehr zur Umkehr an.

„Rationalitas" und „scientia" sind die beiden Seelenkräfte, die Hildegard sehr häufig nennt. Durch die „rationalitas" ist der Mensch von den anderen Geschöpfen der Erde unterschieden, sie erst ermöglicht ihm die Erkenntnis von irdischen und himmlischen Dingen. „Scientia" meint dagegen die erkennende, das menschliche Handeln ausrichtende Kraft. Als „scientia boni et mali", als Wissen von Gut und Böse, ist sie genauer als ein sich in gegenseitigem Gleichgewicht haltendes Kräftepaar zu verstehen, bei dem das Wissen um das Gute von Gott stammt und den Menschen auch auf ihn auszurichten versucht. Die „scientia mali" ist bei Hildegard einerseits der Ort des Bösen im Menschen, andererseits kann sie auch im positiven Sinn verstanden werden als das Wissen um das Böse und die Notwendigkeit, es zu meiden. Der ethisch nicht aufzulösende Widerspruch zwischen Gut und Böse ist also nach Hildegard bereits in der Seele angelegt und nicht erst das Ergebnis eines Gegensatzes zwischen Seele und Körper. Der Körper dient der Seele, damit sie ihre Werke vollbringen und sich entfalten kann. Auch wenn die Seele letztlich zur Leitung des Körpers bestimmt ist, muß sie dennoch als ihm gleichrangig angesehen werden, insofern sie nicht mehr in Angriff nehmen kann, als er prinzipiell durchzuführen vermag. Obwohl also Körper und Seele aufeinander angewiesen sind und miteinander wirken, stehen beide jedoch nach Hildegard in einem nicht aufzuhebenden Grundkonflikt. Während die Seele dem Himmlischen angehört und daher als unsterbliche beständig auf Gott ausgerichtet ist,

ist der sterbliche Körper für ein ununterbrochen gutes Handeln zu schwach. Für den Menschen ist dieser Widerspruch, dem er sein Leben lang unterworfen ist, gleichzeitig auch Chance und Heilsmöglichkeit. Er verhindert ebenso ungerechtfertigtes Vertrauen auf die eigenen Kräfte wie eine dauerhafte Verstrickung in irdisch-vergängliche Verhältnisse.

IV

Das wohl grundlegende Element des *Gottesverständnisses* eines prophetisch bzw. visionär begabten Menschen wie Hildegard ist das des gegenwärtigen, sich offenbarenden, nicht das des abwesenden, sich verbergenden Gottes. Gott tut ihr sich und seinen Willen kund. Genau aus diesem Sachverhalt leitet sich der - auch von der Kirche legitimierte - Anspruch ihres Werkes ab. In ihren Auditionen und Visionen werden von Hildegard zum einen die Offenbarungsträger selbst gehört und geschaut, d. h. Bilder - insbesondere vom Kosmos - und Stellen aus den Schriften beider Testamente, und zum anderen das, was Bilder und Schrift von Gott offenbaren, also die eigentliche Botschaft, die zu verkünden ist. Daß Schrift und Welt von Hildegard in diesem Zusammenhang immer wieder als Offenbarungsträger genannt werden, deckt sich auch mit den Grundaussagen ihrer theologisch-philosophischen Schriften. Im Liber Scivias gehört zu den Bestandteilen des Gebäudes, das das göttliche Heilswerk in seinen einzelnen Elementen repräsentiert, die „Säule des Wortes Gottes". [38] Von ihren drei Kanten symbolisiert eine das Alte Testament, eine das Neue Testament und eine die Werke der Kirchenväter. Es sind dies die drei Schriftgruppen, die in je unterschiedlicher Weise das Wort Gottes enthalten und daher zur wahren Gotteserkenntnis führen. Dem Neuen Testament kommt eine besondere Stellung zu, da es das Wort des fleischgewordenen Logos Gottes selbst enthält. Neben diesen Schriften ist nach Hildegard die Welt die zweite Offenbarungsquelle. Sie leitet gleichfalls zur Erkenntnis Gottes an, weil sie derselbe Logos Gottes geschaffen hat. [39] Schrift und Welt sind also die Träger derselben einheitlichen Offenbarung Gottes. Der Mensch kann deshalb ebenso aus der Betrachtung der Schrift wie der Weltordnung auf seine von Gott gegebene Bestimmung schließen, d. h. auf die ihm gemäße Ordnung im Wirken mit Gott, der Welt und den Mitmenschen.

Ein zweiter wichtiger Aspekt des Gottesverständnisses bei Hildegard und zugleich zentraler Inhalt der an sie ergehenden Offenbarung ist der Gedanke, daß dem Menschen innerhalb der gesamten Schöpfung von

Gott eine besondere Stellung zugewiesen ist und sich Gottes Heilshandeln demgemäß vor allem auf den Menschen bezieht. Unter diesem Aspekt lassen sich eine ganze Reihe ihrer zum Teil sehr unterschiedlichen Aussagen zusammenfassen: In ihrer Auslegung des Johannes-Prologs schreibt Hildegard, die Welt zeige wie eine Münze das Bildnis ihres Schöpfers. Gott aber habe den Menschen nach seinem Bild und Gleichnis geschaffen, und er habe ihn deshalb geschaffen, weil er selbst Mensch werden wollte.[(40)] An anderer Stelle des Liber divinorum operum heißt es: Nachdem im Urstand der Schöpfung ein Teil der Engel von Gott abgefallen sei, habe er sich den Menschen als zehnten Engelchor geschaffen, weil er Mensch werden wollte.[(41)] Beide Stellen lassen sich im Sinne der - im Mittelalter nicht häufig geäußerten - theologischen These von der absoluten Prädestination deuten, d. h., Gott wäre auch dann Mensch geworden, wenn der Mensch nicht gesündigt hätte. In anderen Zusammenhängen bemerkt Hildegard allerdings, die Erlösungsbedürftigkeit des Menschen sei Grund für die Inkarnation Gottes gewesen.[(42)] Aber selbst diese Deutung läßt sich im Sinne der genannten Grundüberzeugung Hildegards lesen. Auch in dieser Perspektive weist die Inkarnation nämlich dem Menschen im Handeln Gottes eine zentrale Position zu, insofern Gott um des Menschen willen handelt.

Diesem Heilshandeln Gottes widerspricht im übrigen, wie Hildegard eigens aufweist, auch nicht das Faktum von Sünde und Leid: Als Bild und Gleichnis Gottes ist der Mensch mit besonderer Herrlichkeit und Ehre ausgestattet. Um diese aber als beständig auszuweisen, bedürfen sie der Prüfung und der Bewährung durch das ihnen Entgegengesetzte, durch Versuchung zum Bösen und durch Leid.[(43)]

Ein drittes Moment, das entsprechend das Gottesverständnis Hildegards prägt, ist das der Größe bzw. Allmacht Gottes. Gerade im Blick auf die Schöpfungsgeschichte zeigt sich die Allmacht Gottes nicht nur darin, daß alles, was nicht Gott ist, sein Sein von ihm hat, sondern gerade auch darin, daß er vor aller Schöpfung alles Geschaffene vorhergewußt, vorhergeschaut und vorhergeordnet hat.[(44)] In Gott existieren alle Geschöpfe, bevor sie ihre raum-zeitliche Verwirklichung finden, zunächst als reine Form, wobei das im Vorherwissen Gottes Erscheinende von Hildegard mit dem Spiegelbild von Gegenständen im Wasser verglichen wird. Zum anderen manifestiert sich die Allmacht Gottes für Hildegard ebenso am Ende der Zeiten: Gott ist der Herr der Geschichte, insofern das Böse endgültig besiegt wird, dessen Existenz die Größe Gottes bezweifeln läßt, obwohl es in seinen Personifikationen Geschöpf Gottes ist.

Zur Gotteserfahrung Hildegards gehört aber nicht nur ein sich offenbarender, ein besonders an und mit dem Menschen handelnder und allmächtiger Gott. Gleichsam quer zur Entfaltung dieser drei Eigenschaften Gottes liegen ihre in unterschiedlichsten Zusammenhängen immer wieder formulierten Betrachtungen zur Inkarnation und Trinität als den beiden großen, für Hildegard miteinander verbundenen Heilsgeheimnissen. In dem bereits erwähnten Gebäude des Heiles aus den Visionen des Liber Scivias werden Inkarnation und Trinität durch zwei nahe beieinanderstehende Säulen symbolisiert. Die Position der „Säule der Trinität" vor derjenigen der Inkarnation wird von Hildegard damit begründet, daß der Glaube an die Inkarnation sich geschichtlich als Konsequenz der Bezeugung der Trinität darstellt.[45] Im Blick auf beide Glaubensaussagen betont sie ausdrücklich deren Unerforschlichkeit über das hinaus, was von diesen Geheimnissen im Glauben zugänglich ist.[46]

Die Trinitätsfrage[47] ist wohl das einzige theologische Problem, zu dem sie auch im Kontext einer Kontroverse Stellung bezogen hat. Ihre Position findet sich in einem Schreiben an einen Pariser Magister, der sie um eine Stellungnahme zu einer der umstrittenen Trinitätsthesen des Gilbert von Poitiers gebeten hat.[48] Gegen Gilbert erklärt sie, daß zwischen Gott Vater und seiner Vaterschaft kein Unterschied bestehe. Wer also leugne, daß Vaterschaft und Gottheit Gott ist, der verneine Gott selbst; denn alles, was in Gott ist, so fährt sie in ihrem Brief fort, ist Gott. Vater, Sohn und Heiliger Geist sind nach Hildegard, obgleich verschieden in den Personen, nicht unterschieden in ihrer Wesenheit, ihrer Macht und im Werk der Erlösung. Gott Vater offenbart sich durch den Sohn, den er zeugt, der Sohn durch die Geschöpfe, die durch ihn geschaffen worden sind, und der Heilige Geist durch die Menschwerdung des Sohnes.[49] Der trinitarische Gott stellt für sie erst Gott in seiner Fülle dar, ja, wenn eine der drei Personen fehlte, so schreibt sie im Liber Scivias, wäre Gott nicht.[50]

Das Thema der Inkarnation Gottes wird von Hildegard einerseits im Kontext der Erschaffung des Menschen reflektiert, andererseits im Zusammenhang der Frage nach Schuld und Erlösung. Im ersten Fall lassen sich ihre Aussagen - wie bereits erwähnt - im Sinne der absoluten Prädestination Christi lesen: Der Mensch wird erschaffen, weil Gott unabhängig vom Faktum des Sündenfalls Mensch werden will. Im anderen Fall ist der Grund der Inkarnation die Erlösungsbedürftigkeit des Menschen. Auf die Menschwerdung Gottes als den Höhepunkt der Heilsgeschichte verweisen ebenso die Botschaft der alttestamentlichen Propheten wie auch Beschneidung, Tieropfer und Gesetz.[51] Wie

Hildegard im Liber divinorum operum sagt, beginnt mit der Inkarnation ein neuer Zeitraum, insofern er nicht dem Fleisch, sondern dem Geist nach zum Leben führt.[52] Im menschgewordenen Gottessohn erst kommen die Gotteskräfte (virtutes) zu ihrer vollen Wirksamkeit. Durch Christus werden sie den Gläubigen zuteil, um ihre Erlösung wie den Aufbau des Corpus Christi mysticum zu bewirken.[53]

V

Stellt man im Anschluß an die vorgetragenen Überlegungen die Frage nach dem *Exemplarischen der Spiritualität* Hildegards von Bingen, so ist als ein erstes Moment die Ganzheitlichkeit zu nennen, die ihr Welt- wie ihr Gottesverständnis, aber auch ihre Persönlichkeit insgesamt kennzeichnet.

Die Dinge nie isoliert für sich zu sehen, sondern stets in ihrem Zusammenhang, das zeichnet die Perspektive aus, mit der sie die geschaffene Welt betrachtet. Gerade dieser Ansatz, wonach jedes Element im Kosmos seine ihm eigentümliche und durch nichts zu ersetzende Funktion hat und mit jedem anderen in einem wechselseitigen Wirkungszusammenhang eingebunden ist, erweist sich angesichts eines wachsenden Bewußtseins für die Probleme einer wissenschaftlich-technischen Segmentierung des Ganzen als überraschend modern und aktuell. Als beispielhaft, ja als richtungweisend muß auch Hildegards ganzheitliche Betrachtungsweise des Menschen selbst gewertet werden. Ihre positive Bewertung menschlicher Körperlichkeit sowie die Betonung des untrennbaren Miteinanders von Leib und Seele ermöglichen eine theologische Anthropologie ohne alle neuplatonischen Verengungen und Einseitigkeiten. Ganzheitlich ist auch der Zugang Hildegards im Bereich der Gottesfrage. Nicht das An-sich-Sein Gottes steht im Mittelpunkt ihrer Visionen, sondern stets Gottes Für-die-Welt-Sein. Zudem zeigt ihr Miteinander von schöpfungstheologischer und heilsgeschichtlicher Sicht ein sicheres Gespür für das Spezifische des christlichen Glaubens. Im Blick auf ihre Persönlichkeit schließlich ist es auch nicht der einzelne Charakterzug, der Hildegard zu einer beispielhaften spirituellen Existenz in ihrer Zeit werden läßt, sondern die Entfaltung einer vielfältigen Begabung, das Miteinander unterschiedlichster Eigenschaften. Sie ist Ordensvorsteherin und Heilkundlerin, Theologin und Naturforscherin, sie komponiert und hält öffentliche Predigten, sie ist ebenso Schriftstellerin wie Visionärin und all das unter großen Mühen und hoher körperlicher Anstrengung, oft gegen kirchlichen Widerstand und in einer Zeit schließlich, in der Frauen zahlreichen Beschränkungen unterworfen sind.

Zu diesem Moment der Ganzheitlichkeit, das als das Proprium der Spiritualität Hildegards die Einheitsklammer ihre Theologie und ihres Lebens darstellt, tritt aber noch ein zweiter bedeutsamer Aspekt hinzu, der Gedanke des Wirkens Gottes (opus dei)[(54)]. Es steht im Mittelpunkt all ihres Denkens und Tuns, wie sie selbst ihr Denken und Handeln als Wirken für Gott und durch Gott versteht, weshalb man aus der Sicht Hildegards die Geschichte ihres Selbst auch als eine Geschichte der Taten Gottes schreiben könnte.[(55)]

Anmerkungen

(1) Hildegard, Scivias p. 3 vis. 11 c. 18, edidit A. Führkötter, collaborante A. Carlevaris (= Corpus Christianorum Continuatio Mediaevalis XLIII), Turnholt 1978, 586.

(2) Vgl. dazu J. Sudbrack, Art. Spiritualität, in: Herders Theologisches Taschenlexikon 7 (1973) 115–130; ders., Art. Frömmigkeit/Spiritualität, in: Neues Handbuch theologischer Grundbegriffe 2 (1984), 7–16.

(3) Vgl. Hildegard, Epistolae, edidit J. B. Pitra, in: Analecta sacra VIII, Monte Cassino 1882, 331 ff.; dies., Epistola CXXVII, PL 197, 352C–353B; dies., Briefwechsel. Nach den ältesten Handschriften übers. u. nach den Quellen erl. v. A. Führkötter, Salzburg 1965, 25 f.

(4) Vgl. Hildegard, Epistolae, ed. Pitra 331; dies., Briefwechsel, ed. Führkötter 226.

(5) Vgl. dies., Briefwechsel, ed. Führkötter 226 f.; dies., Epistolae, ed. Pitra 331 ff.

(6) Vgl. dies., Briefwechsel, ed. Führkötter 227.

(7) Vgl. Hildegard, Scivias. Protestificatio, ed. Führkötter 4; dies., Liber divinorum operum, PL 197, 742B. – In der Genter Fassung, der ältesten Handschrift dieses Werkes, trägt die Schrift den Titel: De operatione Dei (Vgl. H. Schipperges, Einführung, in: Hildegard von Bingen, Welt und Mensch. Das Buch „De operatione Dei". Aus dem Genter Kodex übers. u. erl. v. H. Schipperges, Salzburg 1965, 10).

(8) Vgl. Hildegard, Liber divinorum operum, PL 197, 741B; dies., Scivias p. 2 vis. 1, ed. Führkötter 112; dies., Liber vitae meritorum, edidit J. B. Pitra, in: Analecta sacra VIII, Monte Cassino 1882, 1–244.

(9) Die Bezeichnung „Prophetin" für Hildegard findet sich u. a. bei: H. Liebeschütz, Das allegorische Weltbild der Hildegard von Bingen (= Studien der Bibliothek Warburg 16), Berlin 1930; M. Böckeler, „Der einfältige Mensch" – Hildegard von Bermersheim, in: Hildegard von Bingen, Wisse die Wege. Scivias. Ins Deutsche übertr. u. bearb. v. M. Böckeler, Salzburg 1954, 361–387; J. Koch, Der heutige Stand der Hildegard-Forschung, in: ders., Kleine Schriften (= Storia e letteratura. Raccolta di studi e testi 127), Rom 1973, 69–85; H. D. Rauh, Das Bild des Antichrist im Mittelalter: Von Tyconius zum Deutschen Symbolismus (= Beiträge zur Geschichte der Philosophie und Theologie des Mittelalters 9), Münster 1973, 478–482; B. J. Hilberath, Das Athanasianische Glaubensbekenntnis in der Auslegung Hildegards von Bingen. Bemerkungen zur Trinitätslehre, in: Theologie und Philosophie 63 (1988) 321–341. Die Deutung Hildegards als Mystikerin, Seherin und Prophetin findet sich u. a. bei: H. Schipperges, Einführung (Anm. 7), 12–15; zur Charakterisierung Hildegards als Visionärin: P. Dinzelbacher, Vision und Visionsliteratur im Mittelalter (= Monographien zur Geschichte des Mittelalters 23), Stuttgart 1981. Als Prophetin und Mystikerin wird sie u. a. bezeichnet von: Ch. Meier, Virtus und operatio als Kernbegriffe einer Konzeption der Mystik bei Hildegard von Bingen, in: M. Schmidt (Hg.), Grundfragen christlicher Mystik (= Mystik in Geschichte und Gegenwart I, 5), Stuttgart-Bad Canstatt 1987, 73–101; I. Riedel, Hildegard von Bingen, in: J. Thiele (Hg.), Mein Herz schmilzt wie Eis am Feuer. Die religiöse Frauenbewegung des Mittelalters in Portraits (= Wege der Mystik), Stuttgart 1988, 35–59; Sh. Shahar, Die Frau im Mittelalter, Königstein/Ts. 1981, 64–71. Als Mystikerin versteht E. Gössmann sie: E. Gössmann, Die Frau und ihr Auftrag, 2. veränd. Aufl., Freiburg/Br. 1965; dies., Hildegard von Bingen, in: M. Greschat (Hg.), Mittelalter I (= Gestalten der Kirchengeschichte 3), Stuttgart 1983, 224–237; dies., Das Menschenbild der Hildegard von Bingen und Elisabeth von Schönau vor dem Hintergrund der frühscholastischen Anthropologie, in: P. Dinzelbacher, D. R. Bauer (Hg.), Frauenmystik im Mittelalter, Ostfildern 1985, 24–47.

(10) Vgl. Koch (Anm. 9), 80.

(11) „In einem allgemeinsten Sinn darf Mystik als jene religiöse Erfahrungsebene gekennzeichnet werden, in der sich eine stringente Einheit zwischen Subjekt und Objekt dieser Erfahrung in irgendeinem noch näher zu bezeichnenden Sinn abzeichnet." [A. M. Haas, Was ist Mystik?, in: K. Ruh (Hg.), Abendländische Mystik im Mittelalter. Symposion Kloster Engelberg 1984 (= Germanistische Symposien-Berichtsbände 7), Stuttgart 1986, 319–341, 319 f.] Vgl. Koch (Anm. 9), 80 f.; J. Bernhart, Die philosophische Mystik von ihren antiken Ursprüngen bis zur Renaissance, ND Darmstadt 1980, 7–13.

(12) Vgl. Hildegard, Scivias p. 3 vis. 11 c. 18, ed. Führkötter 586; Protestificatio, ed. Führkötter 3–6; p. 2 vis. 6 c. 31, ed. Führkötter 260; p. 3 vis. 1, ed. Führkötter 327–330. Vgl. dazu P. Heidrich, Art. Mystik, mystisch I, in: Historisches Wörterbuch der Philosophie 6 (1984) 268–273.

(13) Vgl. im vorliegenden Band den Aufsatz von C. Bamberg, Glaubenserfahrung -Mode oder Ernstfall?

(14) Vgl. Gössmann, Menschenbild (Anm. 9), 24.

(15) Vgl. u. a. Hildegard, Scivias p. 2 vis. 1, ed. Führkötter 111 f.; dies., Briefwechsel, ed. Führkötter 25 ff.; dies., Liber divinorum operum. Epilogus, PL 197, 1037 f.

(16) Vgl. Gössmann, Menschenbild (Anm. 9), 25.

(17) Vgl. ebd., 26.

(18) Vgl. dazu E. Ennen, Frauen im Mittelalter, 3. überarb. Aufl., München 1987, 112–125. Hildegard hält als Äbtissin für ihre Konvente allerdings am Adelsprinzip fest; vgl. dazu A. Haverkamp, Tenxwind von Andernach und Hildegard von Bingen. Zwei „Weltanschauungen" in der Mitte des 12. Jahrhunderts, in: L. Fenske u. a. (Hgg.), Institutionen, Kultur und Gesellschaft im Mittelalter. Festschrift. J. Fleckenstein, Sigmaringen 1984, 515–548.

(19) Vgl. Ennen (Anm. 18), 115.

(20) Vgl. Hildegard, Scivias p. 2 vis. 1 ed. Führkötter 111 f. u. a.

(21) Vgl. Hildegard, Briefwechsel, ed. Führkötter 26.

(22) Vgl. dazu Liebeschütz (Anm. 9), 44.

(23) Vgl. Gottfried u. Dieter, Vita sanctae Hildegardis I c. 2, PL 197, 95–100.

(24) Vgl. Hildegard, Liber divinorum operum. Prologus, PL 197, 741 f. A–B.

(25) Vgl. dazu Rauh (Anm. 9), 489–496; Liebeschütz (Anm. 9), 136–146.

(26) Vgl. Vita S. Disibodi, edidit J. B. Pitra, in: Analecta sacra VIII, Monte Cassino 1882, 355; Hildegard, Epistola XIII, PL 197, 167A: „Nunc squalidum tempus muliebris formae est."

(27) Vgl. Gössmann, Menschenbild (Anm. 9), 38.

(28) Vgl. A. Dempf, Sacrum imperium. Geschichts- und Staatsphilosophie des Mittelalters und der politischen Renaissance, Darmstadt [2]1954; vgl. ferner Rauh (Anm. 9).

(29) Dempf (Anm. 28), 229.

(30) Ebd., 231.

(31) Vgl. Hildegard, Scivias p. 3 vis. 11 c. 26, ed. Führkötter 590 f.; dies., Liber divinorum operum p. 3 vis. 10 c., PL 197, 1032D.

(32) Vgl. Hildegard, Scivias p. 3 vis. 11 c. 1, ed. Führkötter 578.

(33) Vgl. ebd., p. 2 vis. 3-6, ed. Führkötter 133-306; p. 3 vis. 9, ed. Führkötter 514-544; dies., Liber divinorum operum p. 2 vis. 5 c. 18 ff., 44, PL 197, 918 f., 947-950 u. a.

(34) Vgl. zum Folgenden Liebeschütz (Anm. 9); H. Schipperges, Das Menschenbild Hildegards von Bingen. Die anthropologische Bedeutung von „Opus" in ihrem Weltbild (= Erfurter theologische Schriften 5), Leipzig 1961; ders., Anthropologische Aspekte im Weltbild Hildegards von Bingen, in: Trierer theologische Zeitschrift 74 (1965) 151-165; M. Klaes, Zur Schau und Deutung des Kosmos bei Hildegard von Bingen, in: A. Führkötter (Hg.), Kosmos und Mensch aus der Sicht Hildegards von Bingen (= Quellen und Abhandlungen zur mittelrheinischen Kirchengeschichte 60), Mainz 1987, 37-115.

(35) Vgl. Hildegard, Liber divinorum operum p. 1 vis. 1 c. 2, PL 197, 743B f.; p. 1 vis. 4, PL 197, 807 ff.

(36) Vgl. Hildegard, Scivias p. 1 vis. 2 c. 27, ed. Führkötter 32; dies., Liber divinorum operum p. 2 vis. 5 c. 15, PL 197, 914C; p. 1 vis. 4 c. 104, PL 197, 888A u. a.

(37) Vgl. zum Folgenden Klaes (Anm. 34), 102-115 sowie die dort angegebenen Belegstellen.

(38) Vgl. Hildegard, Scivias p. 3 vis. 4, ed. Führkötter 389-407.

(39) Vgl. Hildegard, Liber divinorum operum p. 1 vis. 4 c. 105, PL 197, 888D-892C.

(40) Vgl. ebd., PL 197, 896A.

(41) Vgl. ebd., c 102, PL 197, 886C.

(42) Vgl. Hildegard, Scivias p. 1 vis. 2 cc. 15,31, ed. Führkötter 24, 34; dies., Liber divinorum operum p. 1 vis. 4 c. 105, PL 197, 897D u. a.

(43) Vgl. Hildegard, Scivias p. 1 vis. 2 c. 29, ed. Führkötter 32 f.

(44) Vgl. Hildegard, Liber divinorum operum p. 1 vis. 4 c. 105, PL 197, 892A-B.

(45) Vgl. Hildegard Scivias p. 3 vis. 8 c. 9, ed. Führkötter 492.

(46) Vgl. ebd., p. 3 vis. 7 c. 1, ed. Führkötter 463; vis. 8 c. 9, ed. Führkötter 493.

(47) Vgl. dazu Hilberath (Anm. 9).

(48) Vgl. Hildegard, Epistola CXXVII, PL 197, 351D-353B.

(49) Vgl. Hildegard, Scivias p. 2 vis. 2 c. 2, ed. Führkötter 126.

(50) Vgl. ebd., p. 3 vis. 7 c. 9, ed. Führkötter 473.

(51) Vgl. Hildegard, Liber divinorum operum p. 3 vis. 7 c. 9, PL 197, 968D-970D.

(52) Vgl. ebd., PL 197, 968D f.

(53) Vgl. Hildegard, Scivias p. 3 vis. 8 c. 13, ed. Führkötter 495 f.

(54) Vgl. C. Bamberg, Hildegard von Bingen (1098-1179), in: dies., Unter der Führung des Evangeliums. Dem Gedächtnis Sankt Benedikts 480-1980, Würzburg 1980, 150-158.

(55) Vgl. Liebeschütz (Anm. 9), 163.

Gemma Hinricher O.C.D

„Über das, was ich aus Erfahrung weiß, kann ich sprechen“ – Erfahrung und geistliche Führung bei Teresa von Avila

Die beiden Elemente meines Themas - Erfahrung und geistliche Führung - scheinen mir wie Brennpunkte zu sein, in denen Leben, Persönlichkeit und Wirkungsgeschichte der hl. Teresa von Avila(1) eingefangen werden. - Beide Aspekte sind zutiefst aufeinander bezogen: Erfahrungsgewißheit schließt für Teresa ein, daß das von ihr Erfahrene anderen nützen könne. Umgekehrt bedeutet geistliche Führung für sie die Gabe, aus der Kraft ihrer Erfahrung mit der Führung Gottes dem anderen seine je eigenen Erfahrungen aufzuschließen und deuten zu helfen.

Dieser komplexe Zugang zu Teresa von Avila, der spanischen Mystikerin des 16. Jhs., ist hochaktuell. Es ist bekannt, und wir brauchen nur uns selbst zu befragen: der Hunger nach religiöser Erfahrung, nach tiefer Selbst- und Gotteserfahrung ist paradoxerweise ebenso offenkundig inner- und außerhalb der Kirchen wie der in unserer westlichen Welt scheinbar nicht aufzuhaltende Glaubensschwund. Es wächst aber auch gegenwärtig das Interesse an Mystik und an Mystikern als den Gott-Erfahrenen. Und die Suche nach dem Guru, dem Meister, dem Seelenführer, dem gesprächsbereiten Beichtvater zeigt ein Bedürfnis an, das Christen und Nicht-Christen gemeinsam ist. - Schließlich ist in der Kirche noch keineswegs ausgeschöpft, vieleicht kaum bewußt geworden, was die Anerkennung Teresas als Kirchenlehrerin durch Papst Paul VI. im Jahre 1970 bedeuten kann. Mit diesem Akt wurde - wie man es ausgedrückt hat - das weibliche Lehramt der Erfahrung dem theologischen Lehramt an die Seite gestellt. Die Suche nach dem Beitrag der Frau in der Kirche kann - im Blick auf Teresa - frei werden von Fixierungen und Lebensbereiche in der Kirche erschließen, wo auch heute die Erfahrenen gebraucht werden.

1. Teresas geistlicher Weg und ihr Selbstverständnis sind nur in ihrer Verflochtenheit mit den religiösen Strömungen Spaniens zu ihrer Zeit zu verstehen. Der geistesgeschichtliche Hintergrund macht erst deutlich, wie stark sich Teresa mit religiösen Anschauungen ihrer Zeit

auseinandersetzte, wie konkret ihre Antworten gemeint sind, wie sie gerade darum so lebendig und noch heute für uns interessant sind.

Das Spanien des 16. Jhs. war eine Welt überschäumender Vitalität; ich nenne als Stichworte die Entdeckung Amerikas 1492, die dieser spanischen Welt plötzlich globale Ausmaße verlieh; die gewaltsam erreichte Einigung der Nation, als deren Konsequenz jedoch die jahrhundertealte Symbiose von Christen, Mauren und Juden zerbrach (1492 fiel Granada, die letzte Festung der Mauren; die Juden mußten den christlichen Glauben annehmen oder wurden ausgewiesen; Teresas Großvater war ein zwangsweise bekehrter Jude, ein sog. Converso). Die Inquisition wachte als Kontroll- und Zuchtmittel über die Erhaltung der religiösen Einheit, in der die katholischen Majestäten zugleich den Garanten der gerade gewonnenen politischen Einheit sahen. Im Gegensatz zu der zentralistischen politischen Macht, die im Bund mit den Vertretern der Kirche auch das kirchlich-religiöse Leben zu kontrollieren suchte, bietet Spanien ein ungeheuer bewegtes Bild religiöser Kräfte und Strömungen mit z. T. weitreichenden Wirkungen. Ein Verlangen nach tiefer Frömmigkeit hatte das Volk selbst ergriffen und durchdrang das gesamte Leben. Grundlage dieses geistlichen Aufbruchs war der Ruf nach Innerlichkeit, die Übung des persönlichen inneren Betens und eine starke Hinneigung zu den höheren Stufen des mystischen Lebens. Mystik war zum allgemeinen Tagesgespräch geworden.

Diese geistliche Wiedergeburt wurde gestützt von der sog. Spanischen Katholischen Reform, die schon vor dem Konzil von Trient einsetzte und vor allem durch das Wirken des energischen Kardinals Cisneros vorangetrieben wurde. Die ersten dreißig Lebensjahre Teresas verlaufen parallel zu dieser Phase der Katholischen Reform. So gingen der Ordensreform Teresas die Reformbewegungen voraus, die mit dem neu gegründeten Orden des Ignatius von Loyola und mit den alten Orden der Benediktiner, Franziskaner und Dominikaner verknüpft waren. Durch die Erfindung der Druckerpresse kamen die Menschen an eine Fülle geistlicher Literatur. Besonders durch die Initiative des Kardinals Cisneros wurden viele Übersetzungen angefertigt. Auch die Ideen der Humanisten und der Reformation drangen auf diesem Weg in Spanien ein. Das Ergebnis war die wechselseitige Durchdringung und Befruchtung vieler dieser Ideen.

Aus dem Ausland griffen verschiedene religiöse Strömungen auf Spanien über: aus den Niederlanden eine pietistische Richtung, aus Florenz die apokalyptisch-visionäre Predigt des Savonarola; beide

Strömungen fanden in Spanien Anhänger, besonders unter den Frauen sowie bei den Franziskanern. Sehr bald entwickelte sich aus diesen beiden religiösen Strängen eine große Bewegung, die faktisch alle religiösen Impulse der Epoche in sich aufsog. Es ist die Bewegung der *Alumbrados,* der Erleuchteten. Auch der Humanist Erasmus von Rotterdam beeinflußte mit seiner Betonung der Innerlichkeit und seiner Kritik an äußeren Formen und Zeremonien in der Kirche diese Bewegung. Im übrigen ist der Name „Alumbrados" Sammelbezeichnung für die verschiedensten religiösen Gruppierungen und geistigen Strömungen: Die kirchliche Erneuerung in Spanien ist ohne die Alumbrados nicht zu denken; aber auch zweifelhafte bis häretisch-sektiererische Gruppen wurden zu ihnen gezählt.

Im Laufe der Zeit prägten sich zwei Richtungen stärker aus: Die *recogidos,* wörtlich: die „Gesammelten", waren vor allem in den Orden verbreitet. Ihre Anstrengungen richteten sich darauf, eine Technik des inneren Lebens und des inneren, wortlosen Betens zu entwickeln, um so die Menschen zur völligen Losschälung des Geistes und zur Vereinigung mit Gott zu führen. Die Anhänger dieser Richtung wurden „Geistliche" oder „Männer der Erfahrung" genannt. Viele von ihnen waren Franziskaner. Ein Franziskanerbruder, Francisco de Osuna, gab der Bewegung ihre theoretische Grundlage in dem sog. „Dritten geistlichen ABC". Dieses Buch übte auf Teresa einen entscheidenden Einfluß aus und half ihr bei ihren ersten Gehversuchen im inneren Gebet. Eine andere Richtung, genannt die *dejados,* wörtlich: die „Losgelassenen", forderte innere Losschälung und Selbstentäußerung und betonte die Wichtigkeit der Passivität und der inneren Eingebungen im Gebet.

Die Alumbrados sind im Kern zu anderen illuministischen Strömungen zu zählen, die das Schwergewicht der Spiritualität auf das innere Gebet, auf Kontemplation und auf mystische Phänomene legen. Osuna, aber auch Teresa sind in diesem Sinn zu den Alumbrados zu zählen. Aber die Gefahr zu Fehlentwicklungen, zu Übertreibungen und Einseitigkeit in den Anschauungen und der religiösen Praxis waren bei den Alumbrados gegeben. Damit ist bereits angedeutet, wie schwierig es für Teresa war, selbst über ihren Weg Klarheit zu gewinnen und sich gegenüber Fehlentwicklungen der Alumbrados abzugrenzen.

Zum Beispiel lag für die Alumbrados verschiedener Schattierungen die Versuchung nahe, durch die Überbetonung des inneren Gebetes sich von allem anderen – von Werken der Buße, der Askese, der Tugendübung – für dispensiert zu halten. Man ging so weit, daß man um der inneren Sammlung willen alle inneren und äußeren Akte zugunsten einer völligen Passivität fallenlassen sollte; man sollte sogar vermeiden, an Christus in seiner Menschheit zu denken. Das alles würde die Vereinigung mit Gott stören. Wer den Zustand der Vereinigung mit Gott durch Passivität und Hingabe erreicht habe, könne nicht mehr sündigen.

Wie stets führten solche unqualifizierten Lehren zu moralischen Verirrungen und boten der Inquisition Anlaß zum Einschreiten. Auch konnte es kaum ausbleiben, daß das Interesse an mystischen Phänomenen bei manchen Alumbrados zu einer wahren Sucht ausartete. Einzelne Visionärinnen hatten einen großen Zulauf, wurden aber von der Inquisition wegen häretischer Lehren verurteilt. Besonders bekannt wurde der Fall einer Klarissin, Magdalena vom Kreuz, die als Heilige, Büßerin und Visionärin galt; Bischöfe und Könige zählten zu ihren Vertrauten. Sie bekannte vor der Inquisition, daß sie im Pakt mit dem Teufel stand und alle getäuscht hatte. – Diese Erfahrung war ein Schock für das religiöse Spanien; die Furcht, in Gebetserfahrungen und mystischen Erlebnissen vom Teufel getäuscht zu werden, verbreitete sich überall; auch Teresa wird darunter leiden, wie auch unter der Skepsis von Beichtvätern und theologischen Beratern.

Sie sagt dazu in ihrer Autobiographie: „Da zu dieser Zeit andere Frauen schlimmen Illusionen und Täuschungen des Teufels zum Opfer gefallen waren, überkam mich Angst. Ich erfuhr wunderbare Tröstungen und Freude, und zugleich nahm ich mit größter Gewißheit wahr, besonders während des Gebetes, daß diese Freuden von Gott kamen. Aber nach einer kleinen Zerstreuung kamen Angst und Unsicherheit, ob nicht der Teufel mich veranlassen wollte, meine Verstandeskräfte zu unterdrücken, indem er mich glauben machte, diese Erfahrungen seien gut. Diese Angst nahm derartig zu, daß ich mich ernstlich daran machte, nach geistlichen Beratern zu suchen“ (Leben 23,2).

Es kam so weit, daß ihr Beichtvater vor ihr gewarnt wurde. Sie schreibt: „Ich fürchtete, daß ich niemanden mehr finden würde, der bereit wäre, meine Beichte zu hören, sondern daß alle vor mir davonlaufen würden“ (Leben 28,13).

Auf der Suche nach dem geeigneten Beichtvater und geistlichen Berater gerät Teresa in die Konfrontation mit zwei total gegensätzlichen Konzepten von der Aufgabe eines Seelenführers. Dieser Gegensatz beruhte auf der Kluft zwischen Glaubenserfahrung und Theologie, die sich bereits Ende des 14., Anfang des 15. Jhs. anbahnte: auf der einen Seite ein einseitiger Intellektualismus in der Theologie, die die Neigung entwickelte, sich in Spitzfindigkeiten zu verlieren; demgegenüber der Strom mystischer Erfahrung und einer stärkeren Betonung des religiösen Subjekts und seiner Affektivität. Die Entfremdung wuchs und traf in Spanien im 16. Jh. auf die bestehenden Fronten: auf der einen Seite die dominikanischen Theologen, die für die Inquisition die Argumente lieferten, auf der anderen Seite die mystisch Erfahrenen. Auf den Bereich der Seelsorge (wie wir heute sagen würden) zugespitzt, standen sich die Gelehrten oder Intellektuellen und die Spirituellen oder Erfahrenen gegenüber.

Das geistliche Schrifttum des 14. und 15. Jhs. zeigt in seiner antiwissenschaftlichen, antischolastischen Einstellung, wie tief der Bruch war. Im 16. Jh. wird die Entfremdung zur Gegnerschaft; das Ergebnis ist die Trennung von Theorie und Praxis des religiösen Lebens, von mystischer Erfahrung und Lehre. Teresa unterscheidet zwischen gelehrten Männern, den Theologen, und geistlichen Männern, Männern der Spiritualität und der mystischen Erfahrung. – Wir werden noch darauf zu sprechen kommen, wie sie sich in diesem Streit zwischen den Fronten bewegt, wie nuancenreich auch ihre Empfehlungen bezüglich der Wahl der geistlichen Führer sind.

Die Männer der theologischen Wissenschaft mißtrauten dem Gebet und sprachen abfällig über das mystische Leben, besonders der Frauen. Sie denunzierten bei der Inquisition die Bücher, die diese Themen behandelten. Umgekehrt sahen die Männer der Spiritualität auf die Theologen herab, die sich ihrer Meinung nach im Buchstaben des Gesetzes auskannten, während ihnen der Geist fehlte. Sie erklärten die Theologen für unfähig, Menschen im geistlichen Leben zu führen.

Zwei bedeutende Vertreter der „Gelehrten" waren der Dominikaner Melchior Cano und der Großinquisitor und Erzbischof von Sevilla, Fernando de Valdés. Cano lehrte, daß das innere Gebet eine Gefahr nicht nur für die Kirche, sondern auch für den christlichen Staat sei. Seine Begründung lautete, daß man sich nicht zugleich dem aktiven und dem passiven Leben hingeben könne; daß demnach Kollegs und Universitäten geschlossen werden müßten, wenn sich alle dem Gebet hingeben würden! 1559 veröffentlichte Fernando de Valdés einen Index verbotener Bücher, die sich mit dem Gebet befaßten. Sehr beliebte geistliche Bücher von zeitgenössischen spanischen Autoren wie auch Übersetzungen klassischer geistlicher Schriftsteller waren darunter: der hl. Francisco de Borja, der zweite General der Jesuiten, der hl. Juan d'Avila, der genannte Osuna, Tauler, Dionysius der Kartäuser. Viele der betroffenen Autoren gehörten zu Teresas Lieblingsschriftstellern.

Dies war die geistig-religiöse Landschaft, in der Teresa ihren mystischen Gebetsweg zu entdecken begann wie auch den Auftrag, andere auf diesen Weg zu führen. Trotz Inquisition und Index, trotz Verdächtigungen und Unverständnis, trotz eigener Zweifel und Ängste hielt Teresa – damals noch eine unbekannte Nonne im Karmel von der Menschwerdung in Avila – an der zentralen Bedeutung des inneren Gebetes fest. Sie sah darin die Quelle alles Guten, das Gott in ihr wirkte. Die Erfahrung hatte ihr zudem gezeigt, was es bedeutete, sich vom Gebet abzuwenden: es war, als würde sie vor Gott die Tür verschließen, der doch darauf wartete, sein Leben mit ihr zu teilen.

2. Was ist für Teresa das „innere Gebet“? Ich kann im folgenden Teil nur kurz darüber handeln; im Wesentlichen möchte ich Teresa selbst auf diese Frage antworten lassen, ohne daß ich ihre Gebetslehre inhaltlich vertiefen kann.

„Inneres Gebet“ nennt sie ihre Weise der Begegnung mit Gott, für die sie viele gewinnen möchte. Der Ausdruck ist zu ihrer Zeit geradezu ein Modewort, wird jedoch von Teresa neu gefüllt. Im Unterschied etwa zu Francisco de Osuna versteht sie unter dem inneren Gebet nicht eine bestimmte Gebetsstufe, sondern eine innere Einstellung, die der personalen Beziehung zu einem ‚Du‘.

Nur das „innere Gebet“ verdient in den Augen Teresas wirklich den Namen „Gebet“. Zugleich enthält es die Elemente der höchsten Beschauung. Es ist das Bedenken, „wer der ist, mit dem ihr redet, und wer ihr seid . . .“ (Weg 22,1). Dieses Bedenken ist bei Teresa immer schon Begegnung mit dem Herrn, der zugleich Freund ist. „Obwohl er der Herr ist, kann ich doch mit ihm umgehen wie mit einem Freund“ (Leben 37,5). Das ist der Kern ihrer Lehre vom Gebet. „Das innere Gebet ist meiner Ansicht nach nichts anderes als Umgang und vertraute Zwiesprache mit einem Freund, mit dem wir oft und gern allein zusammenkommen, um mit ihm zu reden, weil wir wissen, daß er uns liebt“ (Leben 8,5).

Gebet ist Begegnung, freundschaftlicher Umgang mit Gott, Lebensvollzug. Der Mensch darf sich ganz dieser Freundschaft hingeben, mit allem, was zu seinem Menschsein gehört: „Ich kann mit ihm umgehen wie mit einem Freund . . .“ (Leben 37,5). Gott zum Freunde haben und Freund Gottes sein dürfen, ist nichts Punktuelles, nicht etwas, das sich nur in den „Unterhaltungen“ der Freunde verwirklicht. Freundschaft umgreift die ganze Existenz, sie ist die Vertrauensbasis, auf der der Umgang mit dem Freund sich ausdrücken und vertiefen kann. Dabei spielt das affektive Moment eine vorherrschende Rolle. „Will man auf diesem Weg (des Gebetes) gut vorankommen . . ., geht es nicht darum, viel zu denken, sondern viel zu lieben; darum sollt ihr das tun, was euch mehr zur Liebe anregt“ (Seelenburg IV 1,9). So rät Teresa den Lesern der „Inneren Burg“, ihres mystischen Hauptwerkes im Kapitel über die vierte Wohnung, mit einem deutlichen Seitenblick auf die „Viel-Denker“, die gelehrten Theologen.

Teresa ist darauf bedacht, ihre Lehre vom inneren Gebet gegenüber den Gelehrten wie den Alumbrados abzugrenzen. Trotz mancher Gemeinsamkeiten und Berührungspunkte mit letzteren trägt der Weg des inneren Gebetes bei Teresa unverwechselbar eigene Züge: Da ist der christologische Akzent, den Teresa vehement verteidigt: „Mein ganzes Leben lang habe ich Christus so sehr verehrt“, bekennt sie in der „Vida“ (Leben 22,4). Sie liebt Christus seiner Gottheit und Menschheit nach, vor allem sieht sie ihn als wahren Menschen. „Da ist nun Christus ein sehr guter Freund für uns; denn wir sehen ihn als Menschen, wir sehen ihn in Schwachheit und Leiden, wir haben ihn also zum Gefährten“ (Leben 22,10).

Die „Humanidad Sacratisima“ durchzieht die ganze Gebetserfahrung Teresas. Durch die „heiligste Menschheit“ des Erlösers trägt Gott selbst ein menschliches Antlitz, wird er dem Menschen als Freund vertraut. Teresas Lehre vom Gebet als dem vertrauten Umgang mit dem Freund ist als Frucht ihrer Christozentrik anzusehen.

Sie setzt sich von der herrschenden theologischen Lehrmeinung ab, wenn sie schreibt: „Man meint, wenn man die Anfangsstadien (des geistlichen Lebens) bereits hinter sich habe, sei es besser, über die körperlichen Dinge hinwegzugehen und sich nur mit der Betrachtung der Gottheit zu befassen; man wird mich jedoch nie dazu bringen zu behaupten, dieser Weg sei gut . . .“ (Seelenburg VI 7,5).

Ein weiteres unterscheidendes Merkmal der Gebetslehre Teresas sehe ich in der Betonung der „Gratuidad“, des Geschenkcharakters. Teresa vermeidet alles, was den Eindruck erwecken könnte, als ließe sich durch planmäßiges Vorgehen oder subtile Techniken die Nähe Gottes in Erfahrung überführen.

Stattdessen fordert sie, entgegen dem quietistischen Zeitgeist, andere Voraussetzungen, um von Gott auf dem Weg des inneren Gebetes geführt zu werden: Entschlossenheit, Jesus nachzufolgen, den Weg des Kreuzes zu gehen, das Bemühen um Demut und Wahrheit, echtes Loslassen, Geduld, Freiheit, Nächstenliebe, vor allem die grundlegende

Bereitschaft zum Gehorsam gegenüber dem Willen Gottes. Man könnte auch sagen: sie fordert ein entschiedenes Christsein. Dieser aktive Zug bricht bei Teresa selbst auf dem Gipfel mystischer Erfahrungen durch. Bezeichnend ist ihr Ausruf in der „Inneren Burg“ im Kapitel über die siebte Wohnung der vollkommenen Gotteinung: „Werke will der Herr, Werke!“ (Seelenburg VII 4,6). - Werke der Liebe und des Dienstes, die den Menschen nötigen, aus sich herauszugehen und sich selbst zu vergessen, sind für Teresa Zeichen der Echtheit mystischer Erfahrung.

Im Zusammenspiel einer beständig erfahrenen inneren Führung, einer wachsenden Kenntnis des Herrn und der Maßstäbe des Evangeliums sowie einer wachsenden Selbsterkenntnis gewinnt Teresa ein Instrumentarium von Maßstäben, die sie - aus Erfahrung - geistliche Erfahrungen bei sich und anderen beurteilen läßt. Solche „Regeln zur Unterscheidung der Geister“ werden von ihr nie systematisiert, aber mit zunehmender Sicherheit eingesetzt. Am Anfang ihres mystischen Weges aber ist Teresa dem Urteil ihrer Beichtväter und Berater geradezu ausgeliefert, da sie selbst von Zweifeln und Ängsten - die allerdings von außen geschürt werden - umgetrieben wird.

3. Das Phänomen der teresianischen Erfahrung wird uns nun eingehender beschäftigen, die Spannung zwischen Gewißheit und Zweifeln, zwischen eigener Erfahrungsevidenz und Unverständnis ihrer Berater.

Das Gebet ist für Teresa das Feld ihrer Erfahrungen. Sie will nur ihre „eigene Erfahrung mitteilen“ - nicht etwa eine Lehre des Gebetes entwickeln -, wenn sie sich an die Leser der „Vida“ wendet: „Wer einmal das innere Gebet zu üben begonnen hat, der gebe es ja nicht wieder auf . . .“ Und: „Wer noch nicht damit begonnen hat, den bitte ich um der Liebe des Herrn willen, sich ein so großes Gut nicht entgehen zu lassen . . .“ (Leben 8,5).

Die Stelle zeigt die alle Grenzen und Begrenzungen sprengende Kraft der teresianischen Erfahrung: Was sie erfährt, hat für jeden Menschen Gültigkeit, für die, die schon auf dem Weg des inneren Gebetes sind, und für die, die noch nicht damit begonnen haben. Die Erfahrungen, die Teresa im Gebet zuteil werden, tragen so sehr den Stempel Gottes, daß sie eben darum das Individuell-Einmalige übersteigen und von Teresa als für alle geltend, alle Menschen betreffend erlebt werden.

Neben diesem ihren Erfahrungen innewohnenden Drang zur Mitteilung steht das oft von äußerem Druck begleitete persönliche Verlangen

Teresas, ihre eigene Erfahrungsgewißheit von der Kirche überprüfen zu lassen. Ihr Drang zur Objektivität ist bemerkenswert, gerade angesichts ihrer Gewißheit: „Aus Erfahrung weiß ich, daß das, was ich sage, wahr ist“ (Leben 27,12).

Man könnte meinen, daß Teresa so sehr in das Licht ihrer mystischen Erlebnisse und Erkenntnisse getaucht war, daß ihr menschliche Bestätigungen nichts mehr bedeuteten. Aber das Gegenteil ist der Fall. Sie bleibt darum besorgt, daß das, was ihr so untrüglich wahr erscheint, mit der Hl. Schrift im Einklang ist. „Nach meiner Einsicht und Erfahrung darf man nur dann glauben, daß eine Offenbarung von Gott kommt, wenn sie mit der Hl. Schrift übereinstimmt“ (Leben 25,12).

Es geht Teresa darum, daß die Wahrheit Gottes, der sich in der Hl. Schrift geoffenbart hat, zum Zuge kommt, denn Gott kann sich nicht widersprechen. Beichtväter und Theologen sind für sie die berufenen Ausleger der Hl. Schrift, während sie selbst nicht einmal eine Bibel zur Verfügung hat. Dennoch lebt sie aus der Schrift und nährt daraus ihr Gebet. Sie kennt sie durch Predigt und geistliche Bücher, die ihr allerdings nach dem Verbot durch die Inquisition auch nicht mehr zur Verfügung standen. Aber auch diesem Mangel hilft Gott ab: „Da sprach der Herr zu mir: ‚Betrübe dich nicht, ich will dir ein lebendiges Buch geben.‘“ Teresa kommentiert: „Die göttliche Majestät selbst war das wahre Buch, in dem ich die Wahrheit schaute“ (Leben 26,7). Diese Stelle ist ein weiteres Beispiel für die Vielschichtigkeit ihrer mystischen Erfahrungen; Gott erscheint als einer, der selber Schritt für Schritt die Verheißungen einholt, die er gegeben hat.

Um so schmerzlicher muß für Teresa der Widerspruch zwischen der von ihr erfahrenen Wahrheit und dem Urteil ihrer Berater gewesen sein, die gerade in den ersten Jahren ihrer mystischen Erfahrungen häufig erklärten, ihre Visionen seien vom Teufel. Es ist bezeichnend, wie Teresa mit einem solchen Konflikt umgeht. Sie bemüht sich, gehorsam zu sein, etwa auf Visionen und innere Ansprachen nicht zu achten oder gar das innere Gebet zu meiden. Solche Anstrengungen sind meist vergeblich und bewirken sogar das Gegenteil: noch häufigere und intensivere Gnaden göttlicher Mitteilungen, die Teresa in noch tiefere Leiden und Zweifel stürzen, bis Gott unmittelbar eingreift oder bis sie den Seelenführer entdeckt, der sie versteht.

Ich greife hier zurück auf den bereits beschriebenen Konflikt zwischen Theologie und Mystik, der in der Seelsorge eine Kluft zwischen den sog. „gelehrten“ und den „erfahrenen“ Priestern aufgerissen hatte.

Teresa ergriff keineswegs einfachhin Partei für die Erfahrenen, bei denen sie doch eher auf Verständnis hoffen konnte. Sie hatte eine viel zu hohe Meinung von den Gelehrten und von der Wissenschaft. Das geht aus ihren Äußerungen eindeutig hervor: „Das Wissen und die Wissenschaften sind etwas Großes in allen Dingen“ (Seelenburg IV 1,7). – „Die Wissenschaft (gemeint ist die Theologie) ist etwas Großes, denn sie belehrt uns, die wir wenig wissen, und gibt uns Licht, und wenn uns die Wahrheiten der Hl. Schrift aufgehen, dann tun wir das, was wir tun sollen. Gott bewahre uns vor einer Frömmigkeit ohne Verstand“ (Leben 13,16).

Auf der anderen Seite war Teresa natürlich die Einseitigkeit und intellektualistische Enge mancher Theologen bewußt. Wir werden sehen, wie sie einen dritten Weg suchte, die Verbindung von Theologie und Mystik.

Der erste, dem Teresa über ihre außergewöhnlichen Gebetserfahrungen Rechenschaft gab, war ein frommer Laie, Francisco de Salcedo, der ihr freundschaftlich verbunden war. Er praktizierte das innere Gebet schon vierzig Jahre lang und hörte seit zwanzig Jahren theologische Vorlesungen im Kolleg der Dominikaner. Aber er hatte es wohl weder zu tieferen Erfahrungen im Gebet noch zu theologischem Wissen und Denken gebracht. Salcedo war offensichtlich von Teresas Rechenschaftsbericht überfordert und verwirrt. Er beriet sich mit einem befreundeten Priester, und beide kamen zu dem Schluß, daß Teresas Erfahrungen vom Teufel stammten. „Diese Antwort“, schreibt Teresa in ihrer Autobiographie, „erfüllte mich mit solcher Furcht und Qual, daß ich nicht wußte, was ich anfangen sollte; ich konnte nur noch weinen“ (Leben 23,11). Rückblickend sind Teresa zwei Momente deutlich, die die Ablehnung ihrer Gebetsweise ein wenig erklären können: sie hatte ihrem Berater ihre „großen Unvollkommenheiten, die vielleicht sogar Sünden waren“, geoffenbart; und noch einmal: „Ich gab ihm klar zu verstehen, wie böse ich war“ (Leben 23,13). Mystische Begnadung und die Unfähigkeit, sich von Sünden freizuhalten, gingen offenbar für Salcedo nicht zusammen. Teresa steht nach ihrem Bekehrungserlebnis in der schmerzhaften Spannung zwischen mystischer Gebetserfahrung und der Erfahrung ihrer Schwäche, die sie hinderte, menschliche Kontakte, die sie lähmten, aufzugeben. Hinzu kam als weiteres „Übel“, wie sie schreibt, „daß ich mich über mein Gebet gar nicht auszudrücken vermochte; denn die Gnade, es zu verstehen und auch sagen zu können, was es sei, hat mir Gott erst seit kurzer Zeit verliehen“ (Leben 23,10).

Auch diese Diskrepanz zwischen der Erfahrung und ihrer sprachlichen Darstellung scheint der erste geistliche Berater Teresas nicht erfaßt zu haben. Die erste Erfahrung mit einem geistlichen Führer endet geradezu mit einem Fiasko. Aber Teresa läßt es nicht mit dieser negativen Erinnerung bewenden. Das, was ihr widerfahren ist, wird unversehens zur Lehre, die sich an die wendet, die gleiches Unverständnis erleiden, aber noch mehr an die Seelenführer, um sie vor ähnlichen Mißgriffen zu warnen.

Wir begegnen an dieser Stelle der typisch teresianischen Weise des Rollentausches: die Geführte, die sich gehorsam auch auf Irrwege führen läßt, wird zur Lehrmeisterin ihrer Führer. Teresa schreibt in ihrer „Vida" an der eben erwähnten Stelle: Wenn das, was sie an inneren Qualen ausgestanden hat, auch unbedeutend zu sein scheint (objektiv gesehen), „so kann es vielleicht doch dazu dienen, daß man erkenne, wie die Geister zu prüfen sind" (Leben 23,11). Sie schließt Ermahnungen an, besonders mit Frauen behutsam umzugehen, und sie kritisiert den Mangel an Diskretion bei manchen ihrer Berater. Vor allem betont sie, daß letztlich Gott es ist, der ihre Seele leitet und sie nicht zu Schaden kommen läßt. „Als ich ganz betrübt in einem Oratorium war und nicht wußte, was noch aus mir werden sollte, las ich in einem Buch, das der Herr mir in die Hand gegeben zu haben scheint, die Worte des hl. Paulus, daß Gott sehr getreu sei und jene, die ihn lieben, niemals vom bösen Feind betrogen werden lasse" (Leben 23,14; vgl. 1 Kor 10,13).

Der Freund Salcedo, der an der Neuheit und Unvergleichlichkeit der Gebetserfahrungen Teresas gescheitert war, zeigte sich dennoch um sie besorgt. Er verwies Teresa an einen jungen Jesuiten in Avila. P. Diego de Cetina war halb so alt wie Teresa und erst ein Jahr Priester. Teresa hatte mit dem Altersunterschied keine Schwierigkeiten, im Gegenteil! Sie hatte besonders leichten Kontakt zu ganz jungen Priestern, die offenbar in ihrer unbefangenen Spontaneität mehr Zugang zu Teresas geistlichem Weg hatten als manche andere. Dieser junge Jesuit jedenfalls wirkte auf Teresa befreiend. Sie schreibt: Er sagte, „daß hier ganz offenbar der Geist Gottes wirke . . ., daß ich das innere Gebet ja nicht unterlassen, sondern Mut fassen sollte, da Gott mir so besondere Gnaden erweise; er fügte hinzu, man wisse nicht, ob nicht der Herr sich meiner zum Nutzen vieler anderer bedienen wolle" (Leben 23,15). Teresas Kommentar hierzu: „. . . er scheint in prophetischem Geist gesprochen zu haben, da es der Herr später wirklich an mir in Erfüllung gehen ließ" (Leben 23,15). Diese Sätze gehören wohl in die überarbeitete Fassung der „Vida", die zwischen 1562 und 1565 entstand. Teresa konnte auf die Gründung des ersten Klosters der Reform, San José in

Avila, schauen, hinter der ein neues Konzept des kontemplativen Lebens einer Gemeinschaft steht sowie die Entdeckung der apostolischen Dimension dieses Lebens. Teresa nimmt an dieser Stelle kühn vorweg, was jahrelange Prüfung durch ihre geistlichen Führer - nach Phasen der Unsicherheit und des Zweifels - immer wieder neu bestätigen sollte. Sie weiß von sich, daß sich „der Herr ihrer zum Nutzen vieler anderer bedienen wollte". Geistliche Führung, die empfangene wie die gewährte, gehören zu ihrem geistlichen Lebensvollzug.

Eine zweite, in vielem ähnliche Situation aus diesen Jahren macht deutlich, wie stark Teresa in dieser Zeit vom Urteil ihrer Seelenführer innerlich abhängig war, wie sie darunter litt, wenn diese sie als arme Irregeleitete fallen ließen, und wie sie demgegenüber Gottes Führung als allein verläßlich erfuhr. Im Licht des unmittelbaren Eingreifens Gottes relativiert sich das Leiden, das ihr aus der Unfähigkeit menschlicher Führer erwächst, ja, es relativiert sich geistliche Führung als solche. - Dieser Aspekt scheint mir wichtig genug, bei dieser Situation und ihrem Niederschlag in der „Vida" ein wenig eingehender zu verweilen.

Nach der Versetzung des letzten von drei jungen Jesuiten, die nacheinander, oft mit erstaunlicher geistlicher Reife, Teresa auf ihrem Weg erfahrener Gottesnähe begleitet und sie dazu ermutigt haben, gerät Teresa wiederum an wohlmeinende Berater, die nicht imstande sind, ihr spirituell zu folgen. Sie berichtet in der „Vida", wie sie von einer Fülle mystischer Erfahrungen bedrängt wird, während ihre geistlichen Berater sie wieder einmal als Betrogene, vom bösen Feind Getäuschte einstufen. Es war eine ganze Gruppe - fünf oder sechs, erinnert sie sich -, die zuerst über sie berieten und zu diesem negativen Ergebnis kamen. Alle waren „große Diener Gottes", alle „unvergleichlich tugendhafter als ich", schreibt sie, „und noch dazu gelehrte Männer; warum also sollte ich ihnen nicht glauben?" (Leben 25,13). Und sie fährt fort: „Ich hatte auch nicht einen Menschen, zu dem ich meine Zuflucht nehmen konnte; denn alle waren gegen mich" (Leben 25,14).

In dieser Situation flüchtet sie sich wieder in das Oratorium, an den Ort, wo sie wohl ein Zeichen von Gott erhofft. Sie kann nicht mehr beten – Entsetzen, Angst, Trostlosigkeit überfluten sie. Dieses Bild der Hoffnungslosigkeit und Verzweiflung schlägt von einem Satz zum anderen um in einen hymnischen Lobpreis auf Gott und seine wunderbare Führung: „O mein Herr, du bist mein wahrer Freund, und du bist mächtig! Wenn du willst, so kannst du helfen, und du hörst nicht auf, denen helfen zu wollen, die dich lieben. Alle Geschöpfe sollen dich preisen, du Herr der Welt! Könnte ich es doch in der ganzen Welt laut verkünden, wie treu du deinen Freunden bist! Wenn auch alle uns verlassen, du, Herr über alles, verläßt uns nie! Mein Gott, hätte ich doch Verstand, Wissenschaft und neue Worte, um deine Werke so zu preisen, wie meine Seele sie erkennt! Alle Hilfe fehlt mir; aber wenn du, Herr, mir deine Hilfe nicht versagst, so werde ich dich nicht verlassen. Ja, mögen alle Gelehrten sich gegen mich erheben, mögen alle Geschöpfe mich verfolgen und die Teufel mich peinigen: du, Herr, verläßt mich nicht; denn aus Erfahrung weiß ich, mit welchem Gewinn du die befreist, die auf dich allein vertrauen" (Leben 25,15).

In diesem Lob auf den wahren Freund sucht Teresa die Gemeinschaft mit allen Geschöpfen, möchte sie „in der ganzen Welt" – „laut" – seine Treue verkünden. Auf typisch teresianische Weise weitet sich der Raum ihrer inneren Erfahrung auf die „ganze Welt" hin. – Bezeichnend ist ihr Ungenügen angesichts der Diskrepanz zwischen ihrer Erfahrung und ihren Worten. „Hätte ich doch Verstand, Wissenschaft und neue Worte, um deine Werke zu preisen!" Verstand und Wissenschaft können also der Erfahrung aufhelfen, aber auch sie genügen nicht; es braucht eine „neue Sprache", „neue Worte"! Teresa hat sie – so kann man wohl sagen – gefunden!

Am Ende der ungeheuer bewegten Textstelle beschreibt Teresa noch einmal den Gegensatz: Gott, der zu ihr steht – die Menschen, auf die kein Verlaß ist: „Durch die Worte des Herrn allein wurde ich vollkommen beruhigt und mit solcher Kraft, solchem Mut, mit solcher Sicherheit und Ruhe, mit solchem Licht erfüllt, daß ich meine Seele in einem Augenblick ganz verändert sah und, wie ich meine, gegen die ganze Welt verteidigt hätte, daß Gott zu mir gesprochen hatte" (Leben 25,16). „Was soll also die Furcht? Es ist gewiß wahr, daß ich jetzt jene, die den Teufel so sehr fürchten, mehr fürchte als den Teufel selbst; denn dieser kann mir nichts anhaben, während jene große Unruhe stiften, besonders wenn sie Beichtväter sind" (Leben 25,20).

4. Es hat Teresa ungeheuer viel Kraft, Leid und Enttäuschung bis zur Verzweiflung gekostet, bis sie die Klippen der Anfangsschwierigkeiten auf dem Weg des inneren Gebetes überwunden hatte. Nach ihrer eigenen Deutung ist sie über zwanzig Jahre – von ihrem Klostereintritt bis zu ihrer Bekehrung und noch einige Jahre danach – nicht über das Anfängersein im geistlichen Leben hinausgekommen. Der Begleitung und Führung der Anfänger hat sie darum besondere Aufmerksamkeit gewidmet.

Nach Teresas eigener Erfahrung ist der Anfang auf dem Weg des geistlichen Lebens nicht einfach eine Etappe, die man hinter sich läßt, sondern von entscheidender Bedeutung. Ihre eigenen Ratschläge für den Anfänger nehmen einen großen Raum ein. Entsprechend wichtig ist auch die Rolle des geistlichen Führers für den Anfänger. Teresa streut in die Kapitel, die sich mit der ersten Stufe des Gebetes beschäftigen (Leben, 8.–13. Hauptstück), eine Menge kritischer Hinweise über den geistlichen Führer ein, oft als Warnung, wie er nicht sein solle. Ihre eigenen Ratschläge zielen offensichtlich darauf ab, den Anfänger selbständig zu machen und eigene Maßstäbe an die Hand zu geben, damit der geistliche Führer nicht zuviel Schaden anrichten kann.

Teresa bekennt in diesem Zusammenhang, daß „eigene Erfahrung", durch die sie „vom Herrn belehrt" wurde, sowie die Einsicht, die sie aus dem langjährigen Verkehr „mit großen Gelehrten und dem geistlichen Leben ergebenen Personen" gewonnen hat (Leben 10,9), sie in die Lage versetzen, anderen zu raten. Es wird an dieser Stelle deutlich, wie sich Teresa über die Parteien stellt, denn sie nennt beide Gruppen von Seelenführern - die gelehrten und die erfahrenen - in einem Atemzug.

Teresa, die am Anfang ihres Weges mystischer Gotteserfahrung so in Ängsten gefangen war, will für andere von Anfang an die Weichen klarer stellen: Der Weg des Gebetes ist ein „Dienst der Liebe", da wir auf diesem Weg dem folgen, „der uns so sehr geliebt hat" (Leben 11,1). Der Gedanke an diese „hohe Würde" soll die „knechtische Furcht" vertreiben (Leben 11,1). – Der „Dienst der Liebe" soll aber auch den Anfänger motivieren, alle Anstrengungen zu machen, um die Anfangsschwierigkeiten zu überwinden. Immer wieder spricht Teresa von Mut und Entschlossenheit für die Wegstrecke, auf der der Beter sich noch nicht spürbar von Gott getragen erfährt (Leben 11,4). Sie appelliert an die Liebe des Anfängers zu Christus: „Mag die Trockenheit, die er zu leiden hat, auch das ganze Leben andauern, so soll doch sein Entschluß feststehen, Christus mit dem Kreuz nicht fallen zu lassen. Es wird die Zeit kommen, da ihm alles auf einmal bezahlt wird . . . Er dient ja einem guten Herrn, der ihm dabei zusieht" (Leben 11,10). Teresa stellt den Anfänger in die persönliche Beziehung zu seinem Herrn und Freund, sie will seine Motive, die ihn das Gebet suchen lassen, von aller Selbstsucht reinigen. „Nicht im Vergießen von Tränen, nicht in Trost und innigen Gefühlen der Andacht, wonach wir meistens verlangen und worüber wir uns freuen, besteht die Liebe Gottes, sondern darin, daß wir ihm dienen in Gerechtigkeit, mit Seelenstärke und in Demut" (Leben 11,13).

Teresa nimmt die Gelegenheit wahr, an dieser Stelle die „Diener Gottes“ - darunter sind wohl auch ihre Berater und geistlichen Führer - zu tadeln, wenn sie ihren Eifer für das Gebet von der fühlbaren Andacht abhängig machen. „Möchten sie doch glauben, daß dies Unvollkommenheit, Mangel an Geistesfreiheit und Schwäche im Handeln verrät!“ Sie fügt hinzu - gewissermaßen als Legitimation für ihre Kritik: „Ich habe es selbst erfahren und erkannt“ (Leben 11,13).

Teresa setzte als selbstverständlich voraus, daß der Anfänger einen Seelenführer hat, der ihn sowohl ermutigen als auch vor unklugem Eifer warnen soll. Aber sie fürchtet offenbar einen Typ von geistlicher Begleitung, der allzu ängstlich ist und dem Anfänger nichts zumutet. Dieser soll seinem Verlangen keine engen Grenzen setzen (Leben 13,2). Sie warnt, „man solle sich zwar an das Urteil des geistlichen Führers halten“, aber zusehen, „daß dieser keiner von jenen sei, die uns den langsamen Krötengang lehren und sich schon damit zufriedengeben, wenn die Seele im Jagen von Eidechsen sich tapfer zeigt“ (Leben 13,3). Unverkennbar macht sie sich lustig über die Ängstlichkeit mancher Seelenführer. Aber sie warnt zugleich vor Selbstüberschätzung: wir müssen einsehen, sagt sie, „daß wir die Kräfte zur Ausführung unserer Entschlüsse nicht aus uns selber haben“ (Leben 13,3).

Mit einer unglaublichen Differenziertheit und sensiblen Einfühlung nimmt Teresa in diesen Kapiteln ihrer „Vida“ die geistliche Führung ihrer Leser sozusagen selbst in die Hand; dabei behält sie die amtlichen geistlichen Führer im Auge, damit diese nicht durch halbherzige Ratschläge zunichte machen, was sie in den Seelen stärken möchte. Sie fürchtet aus eigener Erfahrung die Halbheiten auf dem Weg, das geringe Vertrauen auf Gott, die Eigenliebe, die mit unnützen Sorgen beunruhigt. Sie nennt das „Hühnerschritte, mit denen man niemals zur Freiheit des Geistes gelangt“ (Leben 13,5). Sie bringt wieder ihre Erfahrung zur Geltung: „Es wird mir niemand den Glauben beibringen, daß diese Art des Fortschreitens gut sei; denn ich kenne sie aus Erfahrung. Noch immer würde ich auf diesem Weg gehen, hätte mir der Herr in seiner Güte nicht einen anderen Weg gezeigt ... Wenn mich jemand angetrieben hätte, höher zu fliegen, so hätte ich mich wohl bemüht, meinem inneren Antrieb zu folgen. Aber wegen unserer Sünden sind solche Seelenführer, die mit übertriebener Vorsicht zu Werke gehen, so häufig, daß dies meines Erachtens viel dazu beiträgt, wenn die Anfänger nicht schon in kürzerer Zeit zu großer Vollkommenheit gelangen“ (Leben 13,5).

Nachdem Teresa von verschiedenen Seiten aus auf die Mängel der Seelenführung bei Anfängern hingewiesen hat, greift sie in dem betreffenden Kapitel der „Vida“ noch einmal dieses Thema auf, das ihr sehr am Herzen liegt. Wo es um den Anfänger geht, fordert Teresa als erstes, daß der Seelenführer Erfahrung haben müsse. Die Wichtigkeit der Erfahrung begründet sie so: „. . . wenn er diese nicht hat, so könnte er große Fehlgriffe machen und der armen Seele, die er leitet, aber nicht versteht, auch die Möglichkeit nehmen, sich selbst zu verstehen“ (Leben 13,14). Ihre eigenen negativen Erfahrungen dienen den Führern wie den Geführten zur Warnung: „Ich habe Seelen getroffen, die ganz mutlos und niedergeschlagen waren, weil ihr geistlicher Führer keine Erfahrung hatte . . . Eine von ihnen wußte nicht mehr, was sie mit sich anfangen sollte; denn solche Führer, die in geistlichen Dingen kein Verständnis haben, quälen Seele und Leib und hemmen den Fortschritt“ (Leben 13,14).

Teresa bleibt jedoch nicht bei der Forderung stehen, der geistliche Führer müsse ein „Erfahrener“ auf dem Weg des inneren Gebetes sein. Er muß auch klug sein, d. h. „einen guten Verstand und Erfahrung besitzen“ (Leben 13,16). Mit dem „guten Verstand“ meint sie eine gesunde Urteilsfähigkeit. Aber für den *idealen* Seelenführer genügt auch das nicht: „Verbindet er mit diesen Eigenschaften auch noch Gelehrsamkeit, so ist das von sehr großem Vorteil“ (Leben 13,16). – Teresa geht nun die Möglichkeiten durch, so daß wir genau wissen, wo für sie die Prioritäten liegen: „Kann man diese drei Stücke – Verstand, Erfahrung und Gelehrsamkeit – nicht in einer Person vereinigt finden, so sind die beiden ersteren wichtiger. Denn im Falle der Not kann man wohl noch zusätzlich Gelehrte zu Rate ziehen“ (Leben 13,16). Sie erklärt kategorisch: „Ich behaupte sogar, daß Anfängern gelehrte Führer wenig nützen, wenn diese nicht selbst das innere Gebet üben“ (Leben 13,16).

5. Es gibt jedoch eine Fülle anderslautender Stellen, die deutlich machen, daß Teresa nur im Blick auf die Anfänger ein Zugeständnis macht, wenn sie dem erfahrenen geistlichen Führer den Vorrang gibt. Dem, der schon ein wenig auf dem Weg des Gebetes gefestigt ist, empfiehlt sie nachdrücklich den gelehrten, also den theologisch kompetenten Berater. Damit gibt sie auch das wichtigste Kriterium für die Wahl ihrer späteren Berater an.

„Man sage nicht, Gelehrte, die das innere Gebet nicht üben, taugten nicht als Ratgeber für die, die auf diesem Weg gehen; denn da würde man sich täuschen. Ich selbst habe mit vielen Gelehrten verkehrt, da ich ihnen von jeher zugetan war, aber seit einigen Jahren bespreche ich mich mit ihnen noch häufiger, weil mein Bedürfnis danach gewachsen ist. Wenn es auch solche unter ihnen gibt, die keine Erfahrung haben, so sind sie doch nicht gegen das geistliche Leben und auch nicht völlig unwissend, da sie in der Hl. Schrift, mit der sie vertraut sind, immer die Wahrheit des guten Geistes finden. Ja, ich glaube, daß jemand, der im Gebet weiterkommen will und sich bei Gelehrten Rat holt, sicher ist vor den Täuschungen und dem Betrug des bösen Feindes. Denn ich glaube, die bösen Geister fürchten die Wissenschaft, die mit Demut und Tugend verbunden ist, sehr, weil sie wissen, daß sie dadurch entdeckt werden und mit Verlust abziehen müssen“ (Leben 13,17).

Im Folgenden zeigt Teresa die Perspektive auf, unter der sie so nachdrücklich für den gelehrten geistlichen Führer plädiert und sogar in Kauf nimmt, wenn er ohne Erfahrung im geistlichen Leben ist. „Wie ich schon bemerkt habe, ist ein geistlicher Führer notwendig. Wenn dieser aber theologisch nicht gebildet ist, so ist das kein geringes Übel. Es wird dann eine große Hilfe sein, wenn man auch Gelehrte zu Rate zieht, wenn sie nur Tugend besitzen. Ein solcher Gelehrter, auch wenn er kein geistliches Leben führt, wird mir immerhin nützen. Gott wird ihm eingeben, was er mich lehren soll; ja, Seine Majestät wird bewirken, daß auch er sich zu einem geistlichen Leben entschließt, damit er uns helfen kann. Ich rede hier nicht ohne tatsächlichen Grund. Denn bei mehr als zweien habe ich diese Erfahrung gemacht“ (Leben 13,18).

Das also ist letztlich die Lösung des Dilemmas, das darin besteht, daß die geistlichen Führer entweder erfahren oder gelehrt, aber selten, wie es sein sollte, beides zusammen sind. Ein Theologe, der sich um den Bereich des Spirituellen noch wenig bemüht hat, in diesem Bereich gar nicht zu Hause ist, kann dennoch diesem Mangel abhelfen. „Seine Majestät wird bewirken . . .“, sagt Teresa zuversichtlich, daß sein Leben diese Wendung nimmt. Sie beruft sich darauf, daß sie bei „mindestens zweien“ eine solche Wende erlebt hat; und sie verschweigt dabei, daß diese neue Orientierung durch ihren Einfluß zustande kam.

6. Teresa versucht auf ihre Weise dem Ideal, daß die Männer der Theologie auch Männer der Erfahrung sein möchten, nachzuhelfen. Sie wird selbst zur Lehrmeisterin der Theologen.

Es war ihr bewußt, daß die mystische Erfahrung eher bei Frauen anzutreffen ist. „Es gibt viel mehr (Frauen)“, schreibt sie, „als Männer, denen der Herr diese Gnaden schenkt. Das habe ich vom hl. Fray Pedro de Alcántara gehört und übrigens auch selber festgestellt. Er gab dafür ausgezeichnete Gründe an, die ich hier nicht zu wiederholen brauche. Sie sprechen alle zugunsten der Frauen“ (Leben 19,4). Teresa hat erfaßt, daß ihre Erfahrungen auf dem Weg der Freundschaft mit Gott ihr Beitrag als Frau zur Theologie der Männer sein konnte, nämlich ‚die Wissenschaft der Gotteserfahrung‘. Sie wurde nicht müde, die Theologen, die sie um Rat fragte, um sich Sicherheit über die Echtheit ihrer Gebetserfahrungen zu verschaffen, zu diesen Erfahrungen auf dem Weg des inneren Gebetes hinzuführen. Sie erbat den Rat der Theologen und ging dazu über, sie zu lehren. Sie leistete ihren Gelehrten Gehorsam und erreichte mit ihren ehrlichen Berichten über das, was ihr im Gebet an Erfahrungen geschenkt wurde, daß sie damit ihre Gutachter ansteckte. Das haben die drei dominikanischen Beichtväter Teresas erfahren: Domingo Báñez, Pedro Ibáñez und García de Toledo. Alle drei waren bedeutende Lehrer der Theologie. Die vielen persönlichen Anreden an den Adressaten der „Vida“, Fray García de Toledo, der diesen großen Rechenschaftsbericht von ihr verlangt hatte, verfolgen alle den Zweck, nicht nur in Kenntnis zu setzen, sondern den Leser persönlich teilhaben zu lassen an ihren Erfahrungen. Sie schreibt: „Ich werde sagen, was in mir vorging, denn wenn es mit der Wahrheit übereinstimmt, dann wird es Euer Gnaden zum Nutzen gereichen“ (Leben 10,8). Manche kritischen Anmerkungen an die Adresse der Gelehrten insgesamt verfolgen zweifellos diesen Zweck, auf deren Defizite hinzuweisen und ihrem Denken eine neue Richtung zu geben. So schreibt sie an einer Stelle von der Wichtigkeit der sog. Liebesakte, der kleinen Zeichen, die im Alltag die Liebe zu Gott konkretisieren:

„Ein paar Strohhalme, in Demut dargebracht, erreichen hier mehr … und fachen das Feuer stärker an als ein ganzer Holzstoß mit vielen gelehrten Ausführungen.“ Sie fügt hinzu, falls es noch nicht klar ist: „Das ist zum Nutzen der Gelehrten, die mir aufgetragen haben, es niederzuschreiben“ (Leben 15,7). Sie scheut sich nicht, ihren theologisch gebildeten Lesern versteckt oder direkt ihren Mangel an geistlicher Erfahrung bewußt zu machen: „Die Erfahrung (in geistlichen Dingen)“, schreibt sie, „ist eine Gabe, die Gott spendet, wann er will und wie er will, und es kommt dabei weder auf Zeit noch auf geleistete Dienste an … Es ist ein Irrtum, wenn wir meinen, nach Verlauf von Jahren das zu verstehen, was durchaus nur durch Erfahrung gewonnen werden kann. Darum irren viele, … die die Geister verstehen wollen, ohne selbst im Geistesleben erfahren zu sein. Ich sage nicht, daß ein Gelehrter, der diese Erfahrung nicht besitzt, solche, die sie besitzen, nicht leiten könne; wenn er in äußeren und inneren Dingen, die innerhalb der Grenzen des Natürlichen liegen, die Vernunft, und in übernatürlichen Dingen die Hl. Schrift zurate zieht, so wird er dazu wohl imstande sein“ (Leben 34,9).

Teresa schließt ihre Überlegungen für die gelehrten Seelenführer mit einer Ermahnung zur Demut: „Im übrigen quäle er sich nicht und schmeichle sich auch nicht, Dinge zu verstehen, die er nicht versteht, und ängstige nicht die Seelen! Denn diese leitet schon ein anderer, höherer Herr, so daß sie nicht ohne Oberen sind. Er wundere sich nicht über die Dinge, die da vorkommen, und halte sie nicht für unmöglich; denn dem Herrn ist alles möglich. Er bemühe sich, stark zu sein im Glauben und sich zu demütigen, wenn der Herr einem alten Weiblein vielleicht in dieser Wissenschaft mehr Kenntnis verleiht als ihm, wie hochgelehrt er auch sei ... Denn ich wiederhole es, wenn er keine Erfahrung hat und nicht mit sehr tiefer Demut anerkennt, daß er vieles nicht versteht, und das darum doch nicht unmöglich ist, so wird er nicht viel erreichen und dem, den er leitet, wenig nützen" (Leben 34,9).

Der gelehrte Dominikaner García de Toledo, der eine Zeitlang ihr Beichtvater war, gehört zu denen, wie Teresa mit Genugtuung feststellt, denen „der Herr in vielen Dingen diese Erfahrung verliehen hat ... Er hat diesen Ordensmann fast ganz umgewandelt, so daß er sozusagen beinahe sich selbst nicht mehr kennt ... Ich bin überzeugt, daß ihm all das durch die Gnaden zuteil wurde, die ihm der Herr im Gebet erwies" (Leben 34,10). Teresa beschreibt die Wandlung, die mit García de Toledo - unter ihrem Einfluß und durch ihr Gebet - in kurzer Zeit vor sich gegangen war.

Dem zweiten Dominikaner Pedro Ibáñez eröffnete Teresa nach und nach ihre Seele, und sie erkannte bald, wie er dadurch zum Gebet hingezogen wurde. Er sagt selbst in einer Schrift, in der er den guten Geist Teresas verteidigte: „Und ich kann mit Sicherheit behaupten, daß sie ziemlich vielen Personen Nutzen gebracht hat, auch ich gehöre zu ihnen."[(2)] - Teresa über seine Fortschritte im geistlichen Leben: „Wenn er mich früher mit seiner Wissenschaft stärkte und beruhigte, so tat er es jetzt auch durch seine Erfahrung im geistlichen Leben, die er durch große übernatürliche Gnaden erworben hatte ..." (Leben 33,6).

Der dritte in der Gruppe dominikanischer Gelehrter, von denen Teresa sich beraten ließ, Fray Domingo Báñez, war Lektor im Kolleg der Dominikaner in Avila. Er hatte klar erkannt, daß Teresa mit der Mitteilung ihrer Erfahrungen nicht nur erreichen wollte, daß ihre Beichtväter sie kennenlernen und belehren sollten, sondern darüber hinaus, daß „jene, die sich von der Barmherzigkeit Gottes gegen sie überzeugen konnten, dadurch in der Liebe zur Tugend bestärkt werden sollten."[(3)] Báñez war überzeugt und sprach es aus, daß Teresa deshalb über zwanzig Jahre seinen Rat gesucht habe, „weil sie sah, daß er so fest auf dem Boden des Gesetzes und des diskursiven Denkens stand, weil er dafür geschaffen war, sein Leben lang zu lesen und Streitgespräche zu führen."[4] Wir wissen nicht, ob auch Báñez durch den Umgang mit Teresa sich so stark gewandelt hat wie seine beiden Mitbrüder. Vielleicht hat Teresa ihn mehr in den besten Möglichkeiten seiner selbst bestätigt. Jedenfalls zeigen seine Briefe an die Madre Teresa eine große Vertrautheit, und sie selbst fand bei diesem nüchternen Vertreter der Spätscholastik offenbar den verläßlichen und kritischen Gesprächspartner, der ihr helfen konnte, die Übereinstimmung ihrer mystischen Erfahrungen mit der Hl. Schrift immer wieder neu zu erhärten und so „in der Wahrheit zu wandeln", wie sie selbst ihr Verhältnis zur Wahrheit gerne ausgedrückt hat (Leben 25,19; 26,1; 16,6). Wie undogmatisch jedoch Teresa ihre eigenen Prinzipien gehandhabt hat, wird daran deutlich, daß es in ihrem Leben auch Männer der Erfahrung gab, denen sie ihr Vertrauen schenkte; es waren Menschen, in denen sie wirklich Gott-Erfahrene, Mystiker und Heilige entdeckte. Der spätere Jesuitengeneral Francisco de Borja und der Franziskaner Pedro de Alcántara verhalfen Teresa in den Jahren ihrer größten Zweifel und der öffentlichen Verleumdungen zu Klarheit und Sicherheit über ihren Weg.

7. Noch ein Name fehlt in der Reihe der geistlichen Führer Teresas, der bedeutendste von allen: Juan de la Cruz. Er war 27 Jahre jünger als Teresa und wurde doch ihr wichtigster Mitarbeiter bei der Reform des Ordens. Juan hatte sich eine gründliche theologische Bildung angeeignet; und er ging völlig eigenständig den Weg einer unvergleichlichen mystischen Begnadung, für die er als genial begabter Dichter den lyrischen Ausdruck schuf. Teresa war groß genug, um von Anfang an in dem soviel Jüngeren den begnadeten geistlichen Führer zu erkennen, der sie verstehen und der sie im Geistlichen fördern konnte. Viele Jahre war er ihr geistlicher Führer. Teresa schreibt einer Priorin über ihn: „Ich versichere Ihnen, daß ich glücklich wäre, wenn ich meinen Vater Juan de la Cruz hier haben könnte. Denn er ist in Wahrheit der Vater meiner Seele und einer von denen, die durch ihre Worte meine Seele am meisten gefördert haben . . . Er ist ein großer Geistesmann und besitzt reiche Erfahrung und gediegenes Wissen. Hier vermissen ihn die Schwestern sehr, die durch ihn geleitet wurden" (Brief vom Dez. 1574).

Die fruchtbare Verbindung und wechselseitige Durchdringung von Theologie und Mystik, wie Teresa sie in ihrer Freundschaft mit Juan de la Cruz und den gelehrten Dominikanern verwirklicht hat, ist in ihrer Zeit ein Ausnahmefall. Aber er kann uns heute Fragen stellen. Wo hat geistliche Führung in unseren Breiten ihren Ort? Wie steht sie zur Theologie, wie zur Glaubenserfahrung? – Es sind eher offene Fragen, die vor allem die unklaren Konturen dessen herausheben, was wir heute unter „Erfahrung“, „geistlicher Erfahrung“, „Mystik“ verstehen. Da sind Teresas Schriften eine wahre Fundgrube für überraschende Einsichten.

8. Wir haben uns zuletzt mit den vielschichtigen Weisen geistlicher Führung - des Geführtwerdens und des Führens - beschäftigt, die Teresa in bezug auf ihre geistlichen Führer suchte und verwirklichte; die Führung der Anfänger im geistlichen Leben hatte für sie, wie wir sahen, eine besondere Bedeutung. Mehr oder weniger reflex haben wir dabei schon die sprachliche Vermittlung berücksichtigt, durch die Teresa ihren Erfahrungen, Reflexionen und Ratschlägen - über den biographischen Anlaß eines Rechenschaftsberichtes hinaus - eine neue Ebene der Wirkung verschaffte, eine Möglichkeit der Formung und Führung, die der Schriftsteller seinen Lesern gegenüber hat.

Im Vorwort zum „Buch des Lebens“ gibt Teresa als Adressaten ihre Beichtväter an; es ist ihr Auftrag, daß sie „die Gebetsweisen und die Gnaden, die ihr der Herr verliehen“, beschreiben soll (Leben S. 29). Am Ende ihres Buches gibt sie dann dem Geschriebenen eine viel umfassendere Bedeutung: „Der Herr wollte, daß die mir von Seiner Majestät verliehenen Gnaden öffentlich bekannt werden sollten“. - Und: „Ich sehe ein, daß der Herr durch das Bekanntwerden seiner mir gespendeten Gnaden vielen Seelen helfen wollte; es ist mir dies ganz klar geworden“ (Leben 40,21). - Ihre beiden anderen Hauptwerke, der „Weg der Vollkommenheit“ und die „Seelenburg“, sind ihren Schwestern gewidmet.

Teresa schreibt niemals um des Schreibens willen, in Tagebuchform oder in Form eines Selbstgespräches. Sie schreibt immer „für andere“. Mitteilung von Erfahrung hat dabei nie nur informativen Charakter, auch wo es sich vordergründig um einen Rechenschaftsbericht handelt. In der Mitteilung ihrer mystischen Erfahrungen will sie diese soweit wie möglich mit dem Leser „teilen“, auch wenn diesen die Größe und das Geheimnis der göttlichen Mitteilung völlig übersteigt. Bei jedem Leser kann in Erfüllung gehen, was Teresa zur Mühe des Schreibens immer wieder motiviert hat: „daß der Herr - und sei es auch nur ein einziges Mal - gepriesen würde“ - so sagt sie am Schluß ihrer „Vida“; und noch einmal: „Es war meine Absicht und mein Verlangen, das Rechte zu tun und zu gehorchen und dazu beizutragen, daß der Herr ein wenig mehr gepriesen werde“ (Leben 40,22). Im Epilog zur „Seelenburg“ redet sie ihre Schwestern an: „Bei meinem großen Verlangen, euch einigermaßen im Dienst meines Gottes und Herrn behilflich zu sein, bitte ich euch, jedesmal, wenn ihr in diesem Buch lest, ihn in meinem Namen von Herzen zu lobpreisen ..." (Seelenburg S. 232).

Der Lobpreis Gottes, die Hingabe in seinem Dienst - das ist das umfassende, überindividuelle Ziel, an dessen Verwirklichung Teresa durch ihre Bücher mitarbeiten möchte. Dieser erklärte Wille Teresas, ihre Leser zu beeinflussen, macht aus ihren Büchern bewußt eingesetzte Instrumente der geistlichen Führung.

9. Hinzu kommt die Art ihres Schreibens. Zeugen erklärten nach ihrem Tod, daß es dasselbe war, ob man Mutter Teresa sprechen hörte oder ihre Bücher las; sie schrieb, wie sie sprach. Mit dieser kommunikativen Prosa war Teresa bahnbrechend in ihrer Zeit. - Die folgenden Ausführungen zur teresianischen Sprache stützen sich hauptsächlich auf die „Vida", das Buch ihres Lebens.

Dieses erste Werk Teresas wird meist als ihre Autobiographie angesehen, handelt aber überwiegend von ihrem geistlichen Weg, vom Gebet überhaupt und von ihren mystischen Erfahrungen, die ihr nach ihrer Bekehrung 1554 zuteil wurden. Gerade in dieser Thematik lag aber für sie die große Schwierigkeit. Sie konnte zwar einen Bericht über ihre Sünden geben, aber sie sah zunächst keine Möglichkeit, mystische Phänomene aus ihrem Erleben in Sprache zu übersetzen.

Mit zwei kürzeren Berichten über ihren Seelenzustand, die sie schon vorher für ihren Beichtvater, wahrscheinlich auch García de Toledo, verfaßt hatte, gelang ihr der Durchbruch in den sprachlichen Ausdruck. Sie empfand diese neue Fähigkeit nicht als ihre eigene, sondern als Gabe, als Geschenk Gottes. Sie bemerkt dazu: „Eine Gnade ist der Empfang der Gnade selbst, eine zweite die Erkenntnis dieser Gnade und eine dritte die Fähigkeit, die Gnade auch auszudrücken und anderen verständlich zu machen" (Leben 17,6).

Wenn Teresa schreibend Zeugnis von ihrem inneren Erlebnis gibt, erfährt sie erneut das, was sie beschreiben will. Ihre unvermittelt einsetzenden Gebete und Lobpreisungen Gottes, oft in Form von aneinandergereihten Ausrufen, lassen diesen Vorgang eines schreibenden Erlebens erkennen. Erlebtes, Erleben und das Berichten darüber gehen bei ihr oft untrennbar ineinander über. Für den Leser ergibt sich eine Unmittelbarkeit, die ihn selber ins Gebet zieht, ja, bis zu einem gewissen Grad an Teresas Erfahrung teilhaben läßt. So wie Teresa selbst aus der erfahrenen Gottesnähe zum Leser kommt, so wird dem Leser geschenkt, durch ihre Erfahrung zu dem ‚Ort' in seinem Innern zu gelangen, wo er persönlich Gott begegnen kann.

Das bekannteste Beispiel ist Edith Stein; nachdem sie in einer Nacht die „Vida“ gelesen hatte, bekannte sie: „Das ist die Wahrheit!“ Es war der Augenblick ihrer Bekehrung und ihrer Berufung zum Karmel.

Teresa hatte selbst viel gelesen und kannte sich in der geistlichen Literatur ihrer Zeit aus; in gewissem Sinn konnten ihr einige Bücher als Vorbild dienen. Sie selbst nennt die „Bekenntnisse“ des Augustinus, die ihr als Folie zur Beschreibung ihrer eigenen Bekehrung dienten. Bei Francisco de Osuna fand sie eine Fülle von Allegorien und Vergleichen zur Beschreibung der inneren Phänomene der Sammlung. Ludolf von Sachsen mit seiner „Vita Christi“ - die auch auf Ignatius von Loyola in der Zeit seines Krankenlagers großen Einfluß ausgeübt hat - war ein Ersatz für die fehlende spanische Übersetzung der Evangelien.

Die Predigten, die zu ihrer Zeit sehr häufig waren, hatten einen besonderen Einfluß auf Teresa. Sie betont, wie gern sie Predigten hörte, selbst wenn diese nicht besonders gut waren. Die Schriften Teresas enthalten zahlreiche rhetorische Elemente, wie sie zur Predigt gehörten. Sie haben vielfach den Charakter der direkten Unterweisung, die in der Predigt den Hörer, hier in den Büchern den Leser nicht aus dem Auge verliert.

Die Adressaten ihrer Bücher wurden bereits genannt: ihre Beichtväter und ihre Schwestern. Das Umfeld der geistlichen Rechenschaft und des kommunitären Gesprächs bestimmen auch Teresas Stil. Dieser wird dem Charakter der Botschaft und des Empfängers angepaßt. Sie schreibt nicht, um wissend, gelehrt oder demütig zu erscheinen, sondern weil sie das Schreiben als die geeignete Weise ansieht, um das zu sagen, was sie zu sagen hat und wem sie es zu sagen hat. Im Prolog zum „Weg der Vollkommenheit“ erklärt sie kurz und bündig: „Viele Male habe ich es euch gesagt, und nun schreibe ich es euch!“ (Prol. 1). Teresa mußte sich also einen Stil schaffen auf der Linie: Schreibe, wie du sprichst. - Damit betrat sie literarisches Neuland. Die Umgangssprache wird erst von der 2. Hälfte des 16. Jhs. an in die spanische Literatur eingeführt, und zwar in die Novelle.

Teresa schreibt ausgehend von ihrer Erfahrung, die sich hinwegsetzen muß über das, was ihr sprachlich nicht gemäß ist, und die sich auf die Suche nach dem Ausdruck macht, der vom Empfänger ihrer Botschaft verstanden werden kann. Die größte Schwierigkeit war für sie aus literarischer Sicht, Rechenschaft zu geben von einer Materie, die nicht in den Grenzen dessen lag, was normalerweise mit Worten erreichbar ist. Der Hauptgegenstand ihrer Schriften ist ja das, was im tiefsten Innern der Seele geschieht. Ihre Schriften sind Zeugnis für dieses innerste Geschehen und zugleich Mittel der Anziehung, der Ansteckung: Selten ist ein Schriftsteller so besorgt darum, daß seine Worte dem Leser als Weg dienen, um das zu erreichen und zu verstehen, was ihm bisher unzugänglich war.

Wenn man vom „Stil" Teresas spricht, so ist das nur ein behelfsmäßiger Ausdruck. Sie hat keinen einheitlichen Stil, sondern vermischt selbst innerhalb eines Buches, eines Kapitels, einer Seite die verschiedensten Elemente, die jedoch alle und jedes für sich in einem einheitlichen „System" übereinkommen: das ist das Wirken Gottes in und durch Teresa. Alles steht in Funktion der Transzendenz und ihres Einbruchs in das Leben Teresas, die ihrerseits das göttliche Geschenk nicht für sich festhalten will und kann.

10. Wie schon gesagt, bestimmen nicht nur der Inhalt den Stil, sondern auch die Adressaten. Das wird in Teresas *Briefen* besonders deutlich. Sie zeigen konkret, daß geistliche Führung für Teresa nicht vom Leben abgehoben, besonderen Situationen vorbehalten ist, sondern ihre Beziehungen durchgehend bestimmt; auch die banalsten Anlässe dienen ihr dazu, Wegweisung und Rat zu geben oder zu suchen.

Wenn man Teresas Briefe nicht beachtet, kann jeder Aspekt, unter dem man ihr Leben und ihre Lehre betrachtet, zu einer geistlichen Engführung verleiten. Denn in ihren Briefen, in denen sie sich im allgemeinen keine Vorsichtsmaßnahmen auferlegt, spiegelt sich die Wirklichkeit ihres Lebens in seiner geradezu umwerfenden Menschlichkeit. In ihren Briefen ist auch etwas vom Reichtum der Beziehungen eingefangen, die zu Teresas Leben gehörten, von ihrem Charisma der Beziehung und Freundschaft. So machen gerade die Briefe diesen Zusammenhang deutlich, der für unser Thema wichtig ist: Kontakt, Vertrauen, Einfühlung, Freundschaft sind im konkreten Umgang für Teresa das Medium geistlicher Führung. Es fällt auf, daß dieser Aspekt der Führung, der uns in ihren Werken eigentlich auf jeder Seite entgegentritt, in den Briefen keineswegs den Ton angibt. Sie äußert sich eher sparsam als Ratgeberin in geistlichen Fragen. Im Vordergrund der Briefe steht immer der Adressat mit seinen Freuden und Leiden, den Problemen seiner gegenwärtigen Situation; wenn zu dem konkreten Menschen durch den Brief, d. h. durch Teresa selbst, die Brücke geschlagen ist, dann ist auch der Wechsel von höchst irdisch-materiellen Themen zur Sorge Teresas um das geistliche Wohl des Briefpartners leicht und unaufdringlich. Mir scheint, daß gerade in der Beiläufigkeit geistlicher Ratschläge in den Briefen etwas vom Stil geistlicher Führung bei Teresa zum Ausdruck kommt.

Nur ein winziger Prozentsatz der Briefe, die Teresa zwischen 1568 und 1582, in den Jahren ihrer größten Aktivität, geschrieben hat, ist uns erhalten. Es sind 450 Briefe, zusätzlich 24 Brieffragmente. Sie füllen in der immer noch einzigen Gesamtausgabe der Werke und Schriften Teresas in deutscher Sprache zwei stattliche Bände. Aber es sind nur 4,6 oder sogar nur 1,8 Prozent des geschätzten Gesamtcorpus ihrer Briefe, das 10 000 oder nach anderen Schätzungen 25 000 Briefe umfaßt, wenn man von 2 oder 5 Briefen täglich ausgeht.(5) Diese enormen Zahlen stehen für sich selbst als gewichtige Aussage zu unserem Thema; Teresa lebte buchstäblich mit den Menschen, die ihr anvertraut waren oder denen sie sich verbunden fühlte: die Schwestern und Brüder des Ordens, Ordensleute, Priester, Prälaten, Bischöfe, der Ordensgeneral, Adelige und Bürger. Vier Briefe an König Philipp II. sind erhalten. – Teresa begleitete mit ihrer Sorge, ihrer Dankbarkeit, ihrer Fürbitte diese vielen Menschen, auch mit dem Wunsch, ihre Freunde in der Liebe und im Gebet wachsen zu sehen. Die Briefe sind aber auch Ausdruck echter Kommunikation, insofern Teresa selbst ihren Briefpartnern von ihrem eigenen Ergehen erzählt. Sie mutet selbstverständlich dem anderen die Teilnahme an ihren eigenen Gebrechen, ihren Sorgen und Freuden zu. Sie läßt immer wieder den Adressaten wissen, daß sie seine Briefe braucht, darauf wartet, daß sie auf das Gebet der anderen angewiesen ist. Teresa ist in ihren Briefen ganz Mensch, gelegentlich verärgert, meistens heiter, immer in Geldsorgen und immer überbeschäftigt. Man spürt es den Briefen an, daß sie in Windeseile geschrieben sind, daß die Verfasserin eigentlich gar keine Zeit dazu hat. Dennoch schreibt sie, antwortet sie oft am selben Tag, an dem sie Post erhalten hat. Ihre ungeschützte Spontaneität spricht im Empfänger des Briefes tiefere persönliche Schichten an. Der andere kann aus diesen Briefen der Madre Teresa spüren: Ich bin gemeint, ernstgenommen, geliebt. Und Teresa gibt zu verstehen, daß sie in gleicher Weise vom anderen angesprochen sein will. So sehr Teresa in ihren Briefen der gebende, führende Teil ist, so sehr versteht sie auch immer wieder, Wechselseitigkeit in ihren Beziehungen zu verwirklichen. – In bezug auf ihren Umgang mit ihren Beichtvätern und Seelenführern haben wir bereits gesehen, daß Teresa kein festes Rollenverständnis hatte; sie konnte rasch und leicht vom Nehmen zum Geben wechseln und umgekehrt.

An den Schluß meiner Ausführungen möchte ich ein paar - wie ich meine - sprechende Zitate aus den Briefen Teresas stellen.

An Mutter Maria vom hl. Josef, Priorin in Sevilla, 2. März 1577
Wie froh bin ich doch, daß Sie schon so viel von der Schuld Ihres Klosters abgetragen haben! Wir dürfen uns indessen nicht allzusehr

freuen, bis jene Nonne einmal Profeß abgelegt hat. Sollte dies aber auch nicht geschehen, so wird Gott auf andere Weise Hilfe schaffen. Möchten doch die Nonnen inständig den Herrn bitten, daß er mich von meinem Kopfleiden befreie! Ich habe Ihnen schon durch den Eilboten, der heute abging, wenigstens teilweise die Ursachen dieses Leidens berichtet.

Ihre Gebetsweise gefällt mir sehr. Die Wahrnehmung, daß Sie schon im Besitze dieses Gebetes sind und Gott sich so gnädig gegen Sie erweist, ist kein Mangel an Demut, wenn Sie nur, was Sie ja auch tun, eingedenk sind, daß es nicht Ihr Werk ist. Wenn das Gebet von Gott ist, dann verleiht er Ihnen auch diese Einsicht. Ich preise Seine Majestät von ganzem Herzen, daß Sie solche Fortschritte machen, und werde mich bemühen, den Herrn um das zu bitten, was Sie wünschen. Beten Sie auch für mich, daß ich der Erhörung für würdig befunden werden möge!

So schreibt mir die Priorin von Veas, daß die Nonnen ihres Klosters mit dem Beichtvater nur von ihren Sünden sprechen und auf diese Weise alle in einer halben Stunde mit der Beichte fertig sind; auch fügt sie bei, man sollte es in allen Klöstern so halten. Da die Nonnen in Veas sehr zufrieden sind und große Liebe zu ihrer Priorin tragen, so wenden sie sich in ihren inneren Angelegenheiten an sie. Sie können Ihren Nonnen sagen, sie möchten sich, statt solche um Rat zu fragen, die in diesen Dingen vielleicht wenig erfahren sind, an mich wenden, da ich doch hierin einige Erfahrung besitze.

An Mutter Maria vom hl. Josef, Priorin in Sevilla, 28. März 1578

Damit ich es nicht vergesse, will ich hier bemerken, daß es mir nicht lieb ist, wenn die Schwestern aufzeichnen, was sie im Gebete erfahren. Es führt das zu vielen Mißständen, über die ich mit Ihnen sprechen möchte. Seien Sie überzeugt, wenn dies auch nichts anderes wäre als Zeitverlust, so würde es schon genügen; allein die Seele wird dadurch auch in der Freiheit des Geistes gehemmt. Es können dabei vielerlei Vorspiegelungen zutage treten ... Sind es Dinge von Bedeutung, die man im Gebete erfährt, so vergißt man sie niemals; vergißt man sie aber doch, so ist es nicht mehr notwendig, davon zu sprechen ... Haben die Schwestern nur Gewissensskrupel, so können sie sie Ihnen eröffnen; denn ich halte Sie für eine Oberin, der Gott die notwendige Erleuchtung zur Leitung der Nonnen geben wird, vorausgesetzt, daß sie Vertrauen zu Ihnen haben. Ich kenne die Nachteile, die das Nachsinnen über das, was man aufschreiben will, mit sich bringt, und weiß, was der Teufel alles vorspiegeln kann. Darum bin ich so entschieden dagegen.

An Mutter Maria Bautista, Priorin in Valladolid, 14. Mai 1574

Ich bedaure, meine Tochter, daß Sie so große Mühe bei so vielen und schweren Geschäften gehabt haben und noch haben werden; denn ich weiß, was man da zu tragen hat. Allein ich meine nicht, daß Sie gesünder wären, wenn Sie Ruhe hätten, von der Sie sprechen; vielmehr habe ich die sichere Überzeugung, daß Sie dabei weniger gesund wären; denn ich kenne Ihre physischen Kräfte. Darum ertrage ich es gerne, Sie in Mühen zu sehen; denn auf irgendeine Weise müssen Sie ja doch heilig werden, und das Verlangen nach Einsamkeit ist Ihnen nützlicher als die Einsamkeit selbst.

An Domingo Báñez, Ende Mai 1574

Nach Avila habe ich geschrieben, es sollen doch jene, die das Kloster errichten wollen, den Mut nicht verlieren, wenn es dort an Mitteln fehlt; denn ich wünschte sehr, daß einmal der Anfang gemacht werde. Warum berichten Sie mir nicht, was Sie getan haben? Gott mache Sie so heilig, wie ich es wünsche! Gerne möchte ich einmal mit Ihnen über die Befürchtungen reden, die Sie hegen und die doch nichts anderes sind als Zeitverlust. Sie wollen mir nicht glauben, weil Sie zu wenig demütig sind. Da ist Pater Melchior ein ganz anderer Mann. Er sagt, die einmalige Besprechung, die er mit mir in Avila gehabt, sei ihm von Nutzen gewesen, und es vergehe, wie er glaube, keine Stunde, in der ich ihm nicht im Geiste gegenwärtig sei. Was für einen Geist besitzt er, und was für eine Seele hat Gott an ihm! Er gereichte mir zu außerordentlichem Troste. Es scheint, ich habe nichts anderes zu tun, als Ihnen vom Geiste anderer zu erzählen. Bleiben Sie in Gott und bitten Sie ihn, er wolle mir verleihen, in nichts von seinem Willen abzuweichen. Es ist Sonntag in der Nacht.

Euerer Hochwürden Tochter und Dienerin

Teresa von Jesus

Anmerkungen

(1) Vgl. Santa Teresa de Jesús, Obras Completas, Editorial de Espiritualidad, Madrid [3]1984; Sämtliche Schriften der hl. Theresia von Jesus, Bde. 1–6, versch. unveränd. Aufl., München 1931–1984: Bd. 1 Leben der hl. Theresia von Jesus (im folgenden zitiert als „Leben“ bzw. „Vida“); Bd. 2 Klosterstiftungen; Bde. 3 u. 4 Briefe; Bd. 5 Seelenburg o. Innere Burg (im folgenden zitiert als „Seelenburg“); Bd. 6 Weg der Vollkommenheit (im folgenden zitiert als „Weg“). Die Schriften Teresas werden nach der Numerierung der deutschen Ausgabe zitiert. Die Übersetzung von Alkofer wurde z. T. auf der Grundlage der spanischen Ausgabe überarbeitet.

Ferner sei auf folgende neuere Monographien sowie Textausgaben verwiesen: U. Dobhan, Gott - Mensch - Welt in der Sicht Teresas von Avila (= Europäische Hochschulschriften XXIII, 101), Frankfurt 1978; W. Herbstrith (Hg.), Gott allein, Freiburg 1982; M. Herraíz-García, Beten mit der hl. Teresa, Wien 1987; J. Kotschner (Hg.), Der Weg zum Quell. Teresa von Avila 1582–1982, Düsseldorf 1982; E. Lorenz, Teresa von Avila - „Ich bin ein Weib und obendrein kein gutes", Freiburg 1982; dies., Ein Pfad im Weglosen, Freiburg 1986; dies., Das Vaterunser der Teresa von Avila, Freiburg 1987; J. Sudbrack, Erfahrung einer Liebe, Freiburg [3]1982; O. Steggink, Erfahrung und Realismus bei Teresa von Avila und Johannes vom Kreuz, Düsseldorf 1976.

(2) Zitiert bei Steggink (Anm. 1), 149.

(3) Zitiert ebd., 149 f. (nach dem Prozeß von Salamanca 1592).

(4) Ebd.

(5) Die Zahlen sind in der neuen spanischen Gesamtausgabe von Editorial de Espiritualidad ermittelt.

WALTRAUD HERBSTRITH O.C.D.

Edith Stein - Wege zur Wahrheit

1. Wenn wir, müde vom Markt materieller und geistiger Angebote, Ausschau halten nach einer Orientierung, die uns Leben und Sinn vermittelt, sind wir bei Edith Stein gut aufgehoben. Nicht, daß die Betrachtung ihres Lebensweges uns vom Gehen des eigenen Weges entheben würde. Eher umgekehrt. In Edith Steins Schicksal leuchtet etwas auf, was wir die Unverrechenbarkeit und Unverfügbarkeit des göttlichen Anspruchs nennen. Wir können mit einem Menschen ideell, künstlerisch, geistig, sozial manche Wegstrecke mitgehen, uns davon beeinflussen, anregen lassen. Im Augenblick aber, in dem dieser Mensch sich dem Kreuz Christi stellt, Leiden auf sich nimmt, um in die Passion Christi mit einzutreten, werden wir stumme, verstörte Begleiter oder geben vielleicht die Freundschaft mit diesem Menschen auf.

Die Begegnung mit Edith Stein[1] reißt den Betrachter hinein in ihr Lebenszeugnis, fordert ihn heraus, provoziert ihn, seine Suche nach Wahrheit, nach einem christlichen Lebenszeugnis ernst zu nehmen. Wenn heute Institute, Schulen, Kindergärten, Studentinnen- und Mütterheime, Straßen und Plätze den Namen der 1891 in Breslau geborenen Philosophin und Karmelitin tragen, wenn Theologen und Pädagogen ihr wissenschaftliches Werk untersuchen, ist dies im Sinne Edith Steins nur angebracht, wenn wir durch die Betrachtung ihres Lebens Jesus und seiner Frohen Botschaft näherkommen. 1962 eröffnete Kardinal Frings in Köln den sogenannten Seligsprechungsprozeß für Edith Stein. Viele Menschen in der Kirche wünschten, daß das Lebenszeugnis Edith Steins für kommende Generationen als Leitbild gezeigt wird. 1987 sprach Papst Johannes Paul II. Edith Stein in Köln selig. Die kirchliche Ehrung hat nicht zum Ziel, daß wir uns als Christen und Katholiken rühmen, einen bedeutenden Menschen mehr in die Liste großer Gestalten der Kirche aufzunehmen, oder daß wir als Deutsche erleichtert sind, daß wir nach den Ausschreitungen der Nationalsozialisten im Dritten Reich eine Jüdin öffentlich ehren können. In einem Vortrag, den Edith Stein 1931 in Ludwigshafen hielt, sprach sie aus, worum es ihr eigentlich ging: „Die natürliche Liebe gilt diesem oder jenem, der uns durch die Bande des Blutes verbunden oder durch Verwandtschaft des Charakters oder gemeinsame Interessen nahesteht. Die anderen sind ‚Fremde', die einen ‚nichts angehen', einem eventuell sogar durch ihr Wesen widerwärtig sind, so daß man sie sich möglichst weit vom Leibe hält. Für den Christen gibt es keinen

‚fremden Menschen'. Der ist jeweils der Nächste, den wir vor uns haben und der unser am meisten bedarf. Gleichgültig, ob er verwandt ist oder nicht, ob wir ihn ‚mögen' oder nicht. Die Liebe Christi kennt keine Grenzen."(2)

Edith Steins Weg vom Judentum über den Agnostizismus bis zur Hingabe an Jesus, den Gekreuzigten, sowie ihr schrecklicher Vergasungstod in Auschwitz-Birkenau 1942, mit den vielen für die vielen, kann für uns immer nur Anruf sein, Zeichen, etwas zu tun für die Wahrheit in dieser Welt. Etwas zu unternehmen für den Bruder, die Schwester, die uns angehen, die unser bedürfen, vor denen wir uns weder durch Schranken der Macht, des Prestiges, des Geldes oder der Religion absichern dürfen. „Es ist ein weiter Weg von der Selbstzufriedenheit eines ‚guten Katholiken', der ‚seine Pflichten erfüllt', eine ‚gute Zeitung' liest und ‚richtig wählt', im übrigen aber tut, was ihm beliebt, bis zu einem Leben an Gottes Hand und aus Gottes Hand in der Einfalt des Kindes und der Demut des Zöllners. Aber wer ihn einmal gegangen ist, wird ihn nicht mehr zurückgehen."(3)

Wenn wir des qualvollen Sterbens Edith Steins gedenken, wollen wir danken, daß wir aus unverdienter Liebe leben dürfen. Wollen wir dankbar sein dafür, daß andere vor uns gelitten, ihr Leben aufs Spiel gesetzt haben, damit wir Heutigen menschenwürdiger leben können. Edith Stein ist mit den Fragen, die ihr die eigene Lebenssituation stellte, ernsthaft umgegangen. Ihre Fragen sind auch die unsrigen. Zum Beispiel: Wie gehe mit meiner Angst vor Leid und Mühsal um? Sehe ich in den Leiden, die ich tragen muß, einen Sinn? Was bedeutet mir Jesus, der gekreuzigte Herr? Bin ich bereit, mich von Jesus in Dienst nehmen zu lassen? Engagiere ich mich für meine Mitmenschen, damit sie in der Nachfolge Jesu frei werden von Zwängen und Problemen?

2. Die Botschaft Edith Steins ist vielschichtig wie ihre Persönlichkeit. Selten finden sich in einem einzigen Leben so viele Stufen, die alle ihre eigene Botschaft haben. Der Charme ihres Lebens war, daß sie sich keiner Schule oder Richtung ganz verschrieb, daß sie offen war auf Entwicklungen hin, daß sie weitergehen konnte. Ihr Leben schlägt den Bogen vom Judentum zur Phase des Agnostizismus, zur Suche nach Wahrheit auf dem Weg der Philosophie. Sie machte als Agnostikerin aus psychologischem Interesse für sich allein die dreißigtägigen Exerzitien des Ignatius von Loyola, dachte eine Zeitlang daran, gleich ihren Freunden Adolf Reinach und Hedwig Conrad-Martius in evangelischer Richtung zu konvertieren. Sie beschäftigte sich mit Kierkegaard, da wurde die Lektüre des Lebens der heiligen Teresa von Avila zum

auslösenden Punkt, ihr Leben in eine neue Richtung zu lenken. Edith Stein konvertierte zur katholischen Lehre. Ihre Erfahrung von Transzendenz, von Identität war so stark, daß sie in den Karmel Teresas eintreten wollte. Sie brach ihre Karriere als Phänomenologin ab. Da sie aus Rücksicht auf ihre Familie vorläufig nicht in den Orden eintreten konnte, wollte sie in Zurückgezogenheit die neue Erfahrung verarbeiten. Als Lehrerin in Speyer schätzte sie das klösterliche Milieu und lebte ‚wie eine Dominikanerin unter Dominikanerinnen'.

Edith Steins Botschaft bis zu ihrer Konversion kann so beschrieben werden: Eine junge jüdische Frau, die in liberaler Atmosphäre aufwächst, in der jüdische Gebräuche geschätzt, aber nicht als existentiell notwendig empfunden werden, sucht im Studium der Psychologie Antwort auf Sinn, die ihr in der experimentellen Art damaliger Methode nicht zuteil wird. Bei der Lektüre der ‚Logischen Untersuchungen' des bahnbrechenden Meisters der Phänomenologie, Edmund Husserls, wird Edith Stein innerlich so stark angesprochen, daß sie die Universität Breslau verläßt, um bei Husserl in Göttingen zu hören. Von da ab verschreibt sich die Philosophin ganz der Phänomenologie, die ihr Wege zur Wahrheit eröffnet. Was ist Phänomenologie? Was beeindruckte viele junge Menschen, dieser Richtung zu folgen? Edith Stein schreibt: „Die ‚Logischen Untersuchungen' hatten vor allem dadurch Eindruck gemacht, daß sie als eine radikale Abkehr vom kritischen Idealismus kantischer und neukantischer Prägung erschienen. Man sah darin eine neue Scholastik, weil der Blick sich vom Subjekt ab- und den Sachen zuwandte. Die Erkenntnis schien wieder ein Empfangen, das von den Dingen sein Gesetz erhielt, nicht wie im Kritizismus ein Bestimmen, das den Dingen sein Gesetz abnötigte. Alle jungen Phänomenologen waren entschieden Realisten."(4)

In ihrer Dissertation geht Edith Stein dem Phänomen „Das Verstehen geistiger Zusammenhänge" nach. „Ich hatte in einem ersten Teil, noch in Anlehnung an einige Andeutungen in Husserls Vorlesungen, den Akt der ‚Einfühlung' als einen besonderen Akt der Erkenntnis untersucht. Von da ab war ich weitergegangen zu etwas, was mir persönlich besonders am Herzen lag und mich in allen späteren Arbeiten immer wieder beschäftigte: zum Aufbau der menschlichen Person. Im Zusammenhang jener Erstlingsarbeit war diese Untersuchung notwendig, um begreiflich zu machen, wie sich das Verstehen geistiger Zusammenhänge vom einfachen Wahrnehmen seelischer Zustände unterscheidet."(5)
Ihr Freund, der Pole Roman Ingarden, sagt über Edith Stein: „Die Frage nach der Klärung der Möglichkeit der gegenseitigen Verständigung zwischen den Menschen hat sie am meisten bewegt, also die Frage nach

der Möglichkeit der Schaffung einer menschlichen Gemeinschaft, welche nicht nur theoretisch, sondern auch für ihr Leben, in gewisser Weise für sie selbst, sehr nötig war."[6]

Diese Suche nach Gemeinschaft, nach Gliedschaft in einem größeren Ganzen gab Edith Stein zunächst Verwurzelung in der Gemeinschaft der Phänomenologen um Husserl, zu denen sie guten Kontakt pflegte, dann zur Nation. Aus ihrem verantwortlichen Staatsbewußtsein heraus, hatte sie sich 1914 bei Kriegsausbruch im Krankendienst engagiert. Sie suchte nach einer Gemeinschaft, deren Existenz für sie etwas ganz Persönliches und Wesentliches sein sollte.

Schon vor der Zeit ihrer Konversion wurde für Edith Steins Freunde spürbar, daß ihre Botschaft nicht nur gedanklicher Art war, sondern ihre ganze Persönlichkeit erfüllte und ausstrahlte. Professor Hering (Straßburg) sagt von ihr: „Ich hatte Gelegenheit, nicht nur ihre philosophische Begabung zu schätzen, sondern auch ihre Charaktereigenschaften, zum Beispiel, wie sie die Liebe zur Wahrheit mit der Liebe zum Nächsten zu verbinden wußte."[7] Professor Ingarden erinnert sich: „Seit dem Jahr 1913, in welchem Edith Stein nach Göttingen kam, und besonders seit 1916 in Freiburg, wo wir uns befreundet haben, kannte ich sie als eine hochbegabte ernste, verantwortliche Person. Auch später sah ich in Edith Stein immer einen reinen, innerlich reichen und ernsten Menschen, dem man in allem vertrauen durfte. Sie hat sowohl ihren philosophisch-wissenschaftlichen als auch später ihren religiösen Weg voll bewußt gewählt und darin ihr echtes Glück gefunden, obwohl sie im privaten Leben nicht alles das bekam, was sie verdiente. Es steht für mich außer Zweifel, daß sie immer derselbe echte und ernste Mensch geblieben ist, den ich früher in unmittelbarem Verkehr kennengelernt hatte."[8]

3. Die Botschaft von Edith Steins Speyerer Zeit ist eine dreifache: Begegnung der Phänomenologin mit der Scholastik, Integration der Frau in die Berufswelt, Sorge für die anvertrauten Schüler und die Armen. Ihre Art und Weise, in den Vorträgen zu sprechen, war einfach, durchdacht, anmutig und von hoher Geistesschärfe. So schildern sie ihre Zuhörerinnen und Zuhörer. Wurde sie gefragt, warum sie so bescheiden auftrete und in einfacher Kleidung, entgegnete sie lächelnd, sie könne sich keinen Luxus erlauben, da sie viele Verpflichtungen habe. Damit meinte sie die Armen, die sie regelmäßig unterstützte.[9]

Die Begegnung mit Thomas von Aquin und der Scholastik löste in Edith Stein den Wunsch aus, Moderne und Tradition in ein Gespräch zu bringen. Sie stand hinter der Husserlschen Prämisse: Philosophie ist ‚strenge Wissenschaft'.

„Es ist dabei nicht an eine Analogie mit irgendeiner anderen Wissenschaft zu denken. Es bedeutet nur, daß Philosophie keine Sache des Gefühls und der Phantasie, der hochfliegenden Schwärmerei oder auch der persönlichen Ansicht, sozusagen Geschmacksache ist, sondern eine Sache der ernst und nüchtern forschenden Vernunft. Bei Husserl wie bei Thomas herrscht die Überzeugung, daß ein Logos in allem waltet, was ist, und es unserer Erkenntnis möglich ist, schrittweise etwas und immer wieder etwas von diesem Logos aufzudecken, wenn sie nach dem Grundsatz strengster intellektueller Ehrlichkeit vorangeht. Über die Grenzen, die diesem Verfahren in der Aufdeckung des Logos gesetzt sind, darüber freilich gehen die Auffassungen beider auseinander."[10]

Den Ansatz der transzendentalen Kritik Husserls kennt Thomas nicht. Im Sinne dieser Kritik gibt es weder eine natürliche noch eine übernatürliche Vernunft, sondern eine ‚Vernunft als solche'. Dieser erscheint der thomistische Zugang zur Realität als ‚naiv'. Edith Stein genügte die Husserlsche Erkenntnis, daß Wahrheit eine Idee ist, die sich in einem unendlichen Prozeß verwirklicht, nicht. Als gläubige Philosophin war sie mit Thomas der Auffassung, daß prozeßhafte Erkenntnis umfangen ist von einer ‚göttlichen Erkenntnis', die ‚unendliche, ruhende Fülle' ist. Sie spricht von der materialen und formalen Abhängigkeit der Philosophie vom Glauben. Die Glaubenswahrheit vom christlich geoffenbarten Gott wurde für Edith Stein zum letzten Kriterium, an dem sich Philosophie zu messen hat. Die Phänomenologin erkannte, daß der traditionelle Begriff ‚philosophia perennis' nicht mit dem geschlossenen Lehrsystem, das ihn vermittelt, identifiziert werden darf. Sie erweiterte daher den Begriff ‚philosophia perennis', gab ihm einen neuen, ‚übergreifenden Sinn', der auch Begegnung mit dem heutigen Philosophieren ermöglicht.

„‚Philosophia perennis' bedeutet doch noch etwas anderes: ich meine den Geist echten Philosophierens, der in jedem wahren Philosophen lebt, das heißt, in jedem, den eine innere Notwendigkeit unwiderstehlich treibt, dem Logos oder der Ratio (wie es Thomas übersetzt hat) dieser Welt nachzuspüren. Diesen Geist bringt der geborene Philosoph – als Potenz, thomistisch gesprochen – mit zur Welt. Die Potenz wird zum Akt geführt, wenn er einem reifen Philosophen, einem ‚Lehrer' begegnet. So reichen sich die echten Philosophen über alle Grenzen von Raum und Zeit die Hände. So waren Plato und Aristoteles und St. Augustin des heiligen Thomas Lehrer – wohl zu beachten: nicht Aristoteles allein, auch Plato und Augustin – und es war ihm gar nicht anders möglich, als in beständiger Auseinandersetzung mit ihnen zu philosophieren. In diesem Sinn hatte auch Husserl, bei aller Selbständigkeit seines Vorgehens, seine Lehrer. Einige davon hat er selbst deutlich bezeichnet: In bewußter Auseinandersetzung mit Descartes und Hume zum Beispiel hat er sich seine Methode gebildet. Andere haben durch verborgene Kanäle auf ihn eingewirkt, ohne daß es ihm wohl recht zu Bewußtsein kam: Zu denen ist auch Thomas zu zählen."[11]

Der Religionsphilosoph Erich Przywara deutet diese bewegliche Haltung Edith Steins mit folgenden Worten: „Sie besaß einen doppelten Geist: eine unbegrenzte Fassungskraft für Wesen und Dinge, eine ganz weibliche Aufnahmefähigkeit und zugleich eine männlich sachliche Intelligenz. Ihr Stil war klar, harmonisch, der Widerschein ihrer Persönlichkeit. Sie empfand eine ungeheure Freude bei der Entdeckung der wunderbaren Gedankenwelt eines Thomas von Aquin. Sie liebte die reine Sprache des Heiligen mit derselben Liebe, die sie für Bach'sche Musik, für den gregorianischen Choral, für Lieder von Reger und Bilder von Rembrandt hegte."[12]

4. Was Edith Steins Botschaft an die Frau betrifft, wollen wir einige Notizen betrachten, die sie sich 1932 für einen Vortrag in Zürich gemacht hatte. Sie zeigen die ungeheure Dynamik und Verantwortlichkeit Edith Steins gegenüber Gesellschaft, Kirche und Politik. Edith Stein wünschte sich die katholische Akademikerin als eine wissenschaftlich gebildete, objektiv denkende Frau. Es war für sie selbstverständlich, daß die Akademikerin ihre Verantwortung in sachlicher Berufsausübung, in Menschenführung, in apostolischem Tun übernimmt.

„Es handelt sich darum, Klarheit zu bekommen über das, was geschehen ist bis heute, über das, was nicht getan wurde, um herauszufinden, was geschehen muß in Zukunft."[13] Die Frau, die die Zeichen der Zeit erkennt, muß ‚hellhörig' sein, ihre eigene Persönlichkeit entfalten und vertiefen, sie muß ‚Pionierblut' haben. „Vielleicht haben wir uns im Laufe der Jahrhunderte zu sehr an unsere passive Haltung in der Kirche gewöhnt, es Ausnahmemenschen überlassen (Theresia von Jesus, Hildegard von Bingen, Katharina von Siena und so weiter), als ‚Ausnahmen die Regel zu bestätigen'. Das 20. Jahrhundert verlangt mehr ... Verstehen wir, um was es geht bei der sogenannten liturgischen Bewegung? Sicher nicht um Ästhetizismus, nein, um ein tieferes Mitleben, Miterleben des Lebens Christi mit der Kirche."[14]

Angenehm berührt bei Edith Stein im Vergleich zu manchen Auswüchsen der gegenwärtigen Frauenbewegung, daß sie weder Selbstbemitleidung kennt noch den Männern einseitig Schuld zuschiebt. Edith Stein hat eine positive Sicht der Frau wie des Mannes. Um veraltete Rollenfixierungen zu durchbrechen, ermutigt sie die Frau, das Gemeinsame in den Geschlechtern zu sehen, das gemeinsame Menschsein. Sie will die Frau aus ihrer passiven Rolle herausholen.

„Existieren heute in der Schweiz Möglichkeiten für katholische Akademikerinnen, wissenschaftlich zu arbeiten und dazu ihr Auskommen zu finden? Existieren Fonds, die wissenschaftliches Arbeiten gestatten, ohne Zwang, verzettelndem, aufreibendem Broterwerb nachzugehen? Sie existieren nicht. Folglich ist es ungerecht, über akademisch gebildete Frauen das Verdikt zu fällen: ‚wissenschaftlich unproduktiv', solange ihnen die Möglichkeit nicht erschlossen ist, wissenschaftlich tätig zu sein. Bemühen sich die katholischen Akademikerinnen der Schweiz nach dieser Richtung? Fördern sie sich gegenseitig? Schützen und helfen sie den Jungen? Existiert eine katholische Frauenbildungszentrale, wo die nötige Bibliographie vorhanden ist? . . . Existiert ein Heim, wo die akademisch gebildete Frau Anregung und Erholung, Kontakt mit Gleichgesinnten und so weiter finden kann? . . . Dies alles existiert nicht. Es ist zu schaffen."(15)

Diese Gedanken sind ein Jahr vor Edith Steins Eintritt in den Karmelorden niedergeschrieben.

Vieles von dem, was sie damals von der Frau forderte, ist heute noch nicht selbstverständlich. Für Edith Stein war es auch wichtig, daß Religion etwas mit Politik zu tun hat. Sie war nicht glücklich darüber, daß viele Frauen 1932 noch nicht einsahen, wie notwendig ihre Mitverantwortung auch im politischen Bereich ist. „Ich verlange von der katholischen Akademikerin der Schweiz nicht . . . daß sie sich heute entscheide: Teilnahme der Frau am öffentlichen Leben oder nicht. Aber eines glaube ich im Namen des gesunden Menschenverstandes, im Interesse unserer Familien, unseres Volkes, unserer Kirche fordern zu müssen: daß sie sich interessiert, besinne, daß sie die Frage objektiv studiere im Lichte heutiger Zeitentwicklung."(16)

5. Seit den Ausfällen der Nationalsozialisten gegen die Juden überlegte Edith Stein, was sie für ihr Volk tun könne. Ihr Christsein entfremdete sie nicht dem Judentum, sondern ließ sie tiefer und radikaler als viele das systematisch geplante Unrecht erkennen. Sie hätte sich retten können durch die Annahme einer Lehrerinnenstelle an einer Schule in Südamerika. Gleichzeitig plante sie einen Besuch in Rom bei Papst Pius XI., um von ihm eine Enzyklika zum Schutz der Juden zu erbitten. Die Dringlichkeit ihrer Bitte wurde in Rom nicht erkannt. Südamerika hätte bedeutet, daß sie sich von ihrem leidenden Volk, von ihrer Familie

entfernt hätte. Edith Stein spürte, daß ihr noch etwas Konkreteres aufgetragen war. Beim Gebet in der Ludgerikirche in Münster ging ihr auf, daß sie durch ihren Eintritt in den Karmel Teresas von Avila in Gebet und Opfer für ihr verzweifeltes Volk einstehen solle. Die Tragik der Situation bestand darin, daß ihre eigene Familie einen solchen Schritt als Entfremdung empfinden mußte.

„Die Entscheidung war so schwer, daß kein Mensch mir mit Bestimmtheit sagen konnte, dieser Weg oder jener ist der rechte. Für beide ließen sich gute Gründe beibringen. Ich mußte den Schritt völlig in der Dunkelheit des Glaubens tun. Oft habe ich in jenen Wochen gedacht: Wer von uns beiden wird zusammenbrechen, meine Mutter oder ich? Aber wir hielten beide bis zum letzten Tag aus.“[(17)]

Im Herbst 1933 bat Edith Stein um Aufnahme im Kölner Karmel. Ihr Ordenseintritt war nicht ein sacrificium intellectus. Gebet stand für Edith Stein nicht gegen Intellekt. Jederzeit war sie bereit, wie sie es in ihrem Heidelberger Vortrag „Der Intellekt und die Intellektuellen“ formuliert hatte, manuelle und geistige Arbeit als gleichwertige Forderungen auszuüben. Trotz ihrer Freude, fast unverhofft noch in einem Orden leben zu dürfen, dachte sie nicht daran, sich ein Nest zu bauen, um vor der ‚bösen‘ Welt gesichert zu sein. Ein Studienrätin, die Edith Stein 1935 besuchte, äußerte „ihre Befriedigung, Schwester Benedikta (Edith Stein) im Karmel doch wohl geborgen zu wissen“. Darauf antwortete sie schnell: „O nein, das glaube ich nicht. Man wird mich hier sicher noch herausholen. Jedenfalls darf ich nicht damit rechnen, hier in Ruhe gelassen zu werden.“ Und sie fügte hinzu, es sei ihr klar, daß sie für ihr Volk leiden solle und den Auftrag habe, viele heimzuholen.[(18)]

Als Ordensfrau hat Edith Stein zweierlei Botschaft. Allein durch ihre Existenz in einem kontemplativen Frauenorden wurde die einseitige Fixierung der kontemplativen Berufung auf bloße Handarbeit durchbrochen. Edith Stein bekam das zu spüren, denn in ihrer Zeit waren viele Schwestern der Ansicht, geistige Arbeit sei keine richtige Arbeit, passe nicht in das Leben des Gebetes. In kontemplativen Männergemeinschaften war diese Fixierung nicht so gegeben, da Mönche spirituelle Aufgaben übernahmen oder Priester waren. Der Moraltheologe Hans Rotter sagt, ein Anheben des Niveaus in der Ausbildung der Frau habe ganz selbstverständlich auch neue Beauftragungen zur Folge. Das ‚katholische Bildungsdefizit‘ kann nur dadurch überwunden werden, daß Demut nicht mit Nicht-Wissen gleichgesetzt wird. Phasen der Einübung in klösterliches oder monastisches Leben dürfen nicht als Endphasen fixiert werden, sie müssen der Entwicklung des Menschen

Rechnung tragen. Auch kontemplative Orden sollen ihren Mitgliedern einen Raum ermöglichen, der ihre spirituelle Entfaltung fördert und Aufgaben verlangt gemäß der Persönlichkeitsbildung der einzelnen. Das Entscheidende im Mönchsleben ist nicht der subjektive Genuß des Betens, sondern der Gehorsam, das heißt die Verfügbarkeit für die Anforderungen, die im Laufe eines Ordenslebens auf den einzelnen zukommen. Auch hier war Edith Stein Pionierin.

Ihre zweite und letzte Botschaft im Karmel ist ihr Sinn für Stellvertretung, für Verantwortlichkeit gegenüber den Mitglaubenden oder am Glauben nicht Interessierten. „Innerhalb der Kirche gibt es Gemeinschaftserlebnisse verschiedenster Art: Andacht, Begeisterung, Werke der Barmherzigkeit und so weiter, aber nicht ihnen verdankt die Kirche ihr Bestehen. Sondern dadurch, daß der einzelne vor Gott steht, vermöge des Gegeneinanders und Zueinanders von göttlicher und menschlicher Freiheit ist ihm Kraft gegeben, für alle dazustehen, und dieses ‚einer für alle und alle für einen' macht die Kirche aus ... Je mehr einer von der göttlichen Liebe erfüllt ist, desto mehr ist er geeignet, die für jeden prinzipiell mögliche Stellvertretung zu leisten."(19)

In der Gemeinschaft der Kirche hat Edith Stein zu jener Gliedschaft hingefunden, in der sie fähig wurde, sich für die Interessen, für das Heil anderer loszulassen, ja selbst ihr Leben aufs Spiel zu setzen. Das paulinische Engagement: „Ja, ich möchte selber verflucht und von Christus getrennt sein, um meiner Brüder willen" (Röm 9,3) ist auch das ihrige.

Man kann einwenden: Hatte Edith Stein ein strenges Gottesbild? War sie wirklich der Meinung, Gott brauche Opfer von Menschen, um versöhnt zu werden? Edith Stein verstand unter Stellvertretung den Wunsch, mit allen, die ihr gegeben waren, für immer in einer Gemeinschaft der Liebe und des Friedens zu sein. Sie glaubte, daß Gott uns in Jesus von Nazareth gezeigt hat, daß göttliche Liebe sich verschenkende Liebe ist, sterbende Liebe, um anderen Leben zu ermöglichen. Mit Christus wollte sie an seinem Leben und Leiden Anteil haben. Edith Stein vertraute auf Gottes unendliches Erbarmen, „aber den Ernst der letzten Dinge dürfen wir uns nicht verschleiern. Nach jeder Begegnung, in der mir die Ohnmacht direkter Beeinflussung fühlbar wird, verschärft sich mir die Dringlichkeit des eigenen holocaustum ... Es mag uns noch so sehr die gegenwärtige Lebensform nicht als die adäquate erscheinen – was wissen wir im Grunde davon? Aber, daß wir hier und jetzt stehen, um unser Heil zu wirken und das derer, die uns auf die Seele gelegt sind, daran kann kein Zweifel sein."(20)

Diese verantwortungsbewußte und geradlinige Edith Stein war kein trauriger, verbissener Mensch. Ihre Freundin Hedwig Conrad-Martius und Jan H. Nota, der sie ein halbes Jahr vor ihrem Tod in Echt kennenlernte, berichten übereinstimmend vom Zauber und der unzerstörbaren Heiterkeit ihres Wesens. Sie hatte beides, den Ernst und die Verantwortlichkeit, sowie das fröhliche, heilende Nähe ausstrahlende Herz.

Die Husserlschülerin Sr. Adelgundis Jaegerschmid berichtet von Edith Stein als Assistentin Husserls: „Edith verschwand unbemerkt unter uns Studentinnen, obwohl sie als außerordentlich klug galt . . . Sie kam uns ziemlich unmodern vor. Immer saß sie in einer der ersten Reihen des Hörsaales, klein, schmal, unbedeutend, in intensives Nachdenken versunken. Sie trug das dunkle, glatte Haar gescheitelt und im Nacken zu einem schweren Knoten zusammengefaßt. Sie war von fast kränklich wirkender Blässe, und die großen schwarzen Augen mit dem forschenden Blick ließen sie ein wenig streng erscheinen, fast abweisend, als wollte sie unnützer Ablenkung vorbeugen. Aber in dem Augenblick, wo man persönlich an sie herantrat, leuchtete eine unbeschreibliche Milde in den Augen auf, ein entzückendes Lächeln beseelte ihr Antlitz, dessen Züge ein wenig von der Unschuld und Schüchternheit des Kindes bewahrt hatte. Man kann nicht sagen, daß sie schön war, nicht einmal hübsch, noch daß sie etwas von dem weiblichen Reiz besessen hätte, der die Herzen entflammt. Aber es lag ein unvergleichlicher Zauber über diesem Antlitz mit der hohen, weisheitsvollen Stirn, mit diesen kindlichen wundervoll ausdrucksfähigen Zügen, ein Widerschein des Friedens, so daß man nicht müde wurde, sie anzuschauen.“(21)

Die gleiche Botschaft des Friedens, des strahlenden Lächelns inmitten einer Atmosphäre des Todes, brutaler Gewalt schildert rückblickend 1950 ein jüdischer Beamter vom Joodsen Rat, Herr Wielek. Er begegnete Edith Stein im Durchgangslager Westerbork.

„Die eine Nonne, die mir sofort aufgefallen war und die ich – trotz der vielen, abscheulichen Episoden, deren Zeuge ich war, nie habe vergessen können, die Frau mit ihrem Lächeln, das keine Maske war, sondern wie ein warmes Leuchten aufging, ist diejenige, die durch den Vatikan vielleicht heiliggesprochen wird . . . als ich dieser Frau im Lager Westerbork begegnete . . . wußte ich sofort: Das ist ein wahrhaft großer Mensch. In dem Hexenkessel Westerbork lebte sie einige Tage, ging, sprach und betete sie . . . wie eine Heilige, ja das war sie. Das war das Bild dieser älteren Frau, die so jugendlich wirkte, die so ganz und wahrhaftig und echt war. Bei einem Gespräch sagte sie: ‚Die Welt besteht aus

Gegensätzen ... Letzten Endes aber wird nichts bleiben von diesen Kontrasten. Die große Liebe allein wird bleiben ... Und daß meine Schwestern und Brüder so leiden müssen, das habe ich wahrhaftig auch nicht gewußt ... Jede Stunde bete ich für sie. Ob Gott mein Gebet erhört? Ihre Klage hört er ganz gewiß."[(22)]

Edith Stein nahm sich der verzweifelten und apathischen Mütter an, sie putzte und wusch die Kinder und tröstete sie. Als Wielek erkannte, daß Edith Stein mit den anderen abtransportiert werden sollte, fragte er sie, ob er Utrecht anrufen sollte, um noch irgendeine Rettungsmöglichkeit zu versuchen. Sie aber wehrte ab.

„War dies nicht gerade Gerechtigkeit, daß sie keinen Vorteil ziehen konnte aus der Tatsache, daß sie getauft war? Wenn sie nicht das Los der anderen teilen sollte, sei ihr Leben wie vernichtet ... Sie ging betend neben ihrer Schwester (Rosa) zu den Wagen. Ich sah ihr Lächeln – ihre ungebrochene Festigkeit ..., die sie nach Auschwitz begleiteten."[(23)]

Edith Stein hat widerstanden bis in den Tod: Sie widerstand der Bosheit, der Verzweiflung, der Gemeinheit von Menschen in der Kraft des Gebets, der hingebenden Liebe. Sie hatte als junge Wissenschaftlerin über das Thema „Einfühlung" geschrieben. Ein ganzes Leben lang interessierte sie sich dafür, wie Menschen untereinander und mit Gott in Beziehung treten können. Ihr Tod war, wie der Tod Christi, eine völlige Verhöhnung all dessen, was sie als suchende Agnostikerin, als gläubige Christin gefunden und verteidigt hatte: die Würde des Menschseins, die Würde des Personseins, die Würde des Geschöpfseins. Im Sinne Edith Steins sind wir nicht zur Vernichtung bestimmt, sondern zu ewigem unzerstörbarem Sein berufen.

Anmerkungen

(1) Vgl. zum Folgenden auch: W. Herbstrith, Das wahre Gesicht Edith Steins, Aschaffenburg [6]1987; dies. (Hg.), Edith Stein – eine große Glaubenszeugin. Leben, neue Dokumente, Philosophie, Annweiler 1986; G. Fuchs (Hg.), Glaube als Widerstandskraft. Edith Stein, Alfred Delp, Dietrich Bonhoeffer, Frankfurt 1986. Ferner: W. Herbstrith, Glauben heute. Edith Stein – gelebte Theologie des Kreuzes, SWF Baden-Baden, 1. 11. 1986.

(2) Edith Stein, Wege zur inneren Stille, hrsg. v. W. Herbstrith, Aschaffenburg [2]1987, 61.

(3) Ebd., 67.

(4) Edith Stein, Aus dem Leben einer jüdischen Familie. Vollständige Ausgabe (= Gesammelte Werke VII), Freiburg 1985, 219 f.

(5) Ebd., 359.

(6) Herbstrith, Das wahre Gesicht (Anm. 1), 136 f.

(7) T. R. Posselt, T. M. Drügemöller, Kölner Selig- und Heiligsprechungsprozeß der Dienerin Gottes, Sr. Teresia Benedicta a Cruce - Edith Stein, Köln 1962, 89.
(8) Ebd., 88.
(9) Ebd., 92.
(10) Edith Stein, Husserls Phänomenologie und die Philosophie des hl. Thomas von Aquino. Versuch einer Gegenüberstellung, in: Festschrift Edmund Husserl. Zum 70. Geburtstag gewidmet, Tübingen [2]1974, 315–338, 316 f.
(11))Ebd., 316.
(12) M. B. Pohl, Edith Stein, Kurzausgabe, Nürnberg 1954, 43.
(13) Edith Stein, Die Frau. Ihre Aufgabe nach Natur und Gnade (= Gesammelte Werke V), Freiburg 1959, 219.
(14) Ebd., 226.
(15) Ebd., 223.
(16) Ebd., 226.
(17) T. R. Posselt, Edith Stein. Eine große Frau unseres Jahrhunderts, Freiburg [9]1963, 107.
(18) Posselt, Drügemöller (Anm. 7), 17.
(19) Edith Stein, In der Kraft des Kreuzes, hrsg. v. W. Herbstrith, Freiburg [3]1987, 64 f.
(20) Ebd., 105.
(21) Pohl (Anm. 12), 28.
(22) Herbstrith, Das wahre Gesicht (Anm. 1), 173.
(23) Ebd., 173 f.

Klaus Kienzler

Spiritualität zwischen gestern und morgen – Glaube auf dem Prüfstand

Der Ruf nach Spiritualität wird heute von allen Seiten laut. Einmal wird der Mangel an Spiritualität schmerzlich empfunden; zum anderen fordert das ganze Volk Gottes, also vor allem auch die Laien in der Kirche – und das ist eine einigermaßen neue Situation –, das Recht auf eine zeitgemäße Spiritualität ein. Beginnen wir mit einer kompetenten Stimme zur Bedeutung von Spiritualität für die Situation der Kirche heute. Der Vorsitzende der Deutschen Bischofskonferenz, Bischof Karl Lehmann, äußerte in einem Interview 1985:

„Die großen Reformen der Kirche sind zumeist aus einer unverdrossenen, unbesiegbaren Spiritualität hervorgegangen, die vom Wagnis einer nüchternen Liebe zur Kirche getragen wird und dem Leiden an der Kirche nicht ausweicht (z. B. Franziskus, Katherina, Ignatius). Nur so lassen sich auch die unfruchtbaren Positionen, z. B. eines blasierten Traditionalismus und eines substanzlosen Progressismus, vor allem auch ein oberflächliches Vermitteln, ebenso verhindern wie Starrheit und Willkür, Konformismus und Weltflucht. Nur eine radikale Mitte aus den letzten Wurzeln des Glaubens führt in eine gemeinsame Zukunft . . .“ Nicht zu Unrecht verweist der Bischof auf Namen großer Ordensgründer und nicht von ungefähr auf Namen von großen Frauengestalten der Vergangenheit. Für die heutige Zeit stellt er dann abschließend fest: Nach dem 2. Vatikanum sei festzustellen, „daß nicht wirklich eine Spiritualität der Erneuerung, der Reform entwickelt wurde“.[(1)]

Das Seminar für Katholische Theologie der Freien Universität und die Katholische Akademie in Berlin haben sich über ein Jahr mit dem Thema „Spiritualität“ befaßt. Dabei hielten sie vor allem Ausschau nach großen Gestalten überzeugender Spiritualität der Vergangenheit. Es dürfte kein Zufall gewesen sein, daß man dabei auf Ordensleute stieß. Auffällig ist dann weiterhin, daß man heute die Bedeutung von Frauen für die christliche Spiritualität anders einschätzt, als dies bis noch vor kurzem geschehen ist. Die Vorträge dieser Reihe haben mich angeregt, zunächst einmal darüber nachzudenken, was Spiritualität im christlichen Sinne sei, dann im Blick in die Vergangenheit auf einige große Traditionen, wie sie vor allem in Orden bewahrt werden, auf einige besondere Charakteristika christlicher Spiritualität zurückzuschauen und dann auf Anforderungen und Möglichkeiten von Spiritualität für heute und morgen zu sprechen zu kommen.

1. Was ist Spiritualität?[2]

Fragen wir also zuerst kurz, was denn christliche Spiritualität wohl sei. Es ist interessant, einen kurzen Blick auf den Begriff von Spiritualität zu werfen. Es ist festzustellen, daß sich der Begriff „Spiritualität" eigentlich erst nach 1945 in der katholischen Kirche eingebürgert hat und dies noch nicht seit vielen Jahrzehnten der Name für eine ganze theologische Disziplin geworden ist. Zuvor hatte man seit der Barockzeit dafür „Asketik" und „Mystik" gesagt. Asketik war dabei die Lehre vom praktisch religiösen Leben; Mystik die Lehre von der erfüllten Glaubens- und Gotteserfahrung. Natürlich leitet sich das Wort Spiritualität vom „homo spiritualis" - vom „geistlichen Menschen" - der Schrift, etwa bei Paulus, her. Es ist der unterscheidend christliche Mensch, der aus dem Geist Christi und aus der Erfahrung des Glaubens lebt. Aber wie heute den „spiritualis" deutsch wiedergeben: Ist es ein „geistiger" oder ein „geistlicher" Mensch? „Geistig" wurde im 18. Jahrhundert zum Adjektiv der Philosophen und Geisteswissenschaften; sie verstehen sich in Dingen des Geistes. „Geistlich" erhielt einen klerikalen Beigeschmack; er wurde vor allem auf die Geistlichen bezogen. Anders im französischen Raum: Dort meint das Wort „spiritualité" eine ganze religiöse Geisteskultur, also eine Kultur, die aus dem Geist Christi lebt. In diesem Sinne will ich zunächst von Spiritualität reden, wie es auch im Deutschen möglich ist, wenn ich etwa von benediktinischer oder franziskanischer Spiritualität spreche. Interessant dabei ist, daß wir dies für eine frühere Zeit vor allem von großen Ordensgründungen tun. Es weist darauf hin, daß früher vor allem die Orden und ihre Stifter, wie Benediktus oder Franziskus, die Begründer und die Wahrer christlicher Spiritualität waren. Bei ihnen kann die ‚klassische' Spiritualität, etwa mit D. Mieth, folgendermaßen verstanden werden: eine sowohl im Denken wie im Leben ausgeprägte Einheit des Strebens nach Vollkommenheit und der Nachfolge Christi.[3]

2. Spiritualität und Orden

2.1 Orden[4]

Wenden wir uns zunächst einmal der klassischen Form christlicher Spiritualität zu, wie sie vor allem - und das nicht von ungefähr - in Orden vertreten wurde. Die Zeit der Orden ist sicher noch nicht vorbei.

Wir können uns dabei an wichtigen Zentren auch heute noch sehr lebendiger Spiritualität orientieren, wie etwa Assisi oder Taizé u. a. Nehmen wir einmal Assisi als Zentrum christlicher Spiritualität: Assisi ist der Ort der Begegnung sehr verschiedener spiritueller Formen und Bewegungen. Es ist natürlich das Zentrum des Franziskus, aber zuvor lebten dort Benediktiner, sodann hat sich Franziskus sehr gerne in die dort schon bestehende Einsiedelei, Eremitage delle Carceri, zurückgezogen; anderes Bemerkenswerte wäre von Assisi zu berichten, neuerdings ist es so etwas wie geistliches Zentrum der Begegnung mit den Weltreligionen geworden. In Assisi haben wir also ein buntes Nebeneinander von Formen hoher christlicher und anderer Spiritualität; sie repräsentieren einige Hochformen aus unterschiedlichsten Zeiten; dabei ist es wichtig, daß sich diese Formen zwar unterscheiden und doch auch offensichtlich ergänzen.

Orden sind kein spezifisches Phänomen des Christentums, sondern aller großer Religionen. Die Bedeutung der Orden für die Religionen liegt auf der Hand: Jeder Mensch wird sich irgendwann einmal mit den ‚ungelösten Fragen des menschlichen Daseins' auseinandersetzen. Letztlich sind das religiöse Fragen, die vor das unsagbare, unbedingte und absolute Geheimnis führen, das wir Gott nennen. Hier erfährt der Mensch eine letzte Tiefe der Dinge, auch Sinn von Existenz. Wo diese religiöse Erfahrung radikal gemacht, sie ins Leben umgesetzt wird, entstehen in den Religionen Formen des Ordenslebens. Orden sind Gebilde von Einzelnen und Gruppen, die sich bewußt der ganzen Realität des Lebens stellen und das Geheimnis Gottes zur Mitte ihres Seins machen, ihres Lebens. Sie werden so gewissermaßen „Spezialisten für Gott und religiöse Dinge" (Paul VI.). Einem Orden angehören könnte nach dem Buchtitel eines bekannten Theologen heißen: „Leibhaftig glauben. Lebenskultur nach dem Evangelium" gestalten (P. M. Zulehner).[5]

Das 4. Laterankonzil (1215) hat vier Grundformen des christlichen Ordenslebens festgehalten: Antonius/Basilius, Augustinus, Benediktus, Franziskus. Jede weitere Neugründung hatte sich auf eine dieser Grundformen festzulegen, konnte die gewählte Grundregel aber durch individuelle Satzungen erweitern. Hinzuzufügen wäre der Jesuitenorden des Ignatius, dessen Gesetzgebung grundlegend für die Mehrzahl der seither entstandenen Kongregationen geworden ist. Machen wir uns in wenigen Stichworten klar, was diese großen Ordensgründer im Grunde wollten.

Antonius (257–356) wird der „Vater aller Mönche" genannt. Was kennzeichnet den Beginn der christlichen Ordensbewegung im Blick auf diesen Antonius? Es geschah im Ägypten des 3. Jahrhunderts: Antonius hörte im Gottesdienst das Evangelium vom reichen Jüngling: „Willst du vollkommen sein, so gehe hin, verkaufe, was du hast; ... komm und folge mir" (Mt 19,21). Antonius meinte, diese Stelle sei seinetwegen, eines reichen Jünglings wegen, gelesen worden. Er machte mit dem Evangelium ernst, um fortan Vollkommenheit und Armut aus der Nachfolge Christi zu leben. Antonius muß dabei auf dem Hintergrund des Christentums zur Zeit Konstantins des Großen gesehen werden: Es waren erste Erlahmungserscheinungen des Christentums gegenüber der Begeisterung der Frühzeit zu bemerken. Das hing mit der öffentlichen Anerkennung als staatlicher Religion zusammen: Verführung zu Bequemlichkeit; Heraufkommen eines ‚Massenchristentums' ohne überzeugte Christen. Antonius steuerte diesem Trend entgegen.

Die Frage stellte sich in der Zeit eines Antonius: Was unterscheidet eigentlich das christliche Leben vom Leben der anderen? In der Regel des Basilius, der bald darauf im Geiste des Antonius leben wollte, begegnen wir solchen eindringlichen Fragen: „Was unterscheidet den Christen? Der Glaube, der durch die Liebe wirksam ist. Was unterscheidet den Glauben? Überzeugtheit ohne Wanken von der Wahrheit der Schriften, von keiner Vernünftelei angekränkelt ... Was unterscheidet die Liebe zu Gott? Seine Gebote halten in der Absicht, ihn zu verherrlichen. Was unterscheidet den Christen? In der Taufe aus Wasser und Geist wiedergeboren zu werden. Was unterscheidet den aus dem Wasser Wiedergeborenen? So wie Christus ein für allemal der Sünde starb, auch selber tot zu sein und zu keiner Sünde mehr zu bewegen. Was unterscheidet den Christen? Daß in allem seine Gerechtigkeit die der Schriftgelehrten überragt, nach Maß und Regel der evangelischen Lehre des Herrn. Was unterscheidet den Christen? Sich immerdar im Angesichte des Herrn zu wissen. Was unterscheidet den Christen? Tag für Tag und Stunde für Stunde zu wachen und bereit sein, daß der Herr kommt."[6]

Antonius war also Einsiedler, Mystik und Asketik charakterisieren ihn; bald kam es zu ersten kleinen Gemeinschaften. Was Antonius gegründet hat, könnte man vielleicht „Orden des mystischen Feuers und der rigorosen Asketik" nennen.[7]

Es sei noch angefügt: Die Ausstrahlung des Antonius auf den Osten wie auf den Westen war enorm. In der Folgezeit war die Kirche im großen und ganzen beherrscht von großen Bischofspersönlichkeiten. Sie waren entweder selbst Mönche oder ‚Bischöfe im Nebenberuf', wie man es nannte. Von der Wirkung auf den Osten über Basilius, den Vater des morgenländischen Mönchtums, haben wir schon gesprochen. Eine nicht geringere Wirkung ging von der ‚Vita Antonii' des Athanasius im Westen aus. Denken wir nur an Augustinus, zu dessen Bekehrung das Leben des Antonius einen wichtigen Anstoß gab. Aber auch Ambrosius oder Hieronymus oder Papst Leo der Große sind im Westen zu nennen wie im Osten Gregor von Nyssa oder Johannes Chrysostomus. Im Westen kam ein neues wichtiges Motiv hinzu, wie es in der Ordensregel des hl. Augustinus, jener anderen großen Ordensform der frühen Kirche, greifbar ist: Es kommt zu Formen lebendiger Gemeinschaften, die sich von dem Bericht der Apg 4,32–35 über das Leben der Urgemeinde anregen ließen: Gemeinsames Leben im Geist der Einmütigkeit, Bruderliebe und Gütergemeinschaft.[(8)]

Benediktus (480–547) wird gerne der „Patriarch des abendländischen Mönchtums" genannt. Vom 8. bis 13. Jahrhundert sind die Benediktiner neben den Augustinerchorherren die einzige übriggebliebene Ordensform. Zur Bedeutung Benedikts trug gewiß auch bei, daß Papst Gregor der Große in preisenden Lobgesängen die Biographie Benedikts bekannt machte. Hier ist auch der Ort, die Bedeutung Benedikts zu fassen: Gregor stilisierte ihn mit Recht zum „Vater des Abendlandes" hoch. Damit hatte es in etwa folgende Bewandtnis: Das römische Imperium war am Ende; Rom selbst eine Ruine; neue Völker überströmten das alte Reich. Papst Gregor der Große war es, der letztlich das römische Reich beerbte; er war unwidersprochen der weltliche und geistige Herr von Rom. Er baute aber das christliche Abendland im Geist Benedikts auf. Die Sinnleere der römischen Hauptstadt hatte den jungen Benedikt zuvor schon in die Einsamkeit der Berge getrieben. Er nahm schließlich Zuflucht zu dem damals bekannten und weit verbreiteten Ordensleben. Aber er formte es für den Westen um; für seinen Ordensgeist wurden Nüchternheit, Rechtsleben und Organisation charakteristisch. Im Osten lebte der einzelne Mönch bisher in großer Freiheit hinsichtlich der Gestaltung seines Lebens. Benedikt gab dem Westen eine feste Form und Norm. Seine Klöster wurden zu Kulturstätten des Abendlandes. Sie strahlten aus auf die gesamte spätantike und mittelalterliche Kultur.

Benediktus beginnt seine Ordensregel bezeichnenderweise so: „Vernimm, mein Sohn, die Lehren des Meisters und neige das Ohr deines Herzens und nimm bereitwillig die Mahnung eines so gütigen Vaters auf und erfülle sie durch die Tat, auf daß du durch die Mühe des Gehorsams zu dem zurückkehrest, von dem du dich durch die

Nachlässigkeit des Ungehorsams entfernt hast."[9] Erkennbar ist bei Benedikt nun die feste Organisationsform. In seinen Klöstern war die hierarchische Ordnung prägend: Der Abbas (= Vater) stand an der Spitze; die Mönche sind gleichsam dessen Söhne; die Benediktiner verstehen sich als eine große Familie. Benedikts neuer Geist brachte weitere gewaltige Umwälzungen im westlichen Kulturgefüge mit sich: Alle sollten gleichberechtigt sein; der Unterschied von Sklaven und Freien galt nicht mehr. Das Benedikt nachgesagte Motto „Ora et labora" ordnete nun Zeit und Raum des Lebens, Tagesablauf der Mönche und auch der klösterlichen Anlagen. Vorbildlich dafür ist seine Klostergründung Cassino. 596 sendet Papst Gregor Mönche nach Britannien: Er ist überzeugt, die Zukunft der Kirche liegt bei den lebenskräftigen germanischen Völkern. Es beginnt die große Missionierung Europas durch die Mönche. Sie haben die großen Kulturgüter Roms in die Zukunft des christlichen Abendlandes eingebracht. Mönche und Nonnen sind die Träger der Christianisierung und Kultivierung des Abendlandes geworden. Der monastische Einfluß wirkte aber nicht weniger in die Welt hinein, und zwar in alle Bereiche kulturschaffenden Lebens: in Wissenschaft, Schulen, Erziehung und Seelsorge.[10]

Franziskus (1181–1226). Der Ort der Handlung ist das mittelalterliche Assisi. Es begann mit dem Auszug von Franz aus der bürgerlichen Stadt mit ihren festgefügten Formen der Gesellschaft und Familien. Auffällig ist, daß Franziskus nicht in eine benediktinische Gemeinschaft eintrat, wie es nahe gelegen hätte. Er war sich dessen auch sehr genau bewußt. „Meine Brüder, Gott hat mich auf den Weg der heiligen Einfalt und Demut gerufen, und diesen Weg hat er in Wahrheit mir und allen geoffenbart, die mir glauben und nachfolgen wollen. Und daher will ich nicht, daß ihr mir irgendeine Regel nennt, weder die des hl. Benedikt, noch die des hl. Augustinus, noch die des hl. Bernhard, nach irgendeiner anderen Weise oder Form zu leben, außer der, welche der Herr mir in seiner Barmherzigkeit gezeigt hat. Und der Herr sagte mir, daß ich ein Tor sein solle in dieser Welt, er wolle uns keinen anderen Weg als den Weg dieser Weisheit führen."[11] Entgegen den Söhnen des Benediktus hat er nie vom Ordensoberen als Vater geredet. Er nannte seine Anhänger, Männer wie Frauen, Brüder. Franz wollte eine geschwisterliche Gemeinschaft. Diese Geschwisterlichkeit ist bei Franziskus charakteristisch für alle Formen der Beziehung, für den Umgang mit Menschen wie auch mit der Schöpfung. Geschwisterlichkeit ist so etwas wie anfanghafte demokratische Lebensform. Franziskus ist sich der revolutionären Gesinnung durchaus bewußt. Er will ein neues Volk Gottes schaffen und spricht besonders gern das ‚Gebet Christi': „Vater, ich will, daß du mir in dieser jüngsten Zeit ein neues und gedemütigtes Volk gebest, welches sich durch Demut und damit von allen anderen, die vorausgegangen sind, unterscheidet und dem es genügt, mich allein zu besitzen.“[12]

Franziskus beginnt seine Regel: „Das ist das Leben des Evangeliums Jesu Christi, das sich Bruder Franz vom Herrn Papst Innozenz genehmigen und bestätigen ließ.“[13] Die Grundform des Ordens ist nun offensichtlich das evangelische Leben der Nachfolge Christi. Leben – darauf zielt Franziskus. Aber dieses Leben heißt für ihn Nachfolge Christi in ganz bestimmten Spuren: Armut, Demut, Gebet, Gottinnigkeit. Das ist das erste. Die geordnete Lebensweise der Benediktiner und ihr Lebensrhythmus in Arbeit, Predigt, Krankenpflege, Wissenschaft, Forschung sind dagegen zweitrangig. Dies sind Grundzüge, die ihn über die Konfessionen und Religionen hinaus zur über alle Zeiten anziehenden spirituellen Gestalt gemacht haben: Der Poverello besitzt eine bezaubernde Natürlichkeit, eine heitere Lebensauffassung, eine zarte Liebe zu allen Geschöpfen, ein seine Freude aussingendes Gemüt, große Achtung vor der persönlichen Eigenart des Einzelnen, kühnen Unternehmungsgeist zu großen missionarischen Ausflügen, aber auch Hang zur Abgeschiedenheit des Einsiedlers, vor allem aber urevangelische Frische. „Orden der Nachfolge Christi und der Geschwisterlichkeit mit allen Dingen“ könnte man sein Werk nennen.

Neben die Franziskaner treten die Dominikaner. Die franziskanische Spiritualität ist zur Zeit dominierend; große Schüler wie Bonaventura haben sie in Theologie umgesetzt. Aber franziskanische Spiritualität bleibt nicht ohne Gefahr: Bald kommt es zur Spaltung in ‚Spirituale‘ und ‚Konventuale‘. Die Spiritualen lebten den franziskanischen Radikalismus, die reine Idee ohne Zeit- und Bodenhaftung; sie glitten leicht in Sekten ab. Sekten und Schwärmer werden ein Zeichen der damaligen Zeit, vor allem in Südfrankreich. Dies wird zum Anlaß eines anderen Ordens, dem des hl. Dominikus. Die Gründung der Dominikaner hat danach eher das Feld der Theologie und der Wissenschaften beherrscht. Sie versuchten die Synthese des Glaubens mit der Wissenschaft; sie wollten die Theologie mit lebendigem Glauben erfüllen. Das ist ihre Sendung bis heute.

Ignatius (1491–1556) beginnt seine Ordensregel: „Wer immer in unserer Gesellschaft, die wir mit dem Namen Jesu auszuzeichnen wünschen, unter dem Banner des Kreuzes für Gott streiten und dem Einzigen Herrn sowie dem Römischen Papste . . . dienen will, vergegenwärtige sich im Geiste, daß . . . diese Gesellschaft . . . vor allem dazu gegründet wurde, sich unverzüglich für die Förderung der Seelen im christlichen Leben und in der christlichen Lehre und für die Ausbreitung des Glaubens einzusetzen: durch freies Predigen und Verkünden des Wortes Gottes, durch Geistliche Übungen (Exerzitien) und Werke der Liebe, und namentlich durch das Unterweisen der Jugend und des einfachen Volkes im christlichen Glauben und durch das Trösten der Gläubigen im Beichthören."(14) Die ganz andere Form des Ordenslebens des hl. Ignatius wird an diesem Eingangssatz schon offensichtlich. Man spricht hinsichtlich der Ordensgründung der Jesuiten gerne von der zweiten Reformation in der Kirche, die der Reformation Luthers Paroli bieten sollte. Aber die Gründung des Ignatius paßt kaum mehr in das bisherige Bild der Orden. Den Jesuiten fehlen die klassischen Merkmale der bisherigen Orden wie Klöster, feste Gebets- und Tätigkeitsformen. Sie wollen unbegrenzt verfügbar sein für die Notwendigkeiten der Kirche.

2.2 Spiritualität und Orden

H. U. von Balthasar hat die gesamte Geschichte der Orden überblickt und zu lesen versucht. Er sieht darin eine Tendenz, die sich bis heute fortsetzt: Es gibt, aufs Große gesehen, eine Sinnrichtung der Ordensentwicklung durch die Jahrhunderte: aus der Wüste und Einsamkeit der ersten Orden in die Welt hinein. Antonius war aus der Welt in die Einöde der Wüste gezogen, es folgten ihm andere Eremiten; bald begann die Sammlung der Einsiedler zu lebendigen Zellen und zu gemeinschaftlichem Leben – wie es die Regel des Basilius widerspiegelt. Dann waren es die großen Kirchenväter wie Basilius selbst, Augustinus sodann, Athanasius, Gregor von Nazianz, Hieronymus, Ambrosius, Maximus Confessor, Gregor der Große, die selbst Mönche waren oder Freunde des Mönchtums, die keine Spannung sahen zwischen mönchischer Existenz und offiziellem kirchlichen Leben. Benediktus und die Benediktiner setzten diese Weise fort, indem sie trotz Klausur und Stabilität am Ort zu Pionieren kirchlicher Kultur und Bildung in Spätantike und Mittelalter wurden. Die Beweglichkeit der spirituellen Orden wurde gewaltig gesteigert durch die Bettelorden der Franziskaner und Dominikaner, die vom Kloster aus die Katheder der Hochschulen erobern und ebenso in die ganze Welt missionierend vordringen. Die Bewegung vollendet sich in dem Orden des Ignatius, der auf Klausur, gemeinsames Chorgebet und Ordenskleid verzichtet und ganz den universalen Tätigkeiten der Gesamtkirche unter dem Papst verfügbar sein will.

Beobachter, die diese Gesamtentwicklung des Ordenslebens im Blick hatten, kamen nicht selten zum Schluß, daß sich die Orden im Zuge einer solchen Entwicklung innerlich selbst aufgehoben haben. Man hat eine fortschreitende Angleichung an die Welt feststellen wollen. Man hat als nächste Entwicklungsstufe eine Form religiösen Lebens vorausgesagt, in der vor allem der katholische Laie ohne verbindlichen Ordensgehorsam und in freien Gruppierungen innerhalb der Welt die wesentlichen Aktivitäten der klassischen Orden wie Kontemplation und Aktion in eigene Regie übernehmen würde. Diese Sicht sieht etwas Richtiges, verkennt aber auch Entscheidendes. Richtig ist, daß in unserem Jahrhundert Formen laikaler Spiritualität, die Säkularinstitute und eine Vielzahl anderer religiöser Bewegungen, einen ungeheuren Aufschwung genommen haben. Falsch ist die Rede von der inneren Auflösung des Geistes, der einmal in den Orden lebte. Im Gegenteil dürften die Orden auch weiterhin auf wichtige spirituelle Momente geistigen Lebens aufmerksam machen.(15)

3. Spiritualität heute

Ich gehe davon aus, daß Spiritualität heute nicht mehr nur eine Angelegenheit der Orden sein soll. Der Ruf nach Spiritualität wird allenthalben laut. Er wird gerade auch außerhalb der klassischen Orden laut. Er kommt vor allem auch von seiten der Laien, die als Christen in dieser Welt leben wollen. Sie fragen nach einer ihnen gemäßen Spiritualität. Diese kann nicht selbstredend die der Orden sein. Dieser Wandel wird notwendigerweise die größten Veränderungen mit sich bringen. Er zeigt sich massiv in neuen geistigen Aufbrüchen und Bewegungen. Das heißt nicht, daß die Orden in Zukunft zur christlichen Spiritualität nichts mehr beizutragen haben. Im Gegenteil sollten die Orden ihre Zeichen- und Vorbildfunktion spirituellen Lebens in der Vielfalt ihrer Lebensformen mehr denn je wahrnehmen. Viele Orden alter oder neuer Art öffnen sich auch zunehmend den modernen Anforderungen. Es ist aber nicht gesagt, daß es der richtige Weg der Orden sein wird, sich einfach ihres Erbes zu entledigen und sich möglichst weitgehend anzupassen. Die Zukunft könnte eher in der lebendigen Spannung gelebter Ordensformen und neuer spiritueller Aufbrüche im laikalen Bereich gesehen werden. Es geht um eine – noch nicht ordensgebundene – christliche Spiritualität oder besser um Formen möglicher christlicher Spiritualitäten, die heute von Christen gelebt werden können.

Es wäre also eine Spiritualität zu finden, die die spirituelle Tradition in ihrem gesunden Erbe nicht aufgibt und die dieses zugleich für die neuen Ansprüche und Bereiche der Kirche öffnet und möglicherweise transformiert. Was ist gemeint mit solchen neuen Ansprüchen, und wie sähe eine entsprechende Spiritualität dann etwa aus: „Spiritualität ist so etwas wie der mühsame Versuch, die Ansprüche des Alltags und die Ansprüche eines vom Geist Jesu geprägten Glaubens in der persönlichen Lebensgestaltung sowie im gemeinschaftlichen und gesellschaftlichen Leben auf einen Nenner zu bringen."[16]

Dies scheint mir über alle theoretische Definition hinaus eine gute Zusammenfassung dessen zu sein, was Spiritualität heute sein will. Vor diesem Hintergrund wird die Not um Spiritualität heute spürbar. Demnach wird von Spiritualität heute erwartet, die in der heutigen Zeit sehr auseinandergeratenen Lebensbereiche zusammenzuführen, ‚auf einen Nenner zu bringen'. Alles hängt zusammen mit dem Auseinandertriften, das wir zwischen unserem Leben und Alltag einerseits und dem Glauben andererseits verspüren: Da wäre zunächst einmal zu nennen die persönliche Erfahrung des Einzelnen mit dem Glauben; sodann die persönliche Glaubenserfahrung mit dem offiziellen Glauben. Oder die Not, den persönlichen Glauben in die Institution Kirche einzubringen. Oder die verwissenschaftlichte Theologie mit Glaubensgeist zu erfüllen. Sodann das Einbringen der religiösen Bedürfnisse in unsere Lebensgemeinschaften und in unsere heutige Gesellschaft; der Wunsch nach Durchdringung von Theorie und Praxis insgesamt vom Geist des Evangeliums. Staat und Gesellschaft sind offensichtlich weit entfernt, diesen Vorstellungen ernsthaft nachzukommen. Überall sind hier Defizite und Brüche im Hinblick auf den Wunsch, aus einer christlichen Wurzel leben zu können, spürbar. Überall wird in solchen Bedürfnisartikulationen zugleich auch der Ruf nach Spiritualität laut. Verfolgen wir einige wesentliche Brüche in unserer modernen Welt, die es einer ganzheitlichen christlichen Spiritualität schwer machen.

3.1 Krise der Spiritualität heute

Aus dem bisher Gesagten können einige Hinweise für die Krise heutiger Spiritualität herausgelesen werden. Es sind Brüche, die die Bildung einer gültigen Spiritualität in der heutigen Welt erschweren:[17]

– der kulturelle Bruch:

Es gibt im Lauf der Geschichte immer wieder bedeutsame kulturelle Brüche, die neue Anforderungen an den Glauben und an das Glaubensleben stellen. Die Orden sind dafür selbst das beste Beispiel: Gerade die großen Ordensgründungen stehen an solchen Umbrüchen. Es sind meist Ordensstifter gewesen, die diese Brüche registrierten und auf neue Situationen neue Antworten gaben. Denken wir an Benediktus, der bereits mit den monastischen Lebensformen vor allem des Ostens vertraut war, aber die Notwendigkeit einer westlichen Form erkannte. Daraus ist der Aufbau der abendländischen Kultur geworden. Oder denken wir an Franziskus und seine Aussage, daß für seine Zeit weder die Regel eines Benediktus noch die eines Augustinus genügen konnte, der vielmehr davon überzeugt war, daß eine völlig neue Zeit ihm neue Antworten abverlangte, und anderes mehr.

Das Gleiche muß für die heutige Zeit gesagt werden. Die Situation für eine Spiritualität heute ist mit früher beinahe unvergleichbar. Um nur weniges anzudeuten: Die Kraft christlicher Spiritualität zur Bildung von Kultur hat sichtbar nachgelassen. Eine wissenschaftliche, technische und ökonomische Zivilisation läßt nur noch schwer Spiritualität zu. Man spricht hier gerne von Verweltlichung der Welt oder Säkularisierung aller ihrer Bereiche. Die Götter des modernen Alltages, wie Information, Bürokratie und Konsum, sind sich selbst genug. Der moderne Heide braucht keine Spiritualität, keine Kirche und keine Religion, aber nicht nur deshalb, weil er selbst durch und durch säkular geworden wäre, sondern weil er Religion und Kirche unter einem anderen Namen führt, wie etwa in den sogenannten Freizeitkulturen.

Spiritualität heute wird unter diesen Bedingungen der modernen Zivilisation meist nur noch in kleinen Gemeinschaften möglich sein und nicht mehr als kulturbildende Kraft eines ganzen Europa etwa auftreten können. Auf der anderen Seite hat aber die Großkirche eine Chance zu wahren, wenn sie die kleinen Aufbrüche spiritueller Kultur fördert und miteinander zu verbinden sucht, ohne deren Aufbrüchen gleich verbietend entgegenzutreten.

– der soziale Bruch:

Die Ausbildung der Spiritualität vor allem in Orden hatte zur Folge: Spiritualität war Sache der Orden, und sie entwickelte sich dadurch zu einer Mannigfaltigkeit christlich anerkannter Lebensstile, wie benediktinische, franziskanische oder ignatianische Spiritualität. Vor allem war sie Sache der „Geistlichen". Zudem wurde sie in die Hände von Fachleuten gelegt, geradezu Theoretikern von Spiritualität. Zwar gab es immer wieder Anstrengungen, eine größere Demokratisierung des spirituellen Lebens zu erreichen. Ich denke dabei etwa an den „Dritten Orden", auf den Franziskus besonderen Wert gelegt hatte, in dem verheiratete Laien das franziskanische Ideal in der Welt verwirklichen sollten. Aber schon bald ist diese Bewegung wieder zu einer geschlossenen Frömmigkeitsform abgesunken. Auch die ignatianische Stoßrichtung zur Universalisierung des christlichen Glaubens spricht nicht dagegen: Der Orden des Ignatius wandte sich vor allem den Eliten zu und hat bis heute einen etwas elitären Beigeschmack.

Im Gegenzug dazu kann man feststellen, daß für bestimmte kirchliche Minderheiten Spiritualität ein Fremdwort geblieben ist. Denken wir nur an die Arbeiter u. a. Für sie ist Spiritualität weithin ein Sondergut geistlicher Berufe. Andere Versuche, wie etwa die Standeslehren des letzten Jahrhunderts für katholische Frauen, die sich in Pflicht und Opfer zu bewähren hatten, konnten beim besten Willen den Anforderungen der kommenden Zeit nicht gerecht werden. Nach dem 2. Vatikanum aber brachen weithin religiöse Bedürfnisse im gesamtkirchlichen Raum auf; sie richteten sich nicht weniger auf neue Formen der Spiritualität. Aber große Ansätze in spiritueller Theorie oder Praxis sind kaum zu erkennen. Sie blieben weithin Strohfeuer. Eine Folge davon dürfte gewesen sein, daß sich Gruppen und Grüppchen zunehmend in frommen Zirkeln und Gebetskreisen sammelten oder andere Kreise in andere diffuse Formen religiöser sektenhafter Vereinigungen auswanderten.

– der wissenschaftliche Bruch:

Wissenschaft und Glauben/Spiritualität standen in der abendländischen Geschichte immer in einer fruchtbaren Spannung zueinander. Sie unterschieden sich und blieben doch spannungsvoll aufeinander bezogen. Dies ließe sich selbst für die Naturwissenschaften mit Hinweis auf Namen wie Galilei, Kepler, Leibniz u. a. zeigen. Es muß als bedeutsamer Bruch angesehen werden, daß es für Wissenschaften und Glauben zu einem bloßen Nebeneinander oder gerade noch zu einem ‚modus vivendi' gekommen ist. Wohl weil dieser Leerraum von der Theologie nicht sinnvoll ausgefüllt werden konnte, haben sich gerade in jüngster Zeit wieder außerkirchliche und krypto-religiöse Annäherungen wie in der „New Age"-Bewegung ergeben, ein Ereignis, das zu denken geben müßte.

Für die Theologie als Wissenschaft gilt das Auseinandertreten von Theologie und Spiritualität in besonderem Maße. Die Theologie verstand sich zunehmend als Wissenschaft, sie schloß von ihrem Verständnis her Spiritualität nicht mehr ein. Sie fällt von nun an dem Spiritual, dem Mentor oder dem Seminarleiter zu. Die Zerrissenheit von Theologie und Spiritualität wird vor allem bei den Theologiestudenten gefühlt und beklagt. Es verwundert deshalb nicht der Ruf nach

Spiritualität von seiten der Bischöfe und anderer Verantwortlicher. Aber dieser Ruf ist nicht weniger fraglich, wenn er sich etwa darauf richtet, die Spiritualität aus der akademischen Welt der Universität ausdrücklich herauszunehmen und zur Sache einer besonderen Spezialisierung zu machen. Weder die Arroganz der Theologie gegenüber dem Orchideenfach Spiritualität führt hier weiter noch die Abschottung spiritueller Reservate gegenüber der wissenschaftlichen und kulturellen Herausforderung unserer Zeit.

– der feministische Bruch:

Innerhalb dieser Reihe wurden drei große Frauengestalten als Vertreterinnen christlicher Spiritualität vorgestellt: Hildegard von Bingen, Teresa von Avila und Edith Stein. Das geschah sicher nicht von ungefähr. Christliche Spiritualität ist in der Tradition keineswegs nur Männersache. Darüber müßte eigentlich eine Frau vortragen. Ich möchte nur einige Bemerkungen einbringen.

Es sind vor allem Fragen: Warum sind Frauenorden zumeist als Satelliten von Männerorden entstanden? Warum sind eigenständige Frauengemeinschaften, wie etwa die Beginen des Mittelalters, umgehend in die Kontrolle von zuverlässigen Ordensmännern, wie Dominikanern, gebracht worden? Warum bedürfen die heutigen Ordensfrauen für ihre geistige und geistliche Entfaltung noch durchgehend des besonders bestellten Spirituals? Es ist die Regel bis heute, daß Männer die Spiritualität von Frauen zwar nicht erfinden, aber verwalten und kontrollieren.

Und dann die Fragen nach der Form der Spiritualität für Frauen, soweit sie überhaupt vorhanden ist. Diese Spiritualität weist den Frauen gewöhnlich eine seltsame Passivität zu. Dem widerspricht nicht der einzelne Ausbruch großer Frauengestalten. Zwar müßte dem nicht so sein, wenn man die Leistungen zur christlichen Spiritualität dieser Frauen ansieht. Aber langzeitige Wirkung und Eigenständigkeit erreichten sie eigentlich nie. Warum sollten Frauen ihr christlich-spirituelles Selbstverständnis eigentlich nicht selbst in die Hand nehmen? Es ist bereits ein wichtiger Beitrag, auf das Dasein einzelner Frauenspiritualitäten in der Geschichte zurückzugreifen – im übrigen gab es diese nicht nur im Mittelalter, sondern sie wären heute ebenso zu beachten –, um sie in die Tradition christlicher Spiritualität zu integrieren.

3.2 Spiritualität im Bewußtsein der Kirche heute

Eine Probe aufs Exempel hätte die Bischofssynode in Rom zum Thema „Laien" 1987 werden können. Denn diese Versammlung wollte sich den

Anforderungen der Welt stellen und aus christlichem Glauben Antwort geben. Ohne Frage wäre hier eine Antwort der Spiritualität nötig gewesen, Spiritualität, die die verschiedensten Anforderungen vernimmt und aus christlichem Geist zu durchdringen sucht. In Rom scheint man aber gerade nicht diesen Weg gegangen zu sein. Eine Stimme dazu: „Es wären neben den genannten Schwerpunkten (wie Räte und Organe der Laien, Pfarrei und Verbände, Frauen und Jugend) eine ganze Reihe von Problemfeldern zu nennen, die während der Synode im Blick auf die Berufung und Sendung der Christen angesprochen wurden: Politik, religiöse Freiheit, Leben und Würde der menschlichen Person, Arbeit und Wirtschaft, Frieden u. a. Sollte dies hier entfaltet werden, würde es vermutlich ähnlich ergehen wie in der Synodenaula: Nach einer Phase des Diskutierens kam ein Unbehagen auf: reihen wir nicht Fragen neben Fragen und verlieren dabei den inneren Zusammenhang? Was macht denn angesichts dieser Vielfalt der Fragen und tatsächlichen Probleme die innere Dynamik aus, die als verbindende Kraft den Christen seine Berufung und Sendung leben läßt? . . . Dementsprechend muß auch gesagt werden, daß so etwas wie der große Durchbruch nicht gelungen ist . . . Entsprechend fehlte auch zum Ende der Synode hin eine euphorische Schlußstimmung; viel eher war eine ernste Atmosphäre zu spüren . . .“[(18)] Deutlicher kann das Ringen und Versagen vor einer notwendigen Spiritualität heutigen Christseins kaum ausgesprochen werden.

Der Berichterstatter der „Herder-Korrespondenz“ zur Synode vermerkte, die Synode habe sich gegenüber dem Begriff einer ‚Spiritualität der Laien‘ eher skeptisch verhalten. Die Deutsche Bischofskonferenz hatte in ihrem vorbereitenden Dokument wenigstens noch einige Punkte für eine notwendige Spiritualität der Laien angeführt, wenn diese auch nicht gerade umwerfend waren: Als Spiritualität wurde der Dialog der Laien mit der Welt und ihr Zeugnis/Martyrium vor der Welt genannt. Die Christen sollten eine vor der Welt überzeugende Lebensform leben (Sonntagsgebot, Ehe und Familie, Konsumverzicht, Freizeitgestaltung). Dazu müsse die „Unterscheidung der Geister“ wieder neu entdeckt und eingeübt werden. Es müsse wieder mehr Wert gelegt werden auf ‚geistliche Führung‘ und ‚geistliche Begleitung‘. Dazu sei der Einzelne weithin überfordert, deshalb werden drei Formen kirchlicher und laikaler Zusammenschlüsse empfohlen: Neben den Verbänden (an erster Stelle natürlich) wird ein positives Wort zu einer Reihe von geistlichen Bewegungen gesagt, und es werden sogar die sogenannten ‚Basisgemeinschaften‘ erwähnt, wie sie allerdings in der Dritten Welt vorbildlich seien.[(19)] Die Stellungnahme des Zentralkomitees der deutschen Katholiken ist noch etwas deutlicher. Es wird die kritische Anfrage gestellt: „Die Frage schließlich . . . ist die nach dem Geist des Dokumentes. Atmet es wirklich den Geist des Konzils, oder ist der Text von allzu ängstlicher Sorge bestimmt, etwa die Zuständigkeit des kirchlichen Amtes zu wahren und auf dem Weg über eine Zweiteilung den Laien in seinen Bereich des Weltdienstes zu verweisen, kirchliche Mitverantwortung und Teilhabe an der Sendung des kirchlichen Amtes aber eher klein zu schreiben oder lediglich als Notlösung zu verstehen? . . . Der Ruf nach einer inkarnierten Spiritualität des Laien muß gehört werden."[20]

Im Dezember 1988 ist dann das Dokument der Synode aus der Hand des Papstes, das Apostolische Schreiben „Christifideles Laici", veröffentlicht worden. Interessanterweise wird hier von ‚Spiritualität' nicht mehr gesprochen. Was auf der Synode und vorher zu diesem Thema gesagt worden ist, kommt dort unter dem vielsagenden Titel „Zur Heiligkeit berufen" (Nr. 16) und „In der Welt zur Heiligkeit gelangen" (Nr. 17) zur Sprache. Dieser Sprachgebrauch ist für theologische Laien sicher verwirrend, und es ist zu bezweifeln, daß Christen heute, die mit allem Ernst nach einer überzeugenden Spiritualität ihres Lebens suchen, eine Antwort unter dem Nenner der ‚Heiligkeit' vermuten. Sollten sie doch bei ihrer Suche nach Spiritualität in diese Kapitel vorstoßen, so werden sie auf etwas recht Schwieriges verwiesen: „Die Einheit des Lebens der Laien ist von entscheidender Bedeutung: Sie müssen sich in ihrem alltäglichen beruflichen und gesellschaftlichen Leben heiligen. Um ihre Berufung zu erfüllen, müssen die Laien ihr Tun im Alltag als Möglichkeit der Vereinigung mit Gott und der Erfüllung seines Willens sowie als Dienst an den anderen Menschen betrachten, um sie in Christus zur Gemeinschaft mit Gott zu führen."[21] Das „Müssen" stellt eine wahrlich hohe Forderung dar. Sie ist kaum Ausdruck dessen, was man unter christlicher Spiritualität versteht.

4. Traditionelle und heutige Spiritualität

Was kann getan werden, um christliche Spiritualität wieder zu beleben bzw. christliche Spiritualität für unsere Zeit zu finden?[22] Dabei muß nicht etwas völlig Neues gefunden werden, alte bewährte Formen können „wieder"-entdeckt und -belebt werden. Die große Tradition christlicher Spiritualität ist nicht steril, sondern eine lebendige und fruchtbare Überlieferung. Gerade die Ansätze und Ideale, wie wir sie bei den großen Ordensstiftern gesehen haben, können manche Anregungen auch heute geben. Allerdings kann dies nur kritisch, nicht in einer simplen traditionalistischen Aneignung geschehen. Einmal wären die Orden selbst aufgerufen, manchen traditionalistischen Ballast, der ihr Erbe mehr verstellt als freigibt, abzuwerfen, um auf die wesentlichen Intuitionen ihrer Ordensgründer zurückzukommen.(23) Zum anderen sollte der Versuch einer kritischen Umsetzung für unsere heutige Zeit gewagt werden. Ich will einige Gesichtspunkte dazu nennen.

- Spiritualität des unterscheidend „Christlichen"

Das Bedürfnis nach Spiritualität erwächst zu einem großenTeil aus der Verunsicherung im Verhältnis zur heutigen Welt. Vielfach wird beklagt, die Christen seien zu sehr angepaßt an das zeitgenössische Bewußtsein und an gängige gesellschaftliche Verhaltensformen. Die Christen spüren das nicht weniger. Deshalb wird man auf den mächtigen Anfang der christlichen Mönchsbewegung zurückkommen dürfen, wo es um ähnliche Klärungen ging, nämlich das Unterscheidende des christlichen Lebens inmitten einer heidnisch römisch-hellenistischen Welt. Wir erinnern uns an die großen Anfragen des Anfangs: „Was unterscheidet den Christen?" Diese Frage wird heute wieder mit Macht gestellt werden müssen.

- „Unterscheidung der Geister"

Dabei wird aber zu beachten sein, daß einfache und simple Antworten auf diese Frage nach dem unterscheidend christlichen Leben nicht gegeben werden sollten. Wo sie zu simpel ausfallen, haben sie ohne Zweifel Widerhall, dort entstehen aber oft geradezu fundamentalistische Gruppen, die vorgeben, das Rezept zur Bewältigung unserer Zeit zu besitzen. Es wäre wiederum einzuüben die alte und bewährte Methode der „Unterscheidung der Geister", die in den Ordensspiritualitäten eine große Tradition hat und etwa bei Ignatius zu einer großen Meisterschaft entwickelt worden ist.

- „Nachfolge Christi"

Das Kernstück christlicher Spiritualität ist ohne Zweifel die Nachfolge Christi. Sie stand bei jedem der genannten Ordensstifter am Anfang – wenn auch auf verschiedene Weise. Antonius, der den Ruf zur Nachfolge an den reichen Jüngling vernahm. Franziskus, dem der Radikalismus der Nachfolge aufging und der diesen allein und mit allen Konsequenzen leben wollte. Sie ist selbst bei Ignatius leitend, wenn er sie aus den bestimmenden Zeitumständen heraus auch mit einem fast militärischen Anstrich versah. Ich denke, hier liegt der Grund, warum die franziskanische Idee über die Zeiten hinweg immer wieder zündet, weil die urfranziskanische Intuition der Nachfolge immer wieder überzeugt. Nachfolge ist aber nicht nur eine Sache der Orden, sondern Sache des Christseins überhaupt. Hier ist der Ort einer großen Übereinkunft aller Stände christlichen Lebens. Nachfolge ist ihr gemeinsames Prinzip; die Lebensformen und -stile gelebter Nachfolge werden jedoch nach Orden und Ständen je verschieden sein müssen.

– „Aktion und Kontemplation"

Die Nachfolge Christi ist zunächst eine einfache Idee. Spiritualität darf letztlich kein komplexes Gebilde sein, daß nur durch asketische oder intellektuelle Akrobatik erreicht werden kann. Die Nachfolge Christi ist eine solche durchgreifend einfache Idee, die am Anfang steht, dann aber weitreichende und vielfältige Folgen zeitigt, wenn sie wiederum nicht nur simpel gelebt werden will. Die beiden kostbarsten Früchte der Tradition aus der Nachfolge Christi dürften die beiden Wege der „Aktion und Kontemplation" sein. Sie ergeben sich konsequent aus der radikal gelebten Nachfolge selbst. Denn Nachfolge meint doch immer, in Jesu Leben einstimmend seinen Lebensweg gehen. Es gilt also, sich die Lebensform Jesu zu verinnerlichen und anzueignen, es dabei aber nicht zu belassen, sondern sie in die Wirklichkeit und in das Leben umzusetzen. Das sind bereits die Grundbewegungen von „Kontemplation" und „Aktion".

Nachfolge geschieht in diesen zwei Grundweisen von „Kontemplation" und „Aktion". Sie hat immer eine innerliche oder mystische Dimension und zugleich eine praktische, nach außen gerichtete. Man mag diese Dimensionen nennen wie man will: Lange Zeit sprach man von „Askese" und „Mystik", J. B. Metz spricht von „Mystik" und „Politik", andere sprechen von „Sammlung" und „Sendung". Wichtig nur ist es, die innerliche und die praktische Dimension nicht voneinander zu lösen. Der Vorsitzende der Deutschen Bischofskonferenz formulierte es in dem bereits zitierten Interview etwa so:

„Dietrich Bonhoeffer hat einmal sinngemäß gesagt: Sammlung ohne Sendung ergibt Ghetto, Sendung ohne Sammlung wird zum Boulevard. Wir müssen nach innen gehen und vertiefen und zugleich in die Gesellschaft hineingehen und Zeugnis geben. Nur so, durch persönlichen, gemeindlich mitgetragenen Glauben und durch Bereitschaft zu praktischer Verantwortung in den Lebenszusammenhängen der Gesellschaft, gewinnen wir missionarische Kraft zurück."[24]

Und in der Tat kennzeichnen diese Unterscheidungen weitgehend auch die heutige Situation spiritueller Gruppen. Zugleich wird an vielen von ihnen das Unbehagen und Ungenügen spürbar, das sie verbreiten, weil sie entweder auf das eine, Mystik und Innerlichkeit allein, oder auf das andere, bisweilen geradezu militante christliche Aktion, setzen. Für das eine will ich nur die charismatischen Gruppen oder die neokatechumenalen Bewegungen nennen, für das andere Formen der sogenannten Katholischen Aktion oder etwa das Opus Dei. In der Tat hat man vor dem heutigen Spektrum diffusester Gruppen den Eindruck, sich entweder in einem kirchlichen Ghetto zu befinden oder sich auf einem religiösen Boulevard zu bewegen. Der Versuch des Sich-Abstimmens und der Arbeitsteilung untereinander wäre hier Aufgabe der Großkirche.

„Mystik" und „Aktion" kennzeichnen alle großen wirkmächtigen Orden – allerdings wieder auf verschiedene Weise. Mystik und Verinnerlichung war gewöhnlich der Anfang. Aber nicht einmal ein Franziskus blieb dabei stehen, wenn er auch nicht zu den kulturschaffenden Leistungen eines Benediktus kam. Benediktus oder Ignatius wiederum können nicht von ihren mystischen Wurzeln getrennt werden, um ihre mächtigen kulturellen Leistungen zu verstehen.

– „Theologie und Spiritualität"

Zu Aufbrüchen von Spiritualität auch in unserer Zeit wird es immer der einzelnen charismatischen Persönlichkeiten bedürfen. Aber allein werden sie nicht genug erreichen. Es bedarf der breiten abwägenden, innovatorischen und zugleich kritischen Basis. Die Theologie sollte sich nicht zu gut sein, diese Aufgabe zu erfüllen. Denn Spiritualität gehört nicht weniger zu ihrem Lebenselexier. Sie steht ja selbst auf keinen anderen Grundlagen als der immerwährenden Reflexion auf die Nachfolge Christi. J. B. Metz hat auf schöne Weise gezeigt, daß radikal verstandene Nachfolge nicht Gegenstand eines theologischen Nebenfaches, wozu sie in verdünnter Essenz innerhalb der Moraltheologie oder des Orchideenfaches Spiritualität geworden ist, sondern innerste Mitte jeder theologischen Systematik ist. Daher wäre es gerade Aufgabe der Theologie, die Suche nach spirituellen Lebensgestaltungen zu begleiten. Eine spirituelle Theologie selbst darf aber auch nicht zu einer nicht-intellektuellen simplizistischen Theologie herabsinken. Theologie wird Spiritualität nie erfinden können. Sie begegnet ihr vielmehr in der Praxis des Volkes Gottes, im alltäglich gelebten Glauben, in dem asketischen Umgang christlicher Liebe mit der geschaffenen Welt, in der Erneuerung des mitgeschöpflichen Daseins des Menschen, im Leben nach den Maximen der Bergpredigt, in der Verlebendigung sakramentaler und liturgischer Zeichen, in der Durchdringung des sozialen und politischen Lebens mit evangelischem Geist.[25]

- Ein Beispiel zum Schluß:

Lassen Sie mich zum Schluß ein Beispiel anführen, das zusammenfassen könnte, was ich mit der Not und den Möglichkeiten heutiger Spiritualität auszudrücken versuchte. Vor kurzem fand ich dazu eine Anregung von Bischof Joachim Wanke aus Erfurt. Es war ein Tonbandbrief mit dem Thema: „Gott finden im Alltag. Christlich leben in Gesellschaft und Familie, Beruf und Freizeit" - eine treffende Kennzeichnung bereits christlich gesuchter Spiritualität heute.

„Ich beginne einmal etwas provozierend mit folgender Aussage: Ich habe den Eindruck, daß wir alle miteinander (der Bischof eingeschlossen) nur ‚stundenweise' gläubig sind. Es gibt Partien in unserem Leben, die sind und bleiben ‚ungläubig' - so ähnlich wie ein Stein, der u. U. jahrelang im Wasser liegt, nur außen naß wird, aber innen hart und trocken bleibt. Ich will einfach einmal meine persönliche Erfahrung nennen. Ich feiere häufig die heilige Messe, ich bete das Brevier, ich bin zu Besuch in einer Gemeinde, oder ich nehme an einer Wallfahrt teil. Da spüre ich: Das sind Stunden, wo mir mein Glaube lebendig erscheint, wo mir Gott nahe kommt und mein Lebenshaus irgendwie erfüllt ist von der Sonne Gottes. Aber dann gibt es andere Stunden: Konferenzen, Personalgespräche, Aktenstudium, Autofahrten, Wartezeiten u. a., banale Dinge, wo ich meine, das hat mit meinem Glauben nichts zu tun, bzw. da ist Gott fern und abwesend. Natürlich weiß ich mit dem Kopf, daß dies falsch ist, aber mit dem Herzen geht es mir vermutlich wie euch: In der Kirche, beim Gottesdienst oder beim ausdrücklichen, feierlichen Gebet sind wir in guter Weise fromm und beim Herrn, aber kaum haben wir die Kirchentüren wieder in den Alltag hinein durchschritten, fühlen wir uns fern von Gott, ohne jede innere Verbindung zum ‚Himmel', ebenso wie unsere nichtchristlichen Nachbarn und Kollegen auch. Zugegeben, wir leiden darunter, wir wollen das vielleicht sogar ändern - aber irgendwie bleibt das Problem: Wir erfahren uns als Christen, die nur ‚stundenweise' gläubig sind . . .

Das ist meine Frage an Sie alle: Wie geht das - Gott suchen und finden in dem Alltag, den jeder von uns zu bestehen hat? . . . Ich wünschte mir einmal einen Heiligen, der mit einer Schlagbohrmaschine oder einem Vierkantschlüssel als Attribut dargestellt werden könnte, oder eine Heilige mit einer Schreibmaschine als Erkennungsmerkmal, weil eben das die Mittel waren, die ihnen zur Heiligung ihres Lebens verhalfen . . ."[26]

Anmerkungen

(1) „Uns fehlt eine Spiritualität der Erneuerung". Ein Gespräch mit Bischof Karl Lehmann über 20 Jahre Nachkonzilszeit, in: Herder-Korrespondenz 39 (1985) 515-522, 515 f.
(2) J. Weismayer, Leben in Fülle. Zur Geschichte und Theologie christlicher Spiritualität, Innsbruck 1983; ders., Spiritualität und Seelsorge, in: Lebendige Seelsorge 34 (1983) 293-298; N. Weidinger, Spiritualität - das neue Zauberwort?, in: Katechetische Blätter 105 (1980) 711-717; J. Sudbrack, Art. Frömmigkeit/Spiritualität, in: Neues Handbuch theologischer Grundbegriffe 2 (1984) 7-16; M. Mildenberger, Spiritualität als Alternative, in: EZW-Information Nr. 68 (1977) 1-23; D. Mieth, Wiederbelebung von Spiritualität?, in: Orientierung 50 (1986) 51-54; K. Hemmerle, Seelsorge als geistliches Tun, in: Lebendige Seelsorge 30 (1979) 272-283.
(3) Mieth (Anm. 1), 50.
(4) H. U. von Balthasar (Hg.), Die großen Ordensregeln, Einsiedeln 1980; K. S. Frank, Grundzüge der Geschichte des christlichen Mönchtums, Darmstadt 1975; L. Holtz, Geschichte des christlichen Ordenslebens, Zürich 1986; W. Nigg, Vom Geheimnis der Mönche, Zürich 1953; M. Heimbucher, Die Orden und Kongregationen der katholischen Kirche, 2. Bde., Paderborn 1980; W. Dirks, Die Antwort der Mönche. Geschichtsauftrag der Ordensstifter, Frankfurt (1952) 1968; F. Wulf, Theologische Phänomenologie des Ordenslebens, in: Mysterium Salutis IV/2 (1973) 450-487; W. Dirks, Antwort der Mönche, in: Concilium 10 (1974) 464-468; J. Sudbrack, Leben in geistlicher Gemeinschaft. Eine Spiritualität der evangelischen Räte für heute und morgen, Würzburg 1983; L. Boff, Zeugen Gottes. Ordensleben heute, Zürich 1985; J. B. Metz, Zeit der Orden? Zur Mystik und Politik der Nachfolge, Freiburg [5]1982; J. Bours/F. Kamphaus, Leidenschaft für Gott, Freiburg 1982; J. Sauer (Hg.), Lebenswege des Glaubens, Freiburg 1978.
(5) P. M. Zulehner, Leibhaftig glauben. Lebenskultur nach dem Evangelium, Freiburg 1983.
(6) von Balthasar (Anm. 4), 60 f.
(7) Vgl. zu Antonius: Athanasius, Vita Antonii; Nigg (Anm. 4), 29 ff.; U. Ranke-Heinemann, Das frühe Mönchtum. Seine Motive nach den Selbstzeugnissen, Essen 1964.
(8) Vgl. Holtz (Anm. 4), 68 ff.; Nigg (Anm. 4), 118 ff.
(9) von Balthasar (Anm. 4), 187.
(10) Vgl. Nigg (Anm. 4), 151 ff.
(11) Ebd., 255.
(12) Ebd., 256.
(13) von Balthasar (Anm. 4), 287.
(14) Ebd., 337.
(15) Vgl. ebd., 27 ff.
(16) Weidinger (Anm. 2), 711.
(17) Zum Folgenden: Mieth (Anm. 2), 51 ff.
(18) P. Wehrle, Bericht, in: Informationen 1/1988, 11-12.
(19) Vgl. Stellungnahmen der Deutschen Bischofskonferenz und des Zentralkomitees der deutschen Katholiken zu den Lineamenta für die Bischofssynode 1987 (= Arbeitshilfen 45), Bonn o. J. (1986), 26-27.
(20) Ebd., 33, 41.
(21) Nachsynodales Apostolisches Schreiben „Christifideles Laici" von Papst Johannes Paul II. über die Berufung und Sendung der Laien in Kirche und Welt (= Verlautbarungen des Apostolischen Stuhls 87), Bonn o. J. (1989), 26.

(22) Vgl. Mieth (Anm. 2), 53.
(23) Vgl. R. Hostie, Leben und Sterben der Ordensgemeinschaften, in: Concilium 10 (1974) 468–475.
(24) Lehmann (Anm. 1), 522.
(25) Vgl. Mieth (Anm. 2), 53.
(26) In: Priesterjahrheft 1989, 30–33.

Autorenverzeichnis

- BAMBERG, Corona, O.S.B., geb. 1921, Dr. phil., Abtei vom Heiligen Kreuz in Beverungen (Herstelle)
- DREYER, Mechthild, geb. 1955, Dr. phil., Wiss. Mitarbeiterin am Seminar für Katholische Theologie der Freien Universität Berlin, seit Dez. 1988 am Philosophischen Seminar, Abt. B der Universität Bonn
- FRANK, Karl Suso, O.F.M., geb. 1933, Dr. theol., Prof. für Alte Kirchengeschichte und Patrologie an der Universität Freiburg i. Br.
- HERBSTRITH, Waltraud, O.C.D., geb. 1929, Edith-Stein-Karmel in Tübingen
- HINRICHER, Gemma, O.C.D., geb. 1932, Priorin des Karmel Regina Martyrum in Berlin (West)
- KIENZLER, Klaus, geb. 1944, Dr. theol., Prof. für Fundamentaltheologie an der Universität Augsburg
- MIETH, Dietmar, geb. 1940, Dr. theol., Prof. für Theologische Ethik an der Universität Tübingen
- SCHLEGELBERGER, Bruno, S.J., geb. 1934, Dr. phil., Prof. für Systematische Theologie an der Freien Universität Berlin
- SIMON, Werner, geb. 1950, Dr. theol., Prof. für Religionspädagogik und Didaktik der Kath. Religionslehre an der Freien Universität Berlin

Bereits erschienene Titel in der Reihe
„Schriften der Katholischen Akademie in Berlin"

Auslegungen des Glaubens - Zur Hermeneutik christlicher Existenz
Herausgegeben von Ludger Honnefelder und
Matthias Lutz-Bachmann
261 Seiten, 38,– DM.

Zwischen Babylon und Jerusalem -
Beiträge zur einer Theologie der Stadt
Herausgegeben von Michael Theobald und Werner Simon
123 Seiten, 24,80 DM.

Krise und Erneuerung der Kirche -
Theologische Ortsbestimmungen
Herausgegeben von Matthias Lutz-Bachmann
und Bruno Schlegelberger
182 Seiten, 32,– DM.